領導禪

Eleven Rings

The Soul of Success

NBA最強總教頭親自傳授

「無私」與「智慧」的魔力領導學

暢銷新版

菲爾・傑克森 Phil Jackson——著

黃怡雪——譯

目錄 CONTENTS

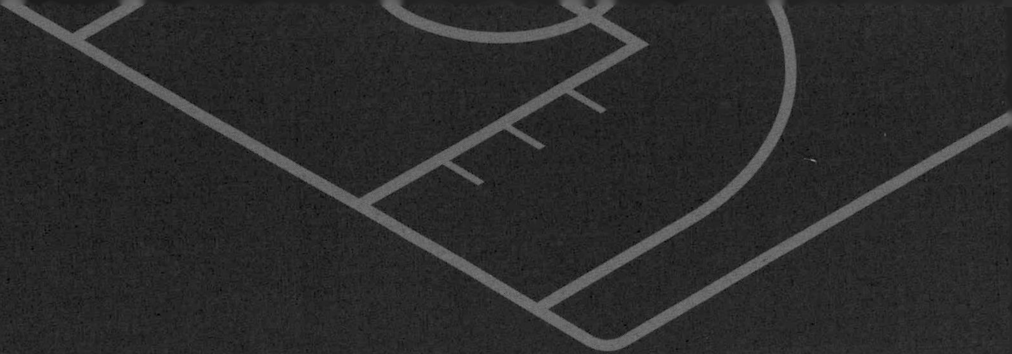

第 1 章

凝聚力，
領導的第一道門

人生是一段旅程，時間是一條河流，門是半掩著的。

——吉姆·布契（Jim Butcher），美國作家

美國導演西席・地密爾（Cecil B. DeMille）一定會很愛這一刻。

我坐在車上，等著我的球隊到達，車子停在通往洛杉磯紀念體育場的斜坡旁邊，眼前是一群超過九萬五千人、欣喜若狂的球迷正走進體育場。他們身上打扮成湖人隊金色加紫色的任何可能組合，女人穿著蓬裙，男人穿著星際大戰遊騎兵的服裝，牙牙學步的小孩揮著「柯比，把握今天！」的牌子。儘管這一切非常荒唐可笑，但這個具有鮮明洛杉磯特色的古老儀式，還是有它激勵人心的一面。套句《洛杉磯週刊》的撰稿者傑夫・魏斯說的話：「想知道看著羅馬軍團在高盧之戰後回國的景況是什麼感覺，這就是最接近的一刻。」

說真的，每次慶祝勝利的時候，我都會感到很不自在，這對我選擇的職業來說其實是很奇怪的一件事。一大群人會讓我覺得恐懼，除了比賽現場之外。在比較不受控制的情況中，都會令我很不安。我也從來不喜歡成為別人注意的焦點，這或許跟我天生害羞的個性有關，也或是因為小時候從父母身上接收到的衝突訊息。我的父母都是牧師。在他們看來，勝利這件事很美好（事實上，我母親就是我見過最熱愛競爭的人之一），但是因自己的成功而自滿，會被視為是對上帝的羞辱，或者就像他們說的，「願榮耀歸給祂」。

不過，這場慶祝活動跟我無關。這是要慶祝球員們在贏得二〇〇九年NBA總冠軍的過程中經歷的卓越轉變。你可以在他們臉上看出來，當他們沿著紫金色的長梯向下走進體育場，穿戴著統一的帽子和冠軍T恤，開心地大笑、推擠、臉上堆滿笑容，群眾則高興地呼喊。**四年前的湖人隊甚至沒辦法打進延長賽，現在他們卻是籃球宇宙的主宰**。有些教練很著迷於贏得獎盃，有些教練則喜歡看到自己出現在電視上。至於打動我投入這工作的主要原因之一，是看到年輕人團結合作、施展當他們專注（用全心和整個靈魂）在某個比自己還要偉大的事物時，你會親身經歷一種奇蹟魔力。**一旦經歷過，就永遠不會忘記它**。

這個記號就是**「戒指」**。

在NBA，戒指象徵著地位和權力。無論冠軍戒指可能有多俗氣或是感覺累贅，贏得一枚戒指的夢想，仍然會驅使球員讓自己經歷漫長NBA球季的試煉。芝加哥公牛隊（Chicago Bulls）的前任總經理傑里．克勞斯（Jerry Krause）非常明白這點。一九八七年，當我以助理教練的身分加入球隊時，他要求我戴上其中一枚我為紐約尼克隊（New York Knicks）效力時贏得的兩枚冠軍戒指，當作一種激勵年輕的公牛隊球員的方法。但是，每天炫耀在我手指上這麼大一團珠光寶氣的東西，這個主意似乎有點太超過。我照著傑里偉大的實驗進行一個月之後，某日，我在芝加哥的貝尼根餐館用餐時，戒指正中央的寶石掉了出來，之後當然再也沒有找回來過。那之後，我恢復了以前的習慣，只有在季後賽期間和特殊場合才會戴上戒指，這次在體育場的勝利慶祝活動就是其一。

就心理的層面來說，戒指象徵著某種深刻的意義：「自我的追尋，以找到和諧、連結、以及完全。」舉個例子，在美國印地安原住民文化中，圓圈統一的力量非常有意義，以致於整個民族被視為一系列互相連接的圈（或者環）。圓錐形的帳篷就是戒指，就像營火、村莊、還有整個民族本身的布局一樣——**圈圈裡面有圈圈，沒有開頭或結尾**。

大部分球員並不那麼熟悉美國印地安原住民的心理學，但是他們可以憑直覺明白戒指更深層的意義。早在球季一開始，球員們就已經想好他們在每場比賽前呼喊的口號，他們會圍成一圈、把手疊在一起。

一、二、三——**戒指！**

等球員在舞台（從湖人隊的主場史坦波中心搬來的移動式籃球場）上站好定位，我站起來向群眾發表演說。「我們對這個隊伍的訓言是什麼？是戒指，」我說著，亮出上次在二〇〇二年我們贏得總冠軍時我獲得的戒指。「**戒指，就是訓言**。它不只是一圈黃金，而是一個讓在場所有球員團結起來的圈圈，**是對彼此極大的愛**。」

那是一種，愛的連結。

這並不是大多數籃球迷看待這個運動的方式，但是以我曾經是球員和教練的身分，投入最高水準的賽事超過四十年之後，我實在想不出更貼切的字句，可以形容讓球員結合在一起、使他們團結追求不可能的這股神祕力量。

很顯然地，這裡我們要談的並不是浪漫之愛，或甚至傳統基督教定義的弟兄之愛。我能夠想到最好的比喻，就是在劇烈的戰鬥當中，偉大的戰士會經歷的**強烈情感連結**。

幾年前，記者賽巴斯提安．鍾格曾加入一群美國士兵，隨隊駐紮在阿富汗最危險的地點之一，以便得知是什麼原因讓這些無比勇敢的年輕人，可以在這麼可怕的情況下戰鬥。就像他在自己的著作《戰爭》（*War*）中敘述的，他發現投入戰爭需要的**「勇氣」和「愛」密不可分**。因為士兵們所形成的強烈兄弟情誼，比起發生在他們自己身上的狀況，他們更關心發生在夥伴身上的遭遇。鍾格回想起有一位士兵曾告訴他說，他願意代替任何一個同袍自己衝向手榴彈，即使是他沒那麼喜歡的人。當鍾格問他為什麼的時候，那個士兵回答：「因為我真的很愛我的弟兄，我的意思是說，這就是**兄弟情誼**，能夠拯救他們的性命、讓他們可以活下來，我覺得很值得。他們任何一個人也都會為我這樣做。」

鍾格說，在一般百姓的生活中，這種連結幾乎不可能複製，這對成功來說是非常重要的，因為如果沒有它，就不可能做到其他任何事。

我不想把這個比喻扯得太遠。籃球員不像在阿富汗的士兵要每天冒著生命危險，但是在許多方面，同樣的原則也可以應用在他們身上。贏得NBA總冠軍需要一些**決定性的因素**，包括**恰當的混合「天分、創意、智慧、堅強」**，當然還有**運氣**。但是如果一支隊伍不具備「愛」這個最基本的成分的話，其他任何因素根本無足輕重。

建立這種意識無法一夜發生，這需要好幾年的培育，才能讓年輕運動員踏出自我中心，完全投入團體經驗。NBA絕不是一個用來教導球員何謂「無私精神」的好環境。即使比賽本身是一種五人的運動，比賽週遭的文化卻頌揚自我中心的行為，強調個人成就勝過團隊的連結。

一九六七年，我剛開始效力於尼克隊的時候，情況並不是這樣。那時候大多數球員的薪水很微薄，還得在夏天兼差才能讓收支平衡。比賽很少會有電視轉播，我們當中也沒人聽過精采畫面，更不用說「推特」（twitter）。一九八〇年代，這一切產生了轉變，大部分是受到魔術強森

（Magic Johnson）和賴瑞・柏德（Larry Bird）的雙雄競爭、麥可・喬丹（Michael Jordan）崛起成為全球現象的刺激。時至今日，比賽已經發展成為一門數十億美元的行業，世界各地都有球迷，還有複雜的媒體機器轉播發生在場內和場外的一切，每天二十四小時，每週七天。這一切附帶產生的不幸結果，就是受到行銷驅使、迷戀超級巨星，抽走少數參加球賽的樂趣，破壞了一開始吸引大多數人來看籃球最重要的事：**比賽固有的美好**。

就像大多數贏得總冠軍的NBA球隊一樣，二〇〇八至二〇〇九年的湖人隊經過好幾年的努力，才從一支疏離、受到自我中心驅使的隊伍，轉變成一支統一、無私的球隊。他們並不是我帶過最卓越的球隊，這個殊榮屬於一九九五至一九九六年由麥可・喬丹和史考提・皮朋（Scottie Pippen）領軍的芝加哥公牛隊。他們也不像一九九九至二〇〇〇年的湖人隊一樣有天分，當時隊上全都是能在緊要關頭得分的球員，包括俠客・歐尼爾（Shaquille O'Neal）、柯比・布萊恩（Kobe Bryant）、格倫・萊斯（Glen Rice）、勞勃・霍瑞（Robert Horry）、里克・福克斯（Rick Fox）、還有德瑞克・費雪（Derek Fisher）。然而二〇〇八至二〇〇九年的湖人隊，在他們聚集的DNA裡擁有偉大的種子。

二〇〇八年八月，當球員們出現在訓練營時，大家看來似乎有著前所未有的強烈企圖心。在前一季的尾聲，他們出乎意料的闖入決賽，和波士頓塞爾提克隊一決勝負，但卻在波士頓（塞爾提克隊主場）受到羞辱。湖人隊在第六戰時，以三十九分之差輸掉這場決定性的比賽。

凱文・賈奈特（Kevin Garnet）和他的隊友給我們迎頭痛擊，更不用說比賽結束、搭車回到我們的飯店時，必須穿越一大群塞爾提克隊球迷的痛苦過程。尤其是對之前不曾嚐過波士頓隊厲害的年輕球員來說，這是一次慘痛的經驗。

有些球隊在那樣慘敗之後，士氣會急速低落，但是這支年輕、活潑的球隊卻從這次失敗受到更大的激勵，因為他們是如此的靠近獎盃，只是被一個更強大、在體型上更嚇人的對手給拍走了。那年剛獲得NBA最有價值球員的柯比更是受到極度的關注。柯比的恢復力和難以摧毀的自信一直讓我印象深刻。他不像俠客常常受到自我懷疑的折磨，柯比從來不會讓這種想法掠過他的心頭，如果有人把障礙設定在十呎，他會跳到十一呎，就算之前從來沒有人這樣做過。那年秋天當他到達訓練營時，同時也把這種態度一併帶來，而這樣的態度，對於其他的隊友產生了極大的影響。

不過，讓我最驚訝的並不是柯比堅定的決心，而是他和隊友之間逐漸變化的關係。之前那個無禮的年輕人不見了，他曾經全心只想成為史上最棒的球員，以致於對其他人來說，他簡直扼殺了比賽的樂趣。這個在球季期間出現的新柯比，一直記著他身為球隊帶領者的角色。幾年前，當我第一次到洛杉磯的時候，我曾經鼓勵柯比花時間和他的隊友相處，不要躲在他的飯店房間裡研究錄影帶。但是他卻對這個主意嗤之以鼻，聲稱所有男人感興趣的都是車和女人。現在，他會努力和他的隊友產生更緊密的連結，思考如何把他們打造成一支更有**凝聚力的隊伍**。

隊上的第二號人物德瑞克．費雪是天生的領導者，他擁有極佳的EQ和出色的管理技巧，這一點對球隊幫助很大。在他經歷自由球員身分加入金州勇士隊（Golden State Warriors）和猶他爵士隊（Utah Jazz），最後決定回到湖人隊的時候，我覺得很高興。在我們二〇〇〇至二〇〇二年的三連霸期間，費雪擔任控球後衛，並扮演了關鍵性的角色。

雖然費雪不如聯盟裡某些較年輕的控球後衛來得有速度或反應靈敏，但是他堅強、果斷，而且大膽，具有穩若磐石的特質。而且儘管缺乏速度，但他就是有把球往前推進的天賦，讓我們的進攻順利進行。在時間僅剩不多的情況下，他同時也是個極佳的三分射手。最重要的是，他和柯比之間有一種緊密的連結。柯比尊敬德瑞克在壓力之下的精神紀律，而德瑞克知道如何用獨特的方式和柯比溝通。

柯比和費雪在訓練營的第一天發表了一場演說，述說即將來臨的球季將會是一場馬拉松，而不是短跑，我們需要用力量解決，而不是任由自己受到身體壓力的脅迫。諷刺的是，柯比說的話聽起來都越來越像我。

有一本具有開創性的著作《部落領導學》（*Tribal Leadership*）當中，管理顧問戴夫・羅根（Dave Logan）、約翰・金恩（John King），以及海莉・費雪萊特（Halee Fischer-Wright）針對小型到中型的組織進行廣泛的研究，提出部落發展的五個階段。雖然籃球隊並不是正式的部落，它們之間卻共有許多相同的特性，並且大多沿著相同的輪廓發展：

- **第一階段**——大多數街頭幫派屬於這個階段，其特性是**感到絕望**、**充滿敵意**，共同的信念是覺得「活著好悲慘」。

- **第二階段**——屬於這個階段的主要是**冷漠的人，覺得自己是受害者**，消極地反對，他們的心態是覺得「我的人生好悲慘」。可以想想電視劇《辦公室》（*The Office*）或是連環漫畫《呆伯特》（*Dilbert*）。
- **第三階段**——主要專注在**個人成就上**，受到「**我**最棒（**你**不棒）」的訓言驅使。作者認為，組織中屬於這個階段的人「必須獲勝」，而對他們來說獲勝是很個人的行為，他們會在個人的基礎上比自己的競爭對手做得更好、想得更快。產生的情緒會是一群「孤單的戰士」。
- **第四階段**——致力於部落的榮譽及高舉的信念，覺得「**我們**最棒（**他們**不棒）。」這種團隊需要強大的對手，而且**敵人越厲害，部落就越強大**。
- **第五階段**——這個階段很少見，其特性是一種單純的**驚奇感覺**以及**強烈的信念**，覺得「生命真美好。」（請看一九九五至一九九八年的芝加哥公牛隊）

羅根和他的夥伴主張，假設一切條件不變，第五階段的文化會勝過第四階段的文化，第四階段的文化會勝過第三階段的文化，以此類推。除此之外，當你從一個階段的文化邁進到另一個階段的文化，規則也會隨之改變。這也是大多數領導學教科書中所提到的「通用原則」，為什麼無法通用的原因。為了讓某個文化從一個階段轉換到另一個階段，你必須找到在團體發展中適合那個特定階段的方法。

二○○八至二○○九年的球季期間，湖人隊需要從一支第三階段的隊伍轉變到第四階段，才能夠獲勝。關鍵就是讓一大群球員接受一套無私的比賽方法。我並不這麼擔心柯比，儘管任何時候只要他感到挫折，就可能開始無節制的投籃。但是，到他生涯中的這一刻之前，每次他手上拿到球，我都知道他明白想要得分的念頭有多愚蠢。我也不擔心費雪或保羅・賈索（Pau Gasol），他天生就有當團隊球員的傾向。最讓我擔心的是一些比較年輕的球員，急切地想讓自己在ESPN的《體育中心》（*Sports Center*）觀眾心中留名。

但是讓我驚訝的是，早在球季剛開始我就注意到，即使是球隊裡一些最不成熟的球員，也很專注且一心一意。「我們正在進行一項嚴肅的任務，不能有任何鬆懈，」前鋒盧克・華頓（Luke Walton）這樣說：「在我們進到決賽之前，**輸球絕不會是我們的選項**。」

我們開始的成績很出色，贏得最初二十五場比賽中的二十一場，等到接近我們在聖誕節時在主場迎戰塞爾提克隊的時候，跟前一年的延長賽當中相比，我們已經變成一支生氣蓬勃得多的球隊。我們打球的方式是「籃球之神」的鐵則：仔細解讀走步上的防守，像一支協調得無懈可擊的爵士樂團，做出一致反應。這支新的湖人隊輕易地以九十二比八十三分擊敗塞爾提克隊，接著橫掃球季達到西區（Western Conference）最佳紀錄（六十五勝十七負）。

最麻煩的威脅是對戰休士頓火箭隊（Houston Rockets）延長賽的第二輪，儘管在第三場比賽中主要球員姚明因為腳受傷不能上場，他們仍與湖人大戰七場。如果要說的話，我們最大的弱點，就是誤以為可以單單倚靠天分。但到了這個地步、對戰一支失去三位主要球員的隊伍，才讓我們的球員明白季後賽可以多麼變化莫測。這次勢均力敵的競爭喚醒了他們，幫助他們更進一步成為一支無私的第四階段隊伍。

無疑地，在五場比賽內贏得總冠軍之後在奧蘭多暢行無阻的這支隊伍，並不同於一年前在波士頓的TD花園（TD Garden）拼花地板上潰不成軍的那支球隊。球員們不只變得更強壯、更自信，極佳的團結更為他們增添了魅力。

「這就是兄弟情誼。」柯比說。

我認識的大多數教練，會花很多時間專注在描述「攻守戰術」（X's and O's）上，我得承認有時候我自己也會落入這個陷阱。但是運動吸引大多數人的地方，並不是無止境的喋喋不休教導戰術，或是像充斥在電視頻道節目中所討論的策略，而是我喜歡稱之為**比賽的神聖本質**。

我沒辦法假裝成領導學的專家，但是我確實知道，要把一群年輕、有抱負的球員，轉變成一支經過整合的冠軍隊伍，絕對**不是一種機械式的過程**，而是一種神祕的魔力領導，需要的不只是對比賽經驗法則的瞭解及具備充足的專業知識，還要有一顆**開放的心**、**清晰的腦袋**，以及對**人類心靈的特質**具備深厚的好奇心。

在這本書中，我將嘗試解開這個領導之謎。

第2章

魔力領導的十一法則

你得先知道遊戲規則，才能打破它。

——瑞奇·李·瓊斯（Ricki Lee Jones）

我想簡單敘述一下自己多年來研究、領導時必須銘記在心的幾個基本原則，而這有助於將雜亂無章的團隊，轉化成一支冠軍隊伍。我所談的不是什麼崇高的管理學理論，而所謂的領導就如同生活中大多數的事情一樣，最簡單的永遠是最好的方法。

法則① 領導必須從「心」建立

有些教練喜歡像旅鼠般地盲目跟從，他們花上大把時間研究其他教練的策略，以及企圖使用華而不實的新戰術來因應，以便讓自己的球員能夠壓制對手。假設你很有說服力又具有個人魅力，那麼這種由外而內的策略確實可能在短期內奏效，但若你總是用威權讓球員們開始感到厭倦或相應不理，甚至對手突然靈光一現，擬出更巧妙的計畫對抗你最新的走位，那麼不可避免地就會出現反效果。

我之所以反對盲目跟從，這要追溯到童年時期。我的父母都是五旬節教派（Pentecostal）的牧師，他們以宗教教條嚴厲地管教我，我的思考和行為都受到嚴格的規範。長大之後，我一直努力想要打破這個幼時的教誨，想要發展出一套更開放、更有意義的生活方式。

有很長一段時間，我認為必須分清楚個人信念和日常工作。在釐清自己內心欲望的過程中，我實驗過各式各樣的想法和做法，從基督教的神祕主義到佛教的坐禪，以及美國印地安原住民的儀式。最後，我歸納出一套感覺最合適的方法。雖然一開始我很擔心，球員們是否會覺得這套打破成規的觀念有點怪，但隨著時間過去，我發現**越是發自內心，球員越能受教**，並且能從我歸納的想法中受益。

法則② 分權，培養每個人的「領導力」

曾經有位記者問我就讀於北達科他大學（University of North Dakota）時的教練比爾．費奇（Bill Fitch），處理麻煩人物是否會讓他心煩？他回答：「我才是別人眼中的麻煩人物！」費奇後來成為一位成功的NBA教練，他執教的方式可說是最普遍不過的手法：「照我的方法作，不然就滾蛋」，也就是典型跋扈囂張式的領導者，只不過比爾會在跋扈當中，加入些自己極佳的幽默感。而另一種經典類型則是「奉承式」的教練，他會嘗試順從球隊上的明星球員，成為他們最好的朋友——而這充其量只是徒勞無功罷了。

我採取的方法，是和這兩種教練完全不同的策略。經過多年的實驗，我發現，**當我越想要直接展現權力，我就會變得越「沒力」**。我學會收回「自我」，盡可能在保有最終決定權的情況下分配我的權力。但奇怪的是，這種做法卻讓我管理起來更有效率，因為它解放了我，讓我可以專注在應盡的職責上，也就是擔任球隊願景的守門人。

有些教練會堅持非得占上風、下最後的結論不可，但我一直努力培養一種環境：從沒受過職業比賽洗禮的新秀，到資深的超級球星，每個人都能扮演領導者的角色。如果你主要的目標是帶領球隊進入和諧、一致，那麼牢牢固守你的領導權是行不通的。

放棄以自我為中心，並不表示你得當個好說話的人——這是我從啟蒙老師、前尼克隊教練里德．霍爾茲曼（Red Holzman）身上學到的一課，而他是我所知道最無私的領導者之一。

有一次，我們正在前往客場比賽的飛行途中，有位球員用他的喇叭撥放重搖滾音樂，里德走向那位球員，說：「嘿，你有葛倫．米勒（Glenn Miller）的歌嗎？」那位球員看著里德，似乎在想他是不是瘋了？里德繼續說：「如果你有的話，可以放一些我想聽的音樂，一些你想聽的音樂，否則，就給我關掉那該死的音響。」然後里德在我旁邊坐了下來，「你要知道，球員有自己的想法，但有時候，他們忘了教練也是個人。」

法則③ 讓每個成員都能為自己「創造」角色

我當教練所學到的其中一件事，就是**你不能要求別人變成「你希望的樣子」**，如果你希望他們表現得有所不同，就需要激勵他們改變自己。

大多數球員都習於教練告訴他們該怎麼辦，在球場上發生問題的時候，他們會緊張地看向場外，期待教練想出解決辦法。很多教練會很樂意去幫助球員，但是我不會。我向來喜歡讓球員自己思考該怎麼做，這樣他們才能學會：**如何在激烈的比賽中做出困難的決定**。

根據NBA的標準經驗法則，當敵隊打出一波六比〇的攻勢時，就應該要叫暫停。只是我經常不如教練團的意，就算在面對這樣情況，我依然會放手讓比賽繼續進行，唯有如此才能強迫球員**「自己想出解決辦法」**。這不僅可以建立隊伍的團結心，**也會增強麥可．喬丹所說過的「團隊思考力」**。

就另一方面來說，我向來盡量讓每位球員自由發揮，讓他們在球隊中找到自己的角色。我見過許多發光發熱，但最後消失匿跡的球員，原因並不是因為他們缺少天分，而是因為他們不知道該怎麼符合NBA既定的籃球模式。

我的作法一向是把每位球員當成一個「完整的人」，而不只是把他們視為籃球機器中的一個齒輪，其用意在於促使球員發現，除了射籃和傳球，他還可以把自己與眾不同的特質帶到比賽中：擁有多大的勇氣？彈性有多好？當遭到對手緊盯上時會如何反應？

我帶過許多在書面資料上看起來並不怎麼出色的球員，但在為自己**「創造角色」**的過程中，他們逐漸茁壯而成為傑出的冠軍球員。**德瑞克．費雪就是一個很好的例子**，一開始他只是湖人隊的板凳控球後衛，跑速和投籃技巧都只在平均值，但是他毫不鬆懈地繼續努力，把自己變成一個在緊要關頭表現出色，具有價值的球員，也是我曾經帶過的球員當中最棒的領導者之一。

法則④ 組織的自主運轉，是最美好的系統

一九八七年，當我以助理教練身分加入公牛隊時，我的同事泰斯．溫特（Tex Winter）使用一套稱為「三角戰術」（triangle offense）的系統，可說和我之前研究佛教坐禪時學到的無私及正念價值觀緊密結合。泰斯就讀南加州大學時，從傳奇教練山姆．貝瑞（Sam Barry）身上學到了這套戰術的基礎。當泰斯擔任堪薩斯大學的總教練時，他重新定義了這套戰術，並用它帶領野貓隊（Wildcats）奪下八次聯賽冠軍，兩度進入前四強，他在擔任休士頓火箭隊的總教練時，用的也是這套戰術。

除了泰斯運用三角戰術獲得佳績，他在南加州大學時期的隊友比爾．夏曼和亞歷山大．漢納姆，也運用他們各自版本的三角戰術，分別帶領湖人隊及七六人隊（76ers）贏得總冠軍。

儘管泰斯和我成功地在公牛隊和湖人隊使用三角戰術，大家對這套系統的運作方式仍然有著諸多誤解，評論家認為它太僵化、太過時、太複雜而不容易上手——但實際上並非如此。事實上，三角戰術比目前NBA大多數球隊所採取的任何策略都來得簡單，最棒的是，這個戰術能激發出球員的創造力及團隊合作，讓球員們不必再花精神去記住一大堆複雜的打法。

三角戰術之所以吸引我，就在於它「賦予球員權力」，讓每位球員都能扮演重要的角色，以及在清楚、明確定義的架構內展現豐富創意，其關鍵所在就是養成每位球員解讀敵方的防守並作出適當反應，場上的隊友都將根據對手的行動，統合協調的一起移動。使用三角戰術，你就不

能只是站在一旁等待麥可．喬丹或柯比．布萊恩創造他們的奇蹟，五位球員在每分每秒都要充分投入，否則整個系統運作就會失靈，這會**激發團隊不斷解決眼前的問題，而不只是叫個暫停看教練在寫字板上紙上談兵**。當三角戰術運作順暢的時候，幾乎無人可擋，因為包括球員自己，沒有人知道接下來會發生什麼事。

法則⑤ 把索然無味轉化成「神聖的感受」

當我還是個小男孩時，曾驚奇於父母創建一個社區的過程，他們把在蒙大拿州和北達科他州平原上的貧民區生活轉換成一段神聖的體驗。你一定聽過這首詩歌：

福哉愛主聖徒，
彼此以愛結連，
和睦相處，同心合意，
在地如同在天。

那就是它想表達的核心，讓每個人聚集在一起，讓他們和某樣比自身還要偉大的事物產生連結。在我成長過程中，聽過這首詩歌不下數千次，我也親眼目睹人群感受到聖靈並團結一致的情況，深深影響了我和我的領導方式，即便後來我和五旬節教派的信仰漸行漸遠，並也在精神上找到另一個新的方向。

有一次，當公牛隊逆轉勝後準備坐上球隊巴士時，我的訓練師奇普．謝弗爾（Chip Schaefer）說，他希望我們能把最近比賽的能量，像靈藥般用瓶子裝起來，如此一來每當需要時就可以隨時取用。

這真是個很棒的主意，但就我所知，你無法明確定義使人們和諧並團結的力量到底是什麼。雖然你可以盡力創造促進這種轉變的條件，不過這樣的狀態是無法任意複製的，就和我父母每個星期日嘗試在教會所做的事很相似。

在我看來，身為教練的職責就是要從這個星球上最平凡的活動當中——打職業籃球，創造出一些比較有意思的事情。儘管這項運動魅力無窮，但日復一日，接連在不同的城市巡迴打球，也會讓這項運動變得索然無味。這就是我把「冥想」結合到練習中的原因，我希望給球員們一些除了攻守戰術以外的東西，幫助他們能專注在這整件事上。更重要的是，我常帶領球員們創造屬於自己的儀式，為單調的「練習」賦予神聖的感受。

舉例來說，在訓練營的一開始，我們曾經舉行過一個儀式，那是我向偉大的足球教練文斯．隆巴迪（Vince Lombardi）學來的：當球員們在底線排成一列時，我要求他們承諾願意在這季接受指導，並說：「神任命我來指導你們這些年輕人，而我也很樂意接受神所賦予這個角色。如果你們願意接受我所信奉的比賽方式，也願意接受我的指導，那就跨過這條線，當作是你們承諾的記號。」超乎想像的驚奇，他們總是會照做。

雖然我們嘻笑的完成這個儀式，卻是帶著一個嚴肅的目的。教練工作的本質是要讓球員們全心全意地接受指導，然後讓他們感覺到：**我們注定要成為一個團隊**。

法則⑥ 屏除雜念，專心把「現在」做好

一九九九年，我所接掌的湖人隊，是一支很有天分卻缺乏專注力的球隊。他們經常在季後賽潰不成軍，因為他們的進攻非常混亂、沒有紀律。其他優秀的球隊，如聖安東尼奧馬刺隊和猶他爵士隊，都已想出破解俠客．歐尼爾的方法，而他是湖人隊最有力的武器。

沒錯，我們是可以進行一些戰術型的對策來應付這些弱點，但是球員們真正需要的，是去除他們心中喋喋不休的雜音，專注在「如何贏得球賽」上。在我擔任公牛隊總教練時，球員們不得不面對前來採訪麥可．喬丹的媒體大軍，但比起湖人隊處於名人文化環境而不得不面對一堆讓人分心的事物，公牛隊所面對的媒體跟本算不了什麼。為了讓球員們可以定下心來，我導入一套在公牛隊時成功運用的方法之一：**正念冥想**。

我從許多教練的作法中，取得冥想實驗的材料。有一次，大學籃球教練迪安．史密斯（Dean

Smith）和鮑比・奈特（Bobby Knight）前來觀賞湖人隊的比賽，他們問我：「菲爾，那是真的嗎？在比賽前，你會和球員們在黑暗的房間裡手牽手，坐在一起圍成一圈？」

對於這個問題，我只能一笑帶過。雖然**正念冥想**是源自於佛教，它卻是一套簡單的方法，可以平靜煩躁的心靈，把注意力集中在當下這一刻，這對籃球選手來說非常有效，他們**常常必須承受處於極大的壓力之下，在一瞬間內做出決定**。我還發現，當我讓球員們靜默地坐著、同步呼吸，有助於讓他們在非語言的層面上團結一致，這樣的效果遠勝於文字所能做到的；**「呼吸同調」**，**就等於同心一致**。

佛教教義影響我的另一個方面，是它強調**開放**及**自由**。日本禪學大師鈴木俊隆（Shunryu Suzuki）把心靈比喻成在牧場上的牛，如果你把牛關在小小的院子裡，牠會緊張、沮喪，並開始吃鄰居的草；但**如果給牠一個可以四處走動的廣大牧場**，**牛就比較不會想著掙脫**。對我來說，比起我幼時腦中根深柢固的僵化思考，這種訓練**心靈紀律**的方法格外讓人耳目一新。

我也發現鈴木大師的比喻，可以應用到管理球隊上面，如果給球員們施加太多的限制，他們就會花上大量的時間反抗。所有人都一樣，**在生命中需要一定程度的規範**，**但是也需要足夠的空間**，**可以盡情地表現自己**，否則他們會表現得像被關在柵欄裡的牛一樣。

法則⑦ 勝利的關鍵是「憐憫之心」

美國學者史蒂芬．米契爾（Stephen Mitchell）對中國聖典《道德經》新改編的內容中，對老子的領導方法提出了挑撥的看法：

> 我有三寶，持而保之。一曰慈，二曰儉，三曰不敢為天下先。慈故能勇；儉故能廣；不敢為天下先，故能成器長。

這些「寶貝」都是在我擔任教練的過程中不可或缺的，其中，我認為憐憫是最重要的。在西方文化，我們傾向於認為憐憫是慈悲的一種形式，但是我和老子的看法一樣，**憐憫一切眾生，特別是你自己，才是打破人與人之間隔閡的關鍵**。

時至今日，「憐憫」並不是經常會出現在球員休息室裡談論的字眼，但是我發現有些仁慈、體貼的話，可以對關係上產生強烈變化的影響，即使是面對隊上最頑固的人。

我也是從球員開始進入這一行，因此向來非常能夠同情這些年輕人，在NBA長期面對嚴酷現實環境的壓力。大多數的球員都處於一種持續的焦慮狀態，擔心他們是否會受到傷害或遭到羞辱、終止合約或被交易掉，或最糟的是，犯下愚蠢的錯誤導致他們終身都受到困擾。我為尼克隊效力的時候，曾經因為背傷失去戰力，被安排到二軍超過一年，這個經驗讓我能夠充分體會傷兵的感受：當你的身體出了問題，必須在比賽之後冰敷自己的每個關節，或甚至一整個球季都得坐冷板凳，那會是什麼感覺。

除此之外，我認為對運動員來說，學習**打開自己的心胸**是很重要的事，這樣他們才可以用一種有意義的方式互相合作。一九九五年，當喬丹在小聯盟打棒球一年半之後回到公牛隊時，他並不認識大部分的球員，也感覺和球隊完全脫了節。直到有一次他在練習的時候和史蒂夫・科爾（Steve Kerr）打了起來，他才意識到自己必須更深入去認識隊友，必須明白是什麼原因讓彼此起爭執，這樣他才可以更有效率地和隊友們一起合作。那一刻的覺醒，幫助喬丹成為一個富有同情心的領導者，最終也幫助球隊成為史上最厲害的隊伍之一。

法則⑧ 定睛在心靈，而非記分板

美國管理學大師史蒂芬・柯維（Stephen Covey）曾講述一個日本老故事，關於一位武士和他的三個兒子：這位武士想教導他的兒子團隊合作的力量，於是他給了每個兒子一支箭，並要求他們折斷它。這沒問題，每個兒子都很容易就完成了。然後這位武士又給了每個兒子捆綁在一起的三枝箭，並且要他們重複剛剛的動作，但這次卻沒有人可以完成。「這就是你們要學習的教訓，」武士說道，「如果你們三個能像這捆箭一樣團結在一起，你們就永遠不會被打敗。」

這個故事說明了一件事，當每位成員為了更偉大的目標，而放棄自我利益時，他們組成的團隊將會變得多麼有力量。當**球員不勉強射籃**，或是不試圖把自己的才能特質強化在團隊上的時候，他身為運動員的恩賜就會充分地展現出來。奇怪的是，透過以自己天生的才能去打球，反而會為球隊激發更高的潛能，超越他自己的極限，並幫助隊友突破他們自己的極限。當這個現象發生時，**整體產生的效果，就會大於原本各個部分的總和**。

舉例來說，湖人隊以前有個球員很喜歡在防守時追球。如果他的心思專注在攻進對方籃內得分，而不是放在如何抄球上，那他這兩項任務都無法做好。但是當他致力於防守的時候，他的隊友會在另一邊掩護他，因為他們憑直覺就可以知道他打算做什麼。這樣一來，突然之間大家都能夠**照自己的節奏去打球，好的事情就會開始發生**。

有趣的是，其他球員們不會意識到自己正在猜測自己隊友的行為。這並不是靈魂出竅或類似的經驗。但不知為何，很神祕的，他們就是可以感覺得到接下來會發生什麼事，並且做出適切的回應。

大多數的教練都會陷入如何使用戰術的困境，但是我偏好把注意力**專注在球員們是否有用活潑的方式一起行動**。麥可．喬丹曾經說過，他之所以喜歡我的教練風格，是因為就算到了比賽的最後幾分鐘，我仍然能保持耐心，這與他大學時期的教練迪安．史密斯很像。

這不是在演戲。我的信心是來自於我知道，**當精神對了，而且球員之間彼此理解，比賽就可能會呈現對我們有利的狀態**。

法則⑨ 有時候你得當個混蛋

禪宗最嚴格的形式就是，監督僧侶會巡視禪堂，用一支扁平的木棒敲擊在靜坐時打瞌睡或者無精打采的人，好讓他們保持專心，這支木棒稱為「警策棒」（keisaku）。這並不是一種處罰，事實上，警策棒有時候被視為「憐憫的棒子」。敲擊的目的是要讓靜坐的人重新振作起來，讓他在這時候更清醒。

我並不曾揮舞過警策棒，雖然有時候真的很希望手中能有一支。儘管如此，我還是會拿出一些其他的小技巧讓球員們清醒，並提高他們的意識水平。有一次我讓公牛隊的球員們靜默地練球；另一次我則讓他們關上燈進行混戰。**我喜歡把事情重新改組，讓球員不斷猜想**，這不是因為我想讓他們的日子過得很慘，而是因為我希望能讓他們預備好面對，一踏上球場的那一刻會立即發生、不可避免的混亂。

我最喜歡一種娛樂練習，就是把球員分成兩邊不對等的隊伍進行混戰，然後對於兩隊中比較弱的那隊，**永遠不吹任何犯規**。我想看看，當所有的判決都對他們不利，並且對手還領先他們三十分的時候，較強的隊伍中的球員會有什麼反應。這練習曾經把喬丹逼瘋，因為他無法接受輸球，就算知道有人在這比賽中動手腳。

有時候，我會用一些心理戰，**讓球員知道處於壓力之下幾乎要崩潰會是什麼感覺**。有一次，我讓湖人的前鋒盧克・華頓做了一連串令人挫折的練習，我可以從他的反應看出，他被逼得太緊了。之後我坐在他的旁邊，對他說了一番重話：

「我知道你希望有一天能當上教練，我覺得這是個很棒的想法。但是，當教練並不都只有開心，或是和比賽有關的事情而已。有時候不管你人有多好，你還是得要當個混蛋。如果希望人人喜歡你，那麼，或許你不適合當教練。」

法則⑩ 懷疑的時候，就什麼都別做

籃球是一種動態的運動，大部分參與這項運動都是擁有高能量的人，願意做些事情（任何事情）來解決問題。然而，有些時候最好的解決辦法卻是「什麼都不做」，特別有媒體參與其中的時候更需要如此。

當球員表現得不成熟，或是在記者會上說了愚蠢的話，記者經常會取笑我沒有直接面對自己的球員。《洛杉磯時報》（*Los Angeles Times*）記者西莫斯曾經寫過一個有趣的專欄，講述我什麼都不做的習性，並挖苦地下結論：「說到無所事事，沒有人能比菲爾做得更好。」我能明白這笑話的含意，但是我一直都很小心不隨便主張我的看法，免得讓記者又有東西可以寫。

就更深的層面來說，我相信把注意力放在手邊所處理的事務以外的事情，可能是解決複雜問題最有效的方法。**當你容許自己的心放鬆，你的靈感也會跟著放鬆**，而且已經有研究開始證明這點了。在CNN財經頻道（CNNMoney）上有一則評論，《財星》（*Fortune*）資深作家安・費雪（Anne Fisher）寫道，科學家已經開始意識到「**當人們完全沒有專心在工作上的時候，他們才可能做出最好的思考**。」她引用在《科學》（*Science*）雜誌上，由荷蘭心理學家發表的研究，結論是，「當有意識的大腦正在其他地方忙碌，不過度負擔時，潛意識的大腦會是一個很棒的複雜問題解決者。」

這就是為什麼我會同意已故的棒球選手薩奇・佩吉（Satchel Paige）的理念，他曾經說過：「有時候我會坐著想事情，但有時候我就只是坐著。」

法則⑪ 忘記贏，才能贏

我很討厭輸的感覺，一直都是。小時候，我的好勝心之強，只要在比賽中輸給哥哥查爾斯或喬，我就會淚流滿面，還把板子打成碎片。當我因為輸不起而發脾氣時，他們喜歡嘲笑我，這讓我更堅定下次一定要贏的決心。我會一再練習，直到想出能打敗他們的辦法，讓他們得意的笑容從臉上消失。

即使是現在，大家都知道我有時候還是會「發作」。有一次，在季後賽慘敗給奧蘭多隊之後，我幾乎把一大半的頭髮都剃光了，還在房間裡跺腳來回走了將近一個小時，直到怒氣平息。

然而身為教練，我知道對想贏得比賽（或不要輸）念念不忘會產生不好的後果，特別是會造成你的情緒失去控制。更重要的是，**對贏這件事著迷，是輸家在做的事情**，我們最多能期望的就是創造最有可能獲勝的情況，剩下的就放手等待結果，這樣一來過程中會有更多的樂趣。曾以球員身分贏得十一枚冠軍戒指、波士頓塞爾提克隊的球員比爾·羅素（Bill Russell）在他的自傳《重新振作》（*Second Wind*）中透露說，他有時候會在很重要的比賽中，偷偷地幫對手加油，因為如果對手表現得很好，那就代表他會獲得更棒的體驗。

老子用另一個角度去看待這件事，他認為如果競爭心太強，可能會讓你在精神上出毛病：

> 善為士者不武，善戰者不怒……是謂不爭之德，是謂用人之力。

這就是為什麼在每個球季開始的時候，我總是會鼓勵球員**專注在過程上，而不是結果**。最重要的是用正確的方式去比賽，並且增長自己的勇氣，不只以籃球員的身分，也以人的身分。當你這樣做的時候，贏這件事，自然會迎刃而解。

第 3 章

你得讓板凳球員都感受到，自己很重要

故大智不割。

——老子

我對NBA的第一印象是漫無章法、一團亂。

一九六七年，里德．霍爾茲曼徵募我加入紐約尼克隊，在那之前，我從來沒有到現場看過任何一場NBA球賽，除了偶爾在電視上看過幾場波士頓塞爾提克隊對戰費城勇士隊（Philadelphia Warriors）的季後賽。所以里德寄給我一卷一九六六年尼克隊對戰湖人隊比賽的影片，我還邀請了我大學時期的隊友一起在大螢幕前觀賞。

這兩支球隊如此懶散又不守紀律的作風，可把我給嚇呆了。在北達科他大學時，我們的球隊以井井有條的打球風格為傲，事實上，在我大四那年，比爾．費奇教練還實施了一套我非常喜歡的「帶球移動系統」，後來我才知道這是他從泰斯．溫特的三角戰術擷取的版本。

我們觀賞的這場尼克隊比賽似乎毫無邏輯可言，在我看來，那看起來就很像只是一群有天分的球員們在場上跑來跑去，各自找尋投籃的機會。

比賽開始不久後，就爆發了打架事件。

尼克隊體型壯碩，二〇六公分高、一〇七公斤重的大前鋒威利斯．瑞德（Willis Reed）在湖人隊的板凳旁邊和另一隊的前鋒魯迪．拉魯索（Rudy LaRusso）糾纏在一起。此時影片暫停了一下，當影片又開始播放時，威利斯甩開在他背後的幾個湖人隊球員，又擊倒自家的中鋒達雷爾．伊姆霍夫（Darrall Imhoff），接著重擊拉魯索的臉兩次。最後在他們終於制服威利斯之前，他還打斷了湖人隊前鋒約翰．布洛克（John Block）的鼻子，並將湖人隊的中鋒漢克．芬克爾（Hank Finkel）摔倒在地。

哇！我們異口同聲地跳起來喊道：「再重播一次！」同時，我在心裡想著：「老天啊，我到底把自己推入了怎樣的坑？這就是以後每天我要面對的傢伙們！」

事實上，那年夏天當我見到威利斯的時候，我發現他是個溫暖又友善的人，很有威嚴、大方、並且是個天生就會讓大家都尊敬他的領導者。他在場上很有氣勢，而且他會出於真誠的本能，克盡職責的保護場上每一位隊友。尼克隊原本以為威利斯會因為那次「打架事件」遭到停賽處分，但是那時聯盟對打架這檔事比現在寬容，決定不再追究。從那時開始，在場上如果有大個子想要和威利斯打架，會先三思而後行。

威利斯並不是尼克隊當中唯一一個優秀的領導者，事實上，在贏得冠軍那幾年間，效力於紐約尼克隊就像是就讀**領導學的研究所**。在加入尼克隊以前，曾在底特律活塞隊（Detroit Pistons）擔任球員及教練的前鋒戴夫·德布斯切爾（Dave DeBusschere），是個精明的場上將軍。未來成為美國參議員的前鋒比爾·布萊德利（Bill Bradley），則有一種能建立球員們共識的天賦，並且幫助他們團結成為一支隊伍。後來獲得教育博士學位的得分後衛迪克·巴奈特（Dick Barnett），會運用他嘲諷的風趣，避免每個人太熱著於自己的表現。至於我第一季的室友沃爾特·弗雷澤（Walt Frazier）則是個出色的控球後衛，擔任球隊在場上的指揮角色。

但是，真正在「領導」上教我最多的，其實是他們之中最不出風頭的人，**里德·霍爾茲曼**。

里德第一次看到我打球，是在我大學生涯中最糟糕的其中一場比賽：我很早就陷入了犯規的麻煩，又一直找不到自己打球的節奏，因此路易斯安那理工大學（Louisiana Tech）在全國大學體育協會（NCAA）舉辦的小型大學聯賽中第一輪就把我們給淘汰。雖然我在對戰帕森設計學院（Parsons）的季軍賽中得了五十一分，但是里德卻沒看到那場比賽。

儘管如此，里德一定有看到一些他喜歡的特質，因為對戰路易斯安那理工大學的比賽結束後，他把比爾·費奇叫過來，問他「你覺得傑克森可以來幫我打球嗎？」費奇毫不猶豫地回答「當然可以」，他以為里德是要尋找一個可以應付全場防守的球員。但是後來他才知道里德真正想要問的是：這個從北達科他州來的鄉巴佬有辦法在大蘋果（紐約）生存嗎？不論怎麼問，費奇說，他的答案都會是一樣的。

費奇是一個務實派的教練（也是退役的海軍陸戰隊員），他帶練習的方式彷彿球員是在帕里斯島（Parris Island）基地操練。他和我就讀於威利斯頓高中時溫文儒雅的教練鮑伯·皮特森（Bob Peterson）相差甚遠，但是我很喜歡為他打球，因為他很堅強、誠實，而且總是激勵我要表現得更好。大三那年，有一次我在新成員宣誓週期間喝醉了，還想要帶領一群學生跳啦啦隊，讓自己出了個大洋相。費奇聽說這件事之後告訴我，以後每次我在校園裡看到他，我就得做伏地挺身。

不過，我在費奇的戰術中發展得不錯，我們會進行全場緊迫盯人的防守，我很喜歡這樣。我的身高有二〇三公分，體型足以擔任中鋒，但是我也有飛快的速度與充沛的活力，而且張開雙手的範圍很大，這讓我可以很輕易地干擾對方的主控球員並抄球。事實上，我的手臂長到可以坐在汽車的後座，不必向前傾就可以同時打開兩邊的前門。在大學時期，我的外號叫「拖把」，因為我常常跌在地上爭搶無主球。

大三那年，我蛻變了，平均每場比賽得二十一．八分、搶到十二．九個籃板，還入選全美第一隊（first-team All-America）。那年我們贏得了聯盟冠軍，並且連續第二年進入小型大學聯賽的四強，在一場緊張的準決賽中輸給南伊利諾大學（Southern Illinois）。隔年我每場比賽平均得二十七．四分、搶到十四．四個籃板，還兩次得到五十分，又再次進入全美第一隊。

一開始我以為如果參加NBA選秀，我會被巴爾的摩子彈隊（Baltimore Bullets）選中，他們的首席球探，也就是我未來的上司傑里．克勞斯，一直在注意我。但是尼克隊用計勝過了子彈隊，早在選秀的第二輪就把我給選走（全部第十七個順位），原本賭我要等到第三輪才會被選中的克勞斯，可是捶胸頓足地後悔好幾年呢。

ABA（美國籃球協會，American Basketball Association）的明尼蘇達梭魚隊（Minnesota Muskies）也曾經徵選過我，這讓我很心動，因為他們離我的家鄉很近，但是霍爾茲曼並不想讓梭魚隊如願。那年夏天，他到北達科他州的法戈拜訪我，當時我在那裡擔任營地的管理員，他向我提出一個更好的提議。他問我對於和尼克隊簽約是否有任何保留，我回答自己正打算要去唸研究所，日後想成為牧師。他跟我說，等我結束了（籃球）職業生涯之後，會有很多時間做任何想做的事，他還保證，如果我在紐約市遇到了困難，可以找他幫忙。

後來才發現，當時的紐約市長約翰．林賽（John Lindsay）正在我工作的地方演講。里德覺得這個巧合很有趣。在我簽約的那天，他說：「你能想像嗎？大家都知道紐約市長就在這城市演講，而你在這邊被我簽下來，卻沒有任何人知道。」

那時我就知道，我已經找到這一生的良師了。

當我在十月抵達訓練營的時候，尼克隊正處在待命的狀態。我們還在等主力新秀前鋒比爾．布萊德利在結束空軍預備部隊的新訓後出現。事實上，我們還把訓練營移師到麥圭爾空軍基地，希望他能偶爾撥空出來，開始和球隊一起練球。

雖然我們隊上的球員們都很有天分，但是**領導體制**卻還沒有建立起來。推定的頭號球員是華特．貝拉米（Walt Bellamy），一個很會得分的中鋒，也是未來進入籃球名人堂的球員之一。但是華特一直以來都在和威利斯競爭，誰比較適合領導的角色。上一季曾經有一度他們碰上彼此，為了確立自己禁區的卡位而爭鬥，簡直把全部力氣都使上了。迪克．范阿斯戴爾（Dick Van Arsdale）是先發小前鋒，但是有許多人認為卡茲．羅素（Cazzie Russell）更有當小前鋒的天分。同時，迪克．巴奈特和霍華德．科密維斯（Howard Komives）在後場共同創造了堅不可摧的防禦網，然而，巴奈特因為前一年的肌腱撕裂傷，還依然在傷兵名單中。

除此之外，顯然球員們已經對他們的教練迪克．麥奎爾（Dick McGuire）失去了信心，他的外號「碎碎念」（Mumbles）明白吐露出他沒有和球隊溝通的能力。所以當尼克隊總裁奈德．艾瑞許（Ned Irish）在十二月把麥奎爾調職去當球探，並且指定里德．霍爾茲曼擔任總教練時，一點也不令人意外。霍爾茲曼是個**堅強**、**含蓄**的紐約人，擁有諷刺的幽默感及良好的籃球血統。就讀於紐約市立學院（City College of New York）時曾兩度以後衛身分進入全美第一隊，在他成為密爾瓦基聖路易斯鷹隊（Milwaukee/St. Louis Hawks）的總教練之前，他以職業球員身分為羅徹斯特皇家隊（Rochester Royals）效力，並贏得兩次聯盟冠軍。

里德是個崇尚簡單的大師，他並不推崇任何特定的系統，也不會熬夜發明戰術，他只相信用正確的方式打球，即是進攻搭配傳球，以及強烈的團隊防守。里德是在跳投時代之前學到這種打法，當時五人傳球遠比一對一打法還要盛行。他有兩個每場比賽都會在場外大喊的簡單規則：**緊盯著球**。實際上里德比較注重防守，因為他相信強力的防守是一切的關鍵。在一次練習中，如果有必要就可以變得非常活潑的里德，拿起我們的比賽手冊假裝要用它來擦屁股。他說「這東西的好處大概就只有這樣」，然後把手冊丟到地上。那就是為什麼他希望我們能學會一起防守得更好，因為一旦你這樣做的時候，他相信，進攻的問題自然會迎刃而解。

依里德看來，保持警覺是防守最好的祕訣。他強調不管在任何時候眼睛都要緊盯著球，還要快速適應球場上任何的突發狀況。尼克隊的球員並不像其他球隊那樣體型龐大，隊上也沒有像塞爾提克隊的比爾·羅素一樣能強力蓋火鍋的球員。因此在里德的帶領之下，我們自己開發出一套非常完善的防守方式，不是單靠一個人在籃下出色的移動，而是依靠全部五位球員共同凝聚的警覺心。只要五個人團結一致，就比較容易阻擋對方的控球選手、切斷對方的傳球路線、利用對方的失誤，並在另一隊搞清楚發生什麼事之前發動快攻。

里德喜歡用全場緊迫盯人的方式來使對手陷入混亂。事實上，在我第一次的練習中，我們就用全場緊迫盯人的方式造成全場混戰。那對沃爾特·弗雷澤、艾密特·布萊恩（Emmett

Bryant），還有我來說都不成問題，因為我們大學時就打過全場緊迫防守。因為我的體型，隊友都叫我「衣架子」和「大高個兒」，但我更喜歡播報員瑪弗・艾伯特給我的稱號：「行動傑克森」。我知道，不打中鋒改打前鋒，我是在放棄我最大的長處（禁區單打），但是我可以幫助球隊，因為專心在防守上，能在場上爭取更多的時間。而且，我沒有高達十五呎（約四・六公尺）的跳躍力，我的控球能力也相當不可靠，以至於里德後來又幫我定了一個二次運球的規則。

傳球給有空檔的人。如果今天里德還在當教練，他一定會對這項比賽變得只顧自己的程度感到驚訝。對他而言，「無私」是籃球最重要的目標，往往很難達到。「這個道理其實不難懂，」他會跟我們解釋說，最好的進攻策略就是讓球在五個球員之間不斷移動，以此製造射籃的機會，並且可以讓對手無法專心對付我們的一個或兩個射手。儘管我們隊上有幾個在比賽中最會射籃的球員，特別是弗雷澤和人稱「珍珠厄爾」的厄爾・孟洛（Earl Monroe），里德還是堅持希望大家能夠團結一心地把球傳到最有機會射籃的球員手上。如果你決定要一枝獨秀，換來的下場就是被流放到板凳盡頭。

「**一支好的隊伍中，不應該出現超級明星，**」里德很堅持。「偉大的球員都是藉著能和其他球員團結一致來彰顯他的偉大，他們有能力可以成為超級明星，但是如果要融入到一支好的球隊中，他們就必須做出犧牲，得做出必須的舉動幫助球隊贏球。薪水多寡或比賽成績並不重要，重要的是他們如何團結在一起打球。」

NBA史上很少有球隊曾經像一九六九至一九七〇年代的尼克隊一樣，在進攻端保持平衡：

我們有六個球員得分固定都在二位數，但是每場的平均卻沒人超過二十分。這支球隊之所以難以防守的原因，在於五個球員都能在緊要關頭投籃得分。所以如果對方用兩人包夾的方式防守一個剛好很熱門的球員，就會為其他四位球員開展機會——他們全部都是射籃高手。

里德執教的方式最讓我感興趣的一點，就是他給球員很多「**進攻的自由**」。他會讓我們構思許多戰術，並且積極地探究我們的思考方式，了解在關鍵的比賽中我們會採取怎樣的動作。很多教練都很難將權力下放給自己帶領的球員，但是里德會專注地聆聽球員們想說的話，因為他知道，**球員們會比他自己還要清楚在場上會發生什麼事**。

然而，里德最非凡的天賦就是他的神奇本領，能管理一群成年男子，還讓他們一起團結達成共同的使命。他並沒有使用老練的激勵手法，他只是和我們坦誠以對。不像其他教練，除非他們涉入會對球隊產生負面影響的事物，否則他是不會干涉球員們個人生活的。

里德剛接手擔任教練的時候，練習非常可笑混亂。球員們經常遲到，還會帶自己的親朋好友來當觀眾。球場的地板破裂，木製的籃框扭曲變形了，甚至連想沖個澡也沒有熱水。自主練習時，根本沒有任何的步驟或方式，主要就像不受控制的混戰。里德的出現終止了這一切，他設立了所謂的「傻瓜罰款」處罰遲到的球員，在練習時驅逐每個不屬於球隊的人，包括記者。他執行嚴格、有紀律的練習，將重心主要放在防守上面。他曾經說過，「**不是練習就能達到完美，只有完美的練習才會。**」

出門比賽的時候，我們沒有宵禁或是晚點名。里德只有一個規定：飯店的酒吧是他的。只要別打擾到他深夜和訓練師丹尼・惠蘭及獨家記者們喝酒，不論你去哪、做什麼他都不會在乎。雖然他比其他的教練還要容易親近，但他認為**和球員保持某種距離是很重要的**，因為他知道，有一天他或許必須中止和我們之中某位球員的合約，或是把他交易出去。

如果他要管教你，他很少會當著球隊面前這麼做，除非這和球員的籃球打法有關。相反地，他會請你到他的「私人辦公室」：球員休息室的廁所。當我在記者面前說了些與球隊有關的關鍵話題時，他通常會把我叫進廁所。我曾經和記者們一起打過幾年的牌，所以關係和他們不錯，而且有時候我會有太過於油腔滑調的傾向。里德的個性比較謹慎，他會說：「你難道不知道，這些報紙明天就會變成包垃圾的廢紙嗎？」

里德對媒體來說是出了名的猜不透，就像埃及的獅身人面像一樣。他常常帶著記者去外面吃飯，聊了幾個小時，卻很少提到任何他們可以報導的消息。他從來不曾批評過球員或是我們的任何對手，他反而常會戲弄記者，看他們會報導哪些他胡謅的話。有一次特別辛苦的輸球之後，記者問他為什麼可以這麼地冷靜，而里德回答說：「因為我明白唯一真正可怕的失敗，就是回家才發現家裡已經沒有酒可以喝了。」當然，這句話隔天就被登上報紙了。

我欣賞里德的一點，是他看待籃球的正確態度。早在一九六九至一九七〇年的球季，我們就締造了連續贏得十八場比賽的佳績，把剩下的球隊遠遠拋在腦後。當我們因為在主場令人失望的輸球而終止連勝時，記者問里德說，如果尼克隊繼續連勝他會做什麼，他回答：「我會回家喝一杯，享用太太莎瑪煮的大餐。」記者又問，現在既然輸球了，他又會做什麼？「我會回家，喝一杯，享用莎瑪煮的大餐。」

尼克隊的轉捩點，是另一場發生在一九六八年十一月的鬥毆。當時，尼克隊在亞特蘭大對戰老鷹隊，這場比賽透過電視轉播。爭端是在下半場由亞特蘭大隊的盧・哈德森（Lou Hudson）所引起。原本他試圖躲開威利斯・瑞德設立的強力掩護，最後卻重擊瑞德的臉。尼克隊所有的球員都衝上場加入這場戰鬥，或至少假裝加入，除了華特・貝拉米以外。

隔天，我們舉行了一場團隊會議來討論這次事件，話題圍繞在「貝拉米沒有支援隊友」，而且球員們一致認為，他沒有盡到職責。當里德問華特，為什麼他沒有上場去支援他的隊友時，他回答：「我覺得，在籃球比賽中打架並不適當。」

就抽象概念來說，我們當中可能有很多人會同意他的說法，但是實際上打架在NBA中是常有的事情，而且聽到這個大咖的隊友不挺我們，人人都覺得不好過。

幾個星期後，尼克隊把貝拉米和科密維斯交易到活塞隊，換回戴夫・德布斯切爾——此舉更壯大了我們的先發陣容，賦予我們彈性和深度，最後贏得兩次世界冠軍。威利斯接手擔任中鋒，並奠定自己成為球隊領導者的地位，成為里德的左右手。德布斯切爾是一個非常積極進取的球員，身高一百九十八公分、體重一百公斤，擁有極佳的球場概念、平穩的外線投籃，後來擔任大前鋒的位置。沃爾特・弗雷澤取代了科密維斯成為控球後衛，與在一對一上很有天賦的球員巴奈特合作。比爾・布萊德利和卡茲・羅素共同擔任最後一個位置：小前鋒，因為我們的先發球員迪克・范阿斯戴爾在該年度的新隊選秀（expansion draft）被鳳凰城太陽隊（Phoenix Suns）

給選走了。在德布斯切爾被交易到隊上兩個月後，因為卡茲腳踝受了傷，比爾才占了上風。

隔年，卡茲．羅素回到隊上後，看到比爾和卡茲為出賽位置競爭是件有趣的事情。他們兩位在大學時期都是明星球員，在選秀時也都是很有價值的球員：比爾是在一九六五年的一次區域性選秀被選中，而卡茲則是在一九六六年選秀時第一順位被選中。因為（在當時）一紙令人印象深刻的四年五十萬美元的合約，布萊德利的外號叫「美元比爾」。他在普林斯頓大學時連續三年場均拿到超過三十分，並且帶領老虎隊打進NCAA最後四強賽，在賽中被選為聯賽的最有價值球員。一九六五年被尼克隊選中之後，他決定進入牛津大學，以獲得羅德獎學金的研究生身分進修兩年，之後再加入球隊。當時有許多針對他的大肆宣傳報導，以致於後來巴奈特開始諷刺地稱他為「那個一躍就可以跳過一棟大廈的男人」。

卡茲也一樣遭到很多取笑。他也獲得一份大合約（兩年二十萬美元），在密西根大學時因為很有活力又擅長得分，所以學校的體育館被稱為「卡茲蓋的房子」，沒有人會質疑他的能力。卡茲是個優秀的射手，他曾經帶領狼獾隊連續三年贏得十大聯盟（Big Ten）冠軍。最讓球員們發笑的一點是，他很著迷於健康食物及替代療法。這是第一次，我的隊上出現了一個外號比我還多的人。大家叫他「神奇小子」、「肌肉羅素」、「蚌殼肌肉」，以及我最喜歡的「蜜絲佛陀」，因為他每次訓練完都喜歡在身上抹上一層厚厚的按摩油。他的房間放滿許多的維他命及營養補給品，他的室友巴奈特曾經開玩笑說，如果你想參觀，那你得先拿到一份簽好的藥品注意事項。

比爾和卡茲讓我印象深刻的一點是，他們可以激烈地互相競爭，而不陷入以自我為中心的爭鬥。起初因為腳程不快、跳躍力也不好，比爾很難適應職業比賽，但是透過學習不帶球快速地移動，並用智慧勝過忙碌的防守球員，他彌補了那些不足。在練習時防守他（我常得要這麼做）是很傷透腦筋的一件事，正當你以為已經把他困在角落時，他卻會飛快地閃開，出現在球場的另一邊，抓住空檔投籃。

卡茲則有不同的問題，他雖然能以飛快的速度移動到籃下，但是如果比爾在場上，先發球員們會合作得更好。所以里德讓卡茲擔任隊上的候補球員，以便在上場之後點燃扭轉比賽的得分熱潮。隨著時間的過去，卡茲適應了自己的角色，並自豪地帶領著二軍。在一九六九至一九七〇年，二軍名單包括中鋒奈特・鮑曼（Nate Bowman），後衛麥克・賴爾登（Mike Riordan），以及前鋒戴夫・史托沃斯（Dave Stallworth，先前被下放到傷兵名單一年半直到心臟病復原），加上後備球員約翰・華倫（John Warren），唐納德・梅（Donnie May），以及比爾・哈斯克特（Bill Hosket），卡茲為二軍陣容取了個外號叫做「民兵」。

不久前，比爾參加了一場尼克隊的聚會，當現在成為一名牧師的卡茲走向他，為以前競爭同一個位置所做的自私行為向他道歉時，他感到相當地驚訝。比爾告訴卡茲，沒有必要跟他道歉，因為比爾知道不論卡茲多有衝勁，他也絕不會將自己的野心置於球隊之上。

很不幸地，在一九六九至一九七〇年我不能成為卡茲口中的民兵之一。一九六八年十二月，我因為嚴重背傷而需要做脊柱融合手術，這使我有大約一年半的時間無法上場比賽。復原的過程非常痛苦：我必須穿上身體支架長達六個月的時間，並且在這段期間內禁止一切劇烈的身體活動，包括性行為。隊友還問我是否考慮要讓我的妻子戴上貞操帶，我笑著以對，但是那一點也不好笑。

我原本以為可以在一九六九至一九七〇年的球季返回球場，但是球隊已經有一個好的開始，於是球隊的決策人員為了不要讓我在新隊選秀時被選走，就把我放進傷兵名單裡一整年。

我並不擔心錢的問題，因為在我被選中的隔年，我就和球隊簽訂了兩年的延長交易合約。但是我不想無所事事，所以接了些電視解說的工作，和球隊攝影師喬治・卡林斯基合作撰寫一本有關尼克隊的書，書名叫做《勝者為王》（*Take It All!*），並且以里德的非正式助理教練身分跟著球隊南征北討。當時大部分的教練都沒有助理，但是里德知道我很有興趣學習更多與比賽有關的事情，而且他也正在尋找能夠想出新想法的人跟著他。這個工作給了我一個機會，讓我能夠以教練的角度看待比賽。

里德是一個很善於口頭溝通的人，但是他不那麼視覺導向，也很少在賽前會談期間在黑板上畫一些戰術圖示。有時候，為了讓球員們專心，他會要求他們如果聽到他說「防守」這個詞的時候就要點頭——通常每四個字就會出現一次。儘管如此，還是有些球員會在他講話的時候恍神，所以他要我點出我們目前正面對的球隊優缺點，並且將球員們主要的戰術畫在白板上。這迫使我開始認為比賽是種戰略的問題，而不僅只是一種戰術問題。身為一個年輕的球員，在任何比賽中，你都會把自己大部分的注意力放在如何打敗你的對手上。但是，我開始把籃球看作是一場**動態的棋局**，其中的每顆棋子都有動作，這真的很令人興奮。

我學到的另一課是賽前儀式的重要性。當時投籃訓練還沒有被發明，因此大多數的教練會試圖在球員踏上球場前的十五到二十分鐘期間，把任何想得到的賽前指示塞進球員們的腦中。但是，當球員們的身體因為腎上腺素熱血沸騰的時候，只有少數人可以將指示吸收進去。現在不是進行深入左腦討論的好時機，而是應該在這時平靜球員們的心，在球員們上場之前增強他們與彼此的精神連結。

里德很重視後備球員們，因為他們在隊上扮演重要的角色，但是球隊常常因傷而戰力大減。在里德心中，後備球員積極投入比賽的重要性並不亞於先發球員。為了確保後備球員們在心情上做好準備，他通常會在讓他們上場前，花幾分鐘的時間施以警告。他也會不斷地提醒球員們注意二十四秒的時鐘，這樣他們就可以在任何時候跳進去，不打亂節拍。里德讓**每個球員都感到自己扮演著很重要的角色**，不論他比賽中在場上待了四分鐘或四十分鐘，這點有助於把尼克隊轉變成一支移動速度快、又有凝聚力的球隊。

當一九六九至一九七〇年的季後賽來臨時，尼克隊看起來勢不可擋。我們在球季結束時達到了聯盟六十勝二十二負的領先紀錄，並且一路奮力前進，在一開始的幾輪比賽就超越了巴爾的摩隊和密爾瓦基隊。幸運的是，我們不用去擔心塞爾提克隊，因為比爾・羅素已經退休了，而且波士頓隊當時也處於節約經費的狀態。

我們在冠軍總決賽的對手是湖人隊，一支星光熠熠的球隊，由威爾特・張伯倫（Wilt Chamberlain）、艾爾金・貝勒（Elgin Baylor）、傑瑞・威斯特（Jerry West）領軍，在過去八次NBA總決賽中六次輸給波士頓塞爾提克隊之後，他們非常渴望能贏得冠軍戒指。但是他們並不像我們一樣迅速又能快速移動，而且他們最強大的武器——張伯倫，因為膝蓋手術而花了大部分球季的時間療傷。

當系列賽打到了二比二平手，威利斯在紐約的第五場比賽因為大腿肌肉撕裂傷而退場，我們必須以瘦小、沒有中鋒的陣容繼續比完剩下的比賽。這代表德布斯切爾和史托沃斯（這個一九八公分與二〇六公分組成的雙人陣容）必須要利用小動作及假動作去應付二一六公分高、一二五公斤重的張伯倫——他或許是比賽史上最強大的中鋒。在當時，我方的球員移動兩步以上去雙人包夾對方球員的作法是犯規的，所以我們必須展開區域聯防戰術，這也是犯規的，但是在尼克隊主場的狂熱球迷面前，被判犯規的機會比較小。而在進攻方面，德布斯切爾用他精確的腳步引誘張伯倫遠離籃框，讓隊上其他球員能夠更自由地往籃下移動。這讓我們以一〇七比一百分得到決定性的勝利。

湖人隊回到主場後，系列賽在第六場比賽中陷入膠著，創下在NBA歷史上最戲劇性的時刻。最大的問題是，威利斯到底能不能夠歸隊參加將於麥迪遜廣場花園舉行的第七場比賽。直到最後一分鐘，醫生還把我們蒙在鼓裡。威利斯因為肌肉撕裂傷，腳不能彎曲，當然更不可能跳，但是他仍然穿上比賽的服裝，投了幾球當做暖身，再回到訓練師的房間接受更多的治療。我帶著我的相機，拍了張醫護人員在威利斯的臀部注射大量麻醉藥的照片，但是里德不許我公開發表這些照片，因為他說這對其他被拒絕進入房間採訪的攝影記者們不公平。

就在比賽即將開始的時候，威利斯一跛一跛地從中央走道走上球場，觀眾們陷入了瘋狂。廣播員史蒂夫・艾伯特（Steve Albert），那場比賽的義務球童，說當威利斯出現在場上時他正看著湖人隊，而「他們全部都轉過去、停止了射籃，看著威利斯，大家的下巴都因為太過驚訝掉了下來。這場比賽早在還沒開始前，就已經結束了。」

弗雷澤在比賽一開始就運球前進，然後將球傳給在籃框附近的威利斯，讓他用短跳投得分。接著下次他又再次在前場得分，忽然之間尼克隊就以七比二領先，這在NBA通常並不代表什麼，但是在這個情況下卻有很大的意義。威利斯一開始的威風出場把湖人隊打得落花流水，再也沒有把比數追回來。

當然，弗雷澤在季後賽史上最被埋沒的偉大表現之一，對這場比賽是很大的幫助：單場得了三十六分、十九次助攻、搶下七個籃板。雖然華特因為自己被威利斯奪去光采而有些失望，他還是對隊長表示尊敬和感謝。之後弗雷澤說：「現在有很多人對我說，『哇，我都不知道你曾經比過這樣的比賽。』但是我知道如果不是因為威利斯的出現，我絕對無法有像當天那樣的表現。只靠著他的上場就讓球迷聚精會神、也給了我們信心。」

後來，尼克隊以一一三比九十九分贏了這場比賽，我們都在一夜之間成了名人。但對於我來說，這卻是場苦中帶甜的勝利。我很感謝隊友給了我一次季後賽全勝的紀錄，以及我的第一枚冠軍戒指。但是當香檳喝完之後，我就因為無法在球隊奪冠的緊要關頭做出更多貢獻而感到內疚，我實在很想要重新振作起來。

第 4 章

允許自己僅僅做自己

人這一生，最大的權利就是做自己。

——喬瑟夫·坎伯（Joseph Campbell）

一九七二年的夏天，我哥哥喬和我展開了一趟穿越西部的機車之旅，而這趟旅程改變了我的人生方向。

當時，我已經回到球場上繼續打球兩年多，但在場上依然會感到猶豫，找不到自己的節奏。此外，我和我大學時期戀人瑪克辛的婚姻，也正瀕臨破裂。手術後長達六個月的時間，我都得在家裡做復健，然而對我們的婚姻關係卻沒有絲毫幫助，而且早在更早之前，我和瑪克辛就已經各走各的路了（非正式來說）。當時，在紐約州立大學水牛城分校擔任心理學教授的喬，也和他的妻子分居了，對我們來說似乎是一起同行的好時機。

我買了一輛二手的BMW七五〇，在蒙大拿州的大瀑布城（Great Falls）和喬碰面，那裡離我父母住的牧師會館並不遠。我們展開了一趟穿越大分水嶺（Great Divide）到達英屬哥倫比亞（British Columbia）的旅程，花了大約一個月的時間。喬和我放慢了步調，早上會行進大約五到六個小時，然後在下午紮營，晚上我們就拿著幾瓶啤酒坐在營火邊聊天。

喬單刀直入，「看你打球的時候，我感覺你很害怕。看起來就像你害怕再次受傷，你並沒有像以前一樣讓你自己投入比賽。你覺得自己已經完全復原了嗎？」

我回答：「我是復原了，但是總覺得有些不一樣，我無法發揮像以前一樣的水準。我的速度還是很快，但是我的腿比較沒那麼有力了。」

「我說啊，你真的得把以前的水準找回來。」喬對我說。

至於我的婚姻，我說和瑪克辛已經漸行漸遠。她對於我所在的籃球世界絲毫不感興趣，我也還沒有準備好要定下來，成為那種住在郊居的居家男人。再加上她已經準備離開，去追求她的律師生涯。

喬的回答依然很直率，他說我在過去兩年內並沒有讓自己投入我的婚姻、職業或其他事。他還補充說：「因為你太過於害怕，以致於無法確實做出真誠的努力，你已經失去了你一直擁有的一段愛的關係——也就是籃球，你必須對自己的生活更有進取心才行。」

這正是我需要聽進去的忠言。回紐約之後，我下定決心要把精力重新專注在我的職業上，而且在接下來的三個球季，我打出了這一生最棒的籃球表現。瑪克辛和我正式分開，並訴請離婚。我搬進了位於曼哈頓切爾西區一間汽車修理廠樓上的閣樓。瑪克辛則和我們四歲的女兒伊莉莎白一起定居在位於上西城（Upper West Side）的一間公寓。

這對我來說是一段瘋狂、大開眼界的時期，我過著六〇年代文藝復興人的生活，留著長髮、穿著牛仔褲，對探索看世界的新方式充滿期待。我熱愛那股席捲紐約和國家其他地區的反主流文化浪潮中，那樣的自由和理想主義，當然更不用說偉大的音樂。我買了一輛自行車，騎著它繞遍城裡各地，試圖和真正的紐約市有所連結。但是不論我在中央公園花了多少時間，對我來說，生活在都市就像生活在室內一樣，我需要到一個能讓我感覺和地球有強烈連結的地方。

我也渴望能和以往一直被忽略的精神核心互相連結。在大學時期，我也研究過其他的宗教，並對世界各地範圍廣泛的宗教傳統儀式感興趣。但那主要是增廣見聞，對精神面沒有助益，現在我則感到深入了解的必要。這段自我探索的旅程充滿了不確定性，但是也充滿希望。雖然知道父母那種嚴格控制心靈的方式並不適合我，我依然對接觸人類精神力量的想法感到好奇。

當我還小時，遇過許多無法解釋的健康問題。大約兩歲時，我的喉嚨長了一個大腫塊，讓許多醫生束手無策，也讓我父母非常擔心；醫生開了盤尼西林，最後腫塊消失了。但是在成長過程中，我一直覺得自己身上有些不對勁。當我上小學一年級時，被診斷出心臟有雜音，醫生要我避免劇烈的活動長達一整年，因為我是一個非常好動的小孩，這對我來說根本是種折磨。

在約十一或十二歲時，某個發高燒的夜晚，我睡睡醒醒，突然間，聽到了一陣轟隆聲，就像火車的聲音，聲音越來越大，大到我以為火車要撞進我的臥室了！那種感覺真的非常具有破壞力，但基於某些理由，我並不覺得害怕。隨著那股聲音變得越來越大，我感覺到有一股能量穿過身體，這比之前我所經歷過的一切，都還要來得巨大且強烈。

我不知道這股力量是從哪來的，但是隔天醒來後，我感覺自己很強壯、有自信、而且充滿能量，燒也退了。在那之後，我的健康情況有了顯著的改善，從此很少再得感冒或是流感。

然而，這次無意識經驗對我主要的影響，是在心理層面，而不是生理。那天晚上過後，我對自己產生了一個更崇高的信念，**並且默默相信，所有事情都會向最好的方向發展**。我也似乎能接觸到自己身上某個新的能量源頭，那是之前從未感覺過的。從那一刻起，我感到有足夠的信心，可以將全部的身心靈投入自己喜歡的事物——而最重要的是，這就是我在運動上成功的祕訣。

我一直都想知道，那股力量是從何而來？以及我是否可以學習如何把這股力量利用在自己身上，不只是在球場，還可以用在我生活中其他的部分。

當我出發進行自我探索旅程時，這就是我設定要尋找的目標之一。我不知道要去哪裡，也不知道一路上會遭遇什麼意想不到的困難，但是死之華樂團（Grateful Dead）的歌「漣漪」（Ripple）的歌詞給我很大的鼓勵。

有一條路，不是簡單的公路，
在夜晚的黎明與黑暗之間，如果你走上這條路，沒人可以跟隨，
那是一條只有你的步伐能走的小路。

老實說，我可真是走了好大一段路。因為我的父母都是牧師，我和兄弟姐妹們也得表現得加倍完美。我們星期日得上教堂兩次，早上聽我父親講道，晚上則是聽我母親講道。星期三我們還得進行其他的儀式，而且在我母親任教的主日學班上必須是模範生。每天我們會在吃早餐之前禱告，到了晚上我們通常要背誦聖經裡的經節。

我父母是在溫尼伯（Winnipeg）讀神學院時認識彼此的，在那之前，他們有著各自不同的人生旅程。我的父親，查爾斯，是個既高又英俊的男人，有著捲曲的頭髮、深色的眼睛，以及安靜、低調的言行舉止。我們的保皇黨祖先在美國獨立戰爭時選錯邊支持，於是在戰後遷到安大略省，在那邊接收了一塊喬治三世（King George III）轉讓的土地，後來成為傑克森家族的農場。我爸一直以為自己能夠去讀大學，但入學考試落榜後（大部分的原因是他身體欠佳），他在八年

級時離開了學校，並在農場裡面工作。在這期間，他也曾經有一段時間在哈德森灣當伐木工人。後來有一天，當他在穀倉裡擠牛奶時，突然受到呼召而決定要進入神學院就讀。

我的母親伊莉莎白，是一個引人注目、有魅力的女人，擁有水晶般清澈的藍眼睛、金色的頭髮及強烈的日耳曼民族特徵。她在蒙大拿州的沃爾夫波因特（Wolf Point）長大，第一次世界大戰後，我的外公馮克為了避開加拿大激烈的反德意識而舉家遷到那兒。我母親所有的兄弟姐妹在中學時都曾擔任致告別辭的畢業生代表，但她卻差了○．二分而錯過這機會，因為她必須幫忙家裡農場的秋收，導致六週無法上課。後來她參加一場五旬節教派的復興布道會卻被掃地出門後，就在一間只有單個房間的校舍教書。三十歲出頭時，我母親就已經確定自己要在蒙大拿州東邊的小鎮當旅行傳教士。

他們開始約會的時候，我父親是一個鰥夫。他的第一任妻子在幾年前懷了第二個孩子時去世。與其說是因為浪漫的原因，我的父母親倒比較像是因為深刻的心靈結合而彼此吸引。他們都對一九二○至一九三○年代期間在鄉村地區迅速蔓延的五旬節運動深深著迷，這個活動的根本理念，就是人可以透過與聖靈直接連結而獲得救贖。他們還接受聖經中的〈啟示錄〉關於基督再臨的預言，並談論到在心靈上準備好面對基督到來有多麼重要，因為祂可能會在任何時刻降臨。他們最害怕的事情就是無法即時與神同在。我母親經常問說：「如果你今天去世了，你會在天堂遇見你的造物主嗎？」這在我們家中可是個很大的議題。

我的父母也堅決遵守聖保羅的教誨，即要讓自己和物質主義的社會區隔，入世而不隨之起舞。他們不准我們看電視、看電影、看漫畫書或是去跳舞，甚至也不准本地的學校和我們學校交誼。他們也不准瓊穿短褲或泳衣，至於我和哥哥們，除了在運動的時候，到哪裡都得穿著白襯衫。不久前，我問喬小時候他最怕的是什麼，他說最怕的是在學校犯錯時被嘲笑。其他孩子會無情地戲弄我們，叫我們「聖滾者」，並取笑對他們來說顯得奇怪又過時的生活方式。

我十一歲時，母親告訴我說，該是「尋求聖靈充滿」的時候了。我的哥哥姐姐們已經受過聖靈的「洗禮」，並且開始說方言，這是五旬節教派信仰中很重要的一環。許多年來，我看著其他人經歷這個儀式，但是它從來就不是我想要經歷的一個過程。但是我父母真的希望我這樣做，而且當我積極尋求說方言的恩賜時，他們每個星期日晚上都會在進行之儀式過後和我一起禱告。

經過幾年虔誠的禱告、祈求之後，我確定這個過程不適合我。我開始拚命尋找學校的活動，希望藉此將我帶離近乎一個禮拜七天，一天二十四小時，全年無休的教會生活。我演過戲、參加過合唱團、參與班級花車遊行，還在學校的廣播節目中擔任運動播報員。我高中時期，有一次當父母到很遠的地方參加特會，哥哥喬帶我偷偷溜出去看了我人生的第一場電影《七對佳偶》（*Seven Brides for Seven Brothers*）。

但籃球才是我真正的救星。我在高二那年，長高了十公分，身高達到一百九十六公分，體重增加為七十三公斤，並且開始真正往球員的方向提升。我的身高和長手臂給了我很大的優勢，那年我每場比賽的平均得分為二十一．三分，這幫助我的隊伍威利斯頓高中進入北達科他州的總冠軍決賽，不過，我們在例行賽期間已經輸過我們的對手拉格比高中兩次。我在那兩場比賽都陷入了犯規的麻煩，所以在最後一場比賽我們的教練鮑伯．皮特森使用了區域戰術。我們壓制住我的高中對手保羅．普雷斯圖斯（Paul Presthus），但是拉格比高中的射手夠厲害，最後贏我們十二分。

我之所以喜歡籃球，就在於其中的一切是多麼地環環相扣。籃球比賽是一段複雜的舞步和相對舞步，使它比我之前做過的所有運動都還要富有生命力。此外，籃球也需要高度的協力，為了要獲勝，**你必須依靠場上的其他人，而不是只靠自己**。這一點為籃球這項運動添加了某種卓越之美，並令我很滿足。

籃球也拯救我免於參加教會大部分的週末儀式，離我們最近的對手距離我們有二〇一公里之遠，我們經常得在週末展開一整夜的長途旅程到達州內遙遠的地區，這表示我通常會錯過禮拜五晚上及禮拜日早上的儀式。

高三那年，我在州內變得小有名氣。每場比賽平均得二十三分，而且我們再一次進入州內的決賽，即使沒有締造像去年一樣厲害的紀錄。我們最後對戰大福克斯紅河高中的比賽有電視轉播，在上半場的中間，我成功抄到球並衝向前灌籃。這讓我成了英雄，因為當時大部分觀眾都從來不曾看過灌籃。後來我在這場比賽中得了三十五分，並且獲選為最有價值球員。

比賽結束後，我遇到了比爾．費奇，當時他剛被聘用擔任北達科他大學的教練，他答應說如果我有興趣，會在隊上為我保留一個位置。幾個星期後，他出現在威利斯頓高中球隊的年度頒獎典禮上發表演說。在演講的尾聲，他叫我和我一個隊友上台，用手銬把我們銬在一起，他開玩笑地說：「我要帶這兩個男孩和我一起回北達科他大學。」

最後，從來沒有看過我高中任何一場籃球比賽的母親，問及現在我的屬靈生命進展得如何，我不得不告訴她我在和我的信仰對抗。這對母親來說是個令人心碎的時刻，因為她已經看過自己年紀較大的兒子們「離開」教會。我還是嬰兒的時候，父母就向他們的會眾保證說我會以主的僕人身分被撫養長大，就像在我之前的查爾斯和喬一樣。但是我們之中沒有人實現他們的期望，這對他們而言一定很痛苦。我想，這就是為什麼他們從來沒有放棄希望，有一天我們其中一個人可能會回來接受真正的呼召，成為牧師。

大學時期，我經歷了另一次突如其來的心靈覺醒。我是閱讀聖經的文字長大的，所以在生物課上學到達爾文的進化論時，當我知道根據最佳的估算，人類在這個星球上已經直立行走超過四百萬年的時間時，我覺得很困惑。這個意想不到的真相，讓我開始質疑許多小時候被教導的事情，並且驅使我試著去解決宗教教條與科學探索之間一直存在的一些矛盾。

我決定要把我的主修從政治學轉成心理學、宗教學及哲學的組合，這讓我有機會探索東西方廣泛的心靈途徑。我特別喜愛尼可斯・卡贊扎基斯（Nikos Kazantzakis）在他的小說《基督的最後誘惑》（*The Last Temptation of Christ*）中對於耶穌的人性想像，這和我曾經讀過有關佛陀的事物非常相似。我也受到威廉・詹姆斯（William James）的著作《宗教經驗之種種》（*The Varieties of Religious Experience*）所感動，這本書不只幫我從正確的角度來看待童年經驗，也讓我明白自己的探索如何能找到一種嶄新、更真實的屬靈身分，可以融入美國文化遼闊的景色中。

剛進入NBA的前幾年，我把之前的探索暫時擱在一邊。不過當我搬到切爾西時，我和一位名叫哈基姆的心理學研究生成為朋友，他同時也是個虔誠的伊斯蘭教徒，他重新燃起了我對靈性的興趣，也激發我開始去探索冥想。

有一年夏天在蒙大拿州，我雇用一個鄰居榮恩．法維特來幫我修理漏水的屋頂，他是一個嚴守教規的基督徒。在修補屋頂木瓦板的同時，我們進入一段有關心靈主題的長時間對話，我承坦因童年時期的經驗，我實在無法和他的信仰相處融洽。他說：「我知道你從哪裡來，但是你知道嗎，世界上並沒有神的子孫這種東西。你並不是你的父母，你必須發展出自己和神的個人關係。」

那時候，我開始尋找可能對自己有效的心靈實踐方法。我最早的發現之一是喬爾．高史密斯（Joel S. Goldsmith），一位創新的作家，他很神祕，而且曾經是基督科學教會（Christian Science）的醫治者，後來也創立了他自己的運動，一般稱之為「無限之路」（Infinite Way）。他的作品吸引我的地方是對於組織、儀式及教條的全盤否定。在他看來，靈性是一段個人的旅程、一個週期，他還精心策劃說話方式，以便別人能夠從廣泛的角度加以詮釋。我對於高史密斯看待冥想的方式特別感興趣，他把**冥想**視為一種感受內在沉默與探知直覺智慧的方式。我一直都把冥想視為一種用來平靜心靈，使人感到更鎮定的治療方法，但是高史密斯卻讓我明白，**冥想也可以是禱告的代替品、進入神性的途徑**。

隨著時間過去，我也嘗試過其他的方法，但「無限之路」卻令我大開眼界。它就像是一塊墊腳石，把我從撫養我長大的死板靈性提升到更寬廣的心靈實踐視野。我年紀還小的時候，母親每天都會往我腦袋裡面塞進許多的經節，因為她認為閒置的腦袋正是魔鬼最喜歡的遊戲場。但是我覺得剛好相反，我實在不喜歡用更多噪音填滿我的腦袋，我只想要讓腦袋好好休息，**允許我自己僅僅做自己**。

約莫是在這個時期，我在紐約一個經常去玩牌的地方遇到未來的妻子茱恩，她是個溫暖、風趣的女性，畢業於康乃狄克大學，擁有社會工作學位。我們的愛情是在有一年夏天環西北部的機車之旅中開始萌芽，並在一九七四年結婚。我們的第一個小孩雀兒喜在婚後隔年出生，而女兒布魯克和雙胞胎兒子查理與班也很快接著出生。

有一年夏天在雀兒喜出生後不久，茱恩和我一起去拜訪哥哥喬和他的新伴侶（茱恩的姐姐黛博拉），他們一起住在新墨西哥州陶斯的一個社區。喬已經加入蘇非派好幾年了，最近他辭掉了在水牛城分校的教職，搬到了喇嘛基金會（Lama Foundation）裡，那是個致力於從各種不同的傳統中整合出心靈實踐方法的團體。

蘇非派是伊斯蘭教神祕主義的派別之一，主要著重將意識從個人層面轉移到神性層面。蘇非派信徒相信除非你把自己交托給神聖的力量，否則你無法將自己從認同渺小、個人的自我中釋放。這意味著降服於蘇非派大師維拉亞特・伊納亞特・漢長老（Pir Vilayat Inayat Khan）所謂的「無條件之愛的神奇咒語——跨越施愛者與被愛者之間缺口的狂喜擁抱。」

喇嘛基金會裡的蘇非派信徒，在一天當中會花上許多的時間試著和神性連結，透過冥想、祈禱，以及一種被稱為齊克爾（zikers，意為「贊念」）的狂喜的吟誦及鞠躬儀式。喬受到這個強調身體需要的實踐方法給吸引，其中有許多專為轉移意識設計的反覆、像舞蹈的動作。

但在是參加過幾個禮拜的聚會之後，我認為蘇非派不是適合我的道路，我想要找一種可以幫助我抑制自己過動心靈的實踐方法。

幾年後，我雇用喬在蒙大拿州的弗拉特黑德湖（Flathead Lake）旁幫我蓋了間新房子，當房子的骨架完成後，我們多請了一位建築工人來幫我們完成這工作，他一直在北加州的沙斯塔修道院（Mount Shasta monastery）學禪，他的態度平靜、專注，連工作也自有一套正經的方法。自從我讀過鈴木俊隆的經典著作《禪者的初心》（*Zen Mind, Beginner's Mind*）之後，我一直很希望能更進一步認識禪宗。身為將禪宗思想介紹到西方世界的重要日本僧人，鈴木談到要學會用好奇的心，不帶任何判斷面對每一個時刻。他寫道：「如果你的**心空空如也**，那它就隨時準備好去接受任何事；去對一切敞開。初學者的心中有許多的可能性，已經成了專家老手的心中可能性就比較少。」

那年夏天和喬加入了我們朋友的團體並開始**坐禪**（*zazen*），一個禮拜會坐禪一次。禪宗的實踐方法吸引我的一點，是因為它本質上相當簡單。不用吟誦祈禱文或是想像複雜的圖像，像我以前曾經嘗試過的其他實踐方法。禪宗非常實務、很實際，而且開放探索。它不需要你認同一組特定的原則，或是需要採取任何動作增添信心。事實上，禪宗鼓勵信徒們去質疑一切。禪學大師史蒂夫・哈根（Steve Hagen）曾寫道，「佛教是要**看見**，是要我們知道，而不是相信、希望或是祈願。也是要我們不要害怕去檢驗任何、一切的事情，包括你自己個人的日常工作。」

對於如何坐禪冥想，鈴木俊隆的解說相當簡單：

1. 脊椎打直坐著，**肩膀放鬆，縮下巴**，「就像在用頭支撐著天。」
2. **用心順著呼吸**，讓它像是旋轉門一樣進出地移動。
3. 不要試圖中止你的思想，如果有個想法忽然浮現，就**讓它來**、**隨它去**，再回去專注觀察呼吸。這個概念就是不要試圖控制你的心，而是讓思想一再地自然浮現及消退。經過一些練習後，**思想就會像浮雲一樣的開始浮動**，而思想主宰意識的力量將會減弱。

根據鈴木的說法，冥想可以幫助你以**「相當簡單、清澈的心靈」**做事情，「沒有任何的想法或幻影來干擾」。大部分的人在做事情的時候，腦中總會有兩三個想法運轉，這會留下思想的「軌跡」，對你造成混淆，而且難以掙脫。他寫道：「為了不要留下任何軌跡，當你在做事情時，你必須要用整個身心去做，應該要完全專注在你所做的事情上。**你應該要徹底地做，就像燒好的營火一樣。」**

我花了幾年的實踐，讓忙碌的心靈平靜下來，但是在實踐的過程中，我發現越是對於內心的運作狀況變得更有警覺，我就變得越能與外在的世界連結。**當我處於壓力下時，我對待其他人變得更有耐性、也更冷靜**——當我成為教練後，這個特質對我大有幫助。

身為一個領導者，禪宗教會我三件事：

放棄控制

鈴木寫道：「如果你想在坐禪中得到完全的平靜，你就不應該受到自己心中所找到的各種圖像打擾。讓它們降臨、隨它們去、讓它們走，然後它們就會在你的控制中。」他補充說，控制人們最好的方式，就是給他們許多空間並且鼓勵他們調皮搗蛋，然後觀察他們。「忽略他們並不是一個好方法，那是下下策，」他寫道：「而第二糟糕的策略就是試圖控制他們。最好的方法就是觀察他們，**只要觀察他們就好**，不要試圖去控制他們。」

後來，我在和丹尼斯．羅德曼打交道時，這項忠告派上了用場。

信任當下

大多數的人會花相當多的時間去思想過去或未來——如果你的工作是要贏得籃球比賽，那就會很危險。籃球比賽的步調快如閃電，以致於你很容易犯錯，以及沉迷於剛剛發生或是接下來可能會發生的事情，這樣一來會讓你分心，無法專注於唯一真正重要的事情——就是當下。

坐禪的實踐，不僅幫助我變得更能敏銳察覺到當下發生的事情，也放慢了我對時間的體驗，因為它降低了急於衝後未來或迷失在過去的習慣。越南禪宗大師釋一行（Thich Nhat Hanh）曾談到「快樂地活在當下」，因為那就是你可以找到所需要的一切之處。**「只有在當下可以發現**

生活，」他寫道：「過去已經過去了，未來尚未來到，如果我們在當下不回到自己本身，就無法和生活聯繫。」

用憐憫過生活

我發現佛教特別引人注目的就是，對憐憫的教誨。眾所週知佛陀就是「憐憫的人」，而根據宗教學者的說法，他的道德教誨和耶穌在最後的晚餐中教導門徒的內容相當類似：「你們要彼此相愛，像我愛你們一樣，這就是我的命令。人為朋友捨命，人的愛心沒有比這個大的了。」基於相似的心境，佛陀說：「正如母親會冒著自己的生命危險保護她唯一的孩子，即使如此，還是要對眾生培養一種無限的心。讓你無邊的愛的想法遍及整個世界。」

就佛教的觀點來說，培養憐憫最好的方法就是徹底活在當下。佛陀說：**「冥想是要以善於接受的心去傾聽。」**在她的著作《始於足下》（*Start Where You Are*）中，佛學大師佩瑪．丘卓（Pema Chodron）強調，冥想的實踐可以讓自我和他人之間的傳統分界變得模糊。「你為自己所做的任何仁慈的姿態、任何和善的姿態、任何誠實的姿態，以及對你自己清楚的看見，都會影響到你經歷這個世界的方式，」她寫道，**「你為你自己所做的，其實也是為別人所做的。而你為別人所做的，其實也就是為你自己所做的。」**

這個想法日後會成為我擔任教練工作中的一個重要基礎。

同時身為一個球員，我還有事情要做。

在一九七一至一九七二年的球季，當時不只是總教練也是球隊總經理的里德．霍爾茲曼，做了許多讓尼克隊轉變的行動。首先，他把卡茲．羅素交易到舊金山勇士隊（San Francisco Warriors），換回傑瑞．盧卡斯（Jerry Lucas），一個強壯、活躍的長人球員，不只擁有極佳的二十五呎射籃能力，也能夠對付像大衛．考文斯（Dave Cowens）和卡里姆．阿布都．賈霸（Kareem Abdul-Jabbar）之類強而有力的中鋒。接著，里德將麥克．賴爾登和戴夫．史托沃斯送到巴爾的摩子彈隊，換回人稱「珍珠厄爾」的厄爾．孟洛，他或許是當時籃球界最有創意的控球員。里德在選秀時還選了迪恩．梅明格（Dean Meminger），一個來自馬凱特大學（Marquette），速度快、腿又長，防守起來相當可怕的後衛。

有了這些新秀的加入，我們轉變成一支比過去還要靈活許多的隊伍。和一九六九至一九七〇年的組合相比，隊伍中有更多體型的球員可供選擇、更廣的得分選項配置，加上個人技巧以及團隊意識的完美結合。有些人擔心厄爾．孟洛可能會試圖在後場搶走弗雷澤的風采，但是厄爾很快就適應了弗雷澤的遊戲規則，並且在進攻部分加入讓人目眩的新特點。

有了盧卡斯這位傳球的魔術師擔任中鋒，使我們從原本光靠力量取勝，轉為擁有多方面專長的隊伍，除了上籃以外，還加上十五呎的跳投。里德讓我擔任戴夫．德布斯切爾和比爾．布萊德利的主力候補球員——我在新的位置上重新獲得能量。這個隊伍正處於純粹籃球本質的最佳狀態，而我在其中找到正好適合自己的角色。

一九七二至一九七三年我們唯一擔心的隊伍是塞爾提克隊，他們以六十八勝十四負的紀錄成為東區的霸主。在比爾・羅素離開後的四年當中，總經理紅衣主教奧拜克（Red Auerbach）以經典的塞爾提克傳統重建了這個隊伍，擁有強壯、活躍的中鋒大衛・考文斯，狡猾的外線射手喬・喬・懷特（Jo Jo White），以及籃球界最優秀的全方位球員之一約翰・哈維切克（John Havlicek）。

里德並不太欣賞奧拜克，因為他會用一切能用的招數讓他的球隊占上風。奧拜克是搞小動作的高手，他其中的一個招牌伎倆，就是當他認為他的球隊已經贏球時會點起雪茄，這會讓他的對手火冒三丈，尤其是當比數還相當接近的時候。

但是在一九七三年的季後賽奧拜克超越了自己，而且最後產生了反效果。在第一輪以四勝一敗擊敗巴爾的摩隊之後，我們在東區的決賽遇到塞爾提克隊。波士頓隊在系列賽中擁有主場優勢，而且奧拜克充分利用了這點。每當我們在波士頓比賽，奧拜克都讓我們過得很痛苦：他會讓我們使用鑰匙壞掉的球員休息室，沒有毛巾、室溫會設定超過三十七度，我們還無法開窗戶。這次的系列賽，他每場比賽都把我們安排在不同的球員休息室，而最後一場——第七場比賽的球員休息室，簡直是間狹窄的警衛室，沒有置物櫃，而且天花板低到許多球員都必須彎著腰才能換衣服。與其說讓我們士氣低落，正如奧拜克無疑想達成的目的，這個球員休息室的爛招反而讓我們士氣到激起更強大的鬥志。

在這之前，從來沒有人曾在第七場比賽在塞爾提克隊的主場贏過他們，但是我們仍然很有信心，因為早在系列賽一開始，我們就藉著全場緊迫盯人的防守居於上風。這場重要比賽的前一晚，大夥正在看第六場比賽的影片，發現喬．喬．懷特正用他極高的身體當掩護痛宰我們。防守喬．喬的球員迪恩．梅明格開始有所防備，而霍爾茲曼立刻反應。「我才不在乎那種掩護，」他說。「找個方法穿過掩護阻止這傢伙，不要管什麼鬼掩護，只要做好份內的工作就好。」

隔天，迪恩就卯起來了，他早早就衝向喬．喬，拚命阻擋他，有效地抑制了塞爾提克隊的進攻計畫。接著迪恩又在球場另一端活靈活現，突破塞爾提克隊的緊迫防守，在下半場點燃了決定性的三十七－二十二連續得分。在那之後，波士頓再也沒有追回失分，最後的分數是尼克隊九十四分，塞爾提克隊七十八分。

我從來沒有看過里德．霍爾茲曼像那天晚上在波士頓狹小的警衛室裡那樣開心，在他的勁敵奧拜克自己的地盤上擊敗他，對里德來說有很重大的意義。高興得眉開眼笑，他帶著詭異的笑容走向我，「我跟你說，菲爾，有時候人生是個謎，你沒辦法那麼清楚地分辨出善惡之間的差別，但這就是其中一次善戰勝惡的時刻。」

對戰湖人隊的總冠軍系列賽則是虎頭蛇尾，他們第一場比賽讓我們很驚訝，但在那之後我們終止了他們的快攻戰術，並且贏得了第五場比賽。在洛杉磯舉行的賽後慶祝活動很失敗：只有極少數的記者在周圍等我們發言。但是我並不在乎，我終於擁有了一枚稱得上是自己的戒指。

下一個球季（一九七三至一九七四年）是我職業生涯中表現最好的其中一個時期。我把自己的角色定位為第六人，平均每場比賽得到十一．一分、搶下五．八個籃板。但是球隊正經歷一場讓我擔心的轉變。

贏得冠軍的尼克隊最大的特色就是球員之間**非凡的團結力**，以及我們以團隊身分一起努力的無私方式。在一九七〇年我們往第一次冠軍邁進的期間，這樣的團結力特別地強烈。一九七一年厄爾．孟洛、傑瑞．盧卡斯、迪恩．梅明格來到隊上之後，球隊的氣氛起了變化，但是形成了一股新的團結力，在本質上更嚴密地專業，而戰鬥力並沒有相對減弱。在球場以外我們並沒有花太多的時間和彼此相處，但在球場上我們非常地契合。現在球隊正經歷另一場天翻地覆的變化，但這次的影響力將會較具破壞性。

在一九七三至一九七四年的球季期間，藉著瑞德、盧卡斯和因傷跛腳的德布斯切爾，我們努力讓一切團結在一起，並且緩慢而費力地擠進東區的決賽，在勉強挺過和子彈隊艱難的七場系列賽之後對上塞爾提克隊。關鍵時刻出現於麥迪遜廣場花園舉行的第四場比賽，塞爾提克隊在系列賽中打到了二勝一負，而我和年輕的後備中鋒約翰．賈內利（John Gianelli）試圖去填補我們實力減弱的長人球員的位置。不過這次不會再出現威利斯．瑞德的神奇降臨。波士頓隊的大衛．考文斯和約翰．哈維切克知道如何利用我們缺少優秀的前場領導者的劣勢，並且在下半場每個關鍵的轉折點運用策略擊敗我們，最終波士頓隊以九十八比九十一獲勝。

三天後，塞爾提克隊在波士頓擊敗了我們，接著對戰密爾瓦基公鹿隊（Milwaukee Bucks），並成功地拿下另一次冠軍。我還記得那次輸球之後，我和隊友坐在在洛根國際機場（Logan Airport），感覺就像曾經輝煌一時的王朝已經走到了盡頭。盧卡斯和德布斯切爾已經宣布他們打算要退休，下個球季開始進行之前，瑞德和巴奈特也要離開，而梅明格已經在新隊選秀中被紐奧良隊給選走，並且交易到亞特蘭大隊。

那之後一切都不一樣了。隔年，我以先發球員的身分取代了德布斯切爾，而且打得不錯，但是原來的核心隊伍只剩下其他三個球員（沃爾特．弗雷澤、比爾．布萊德利、厄爾．孟洛），而且我們以前曾有的那種團結也很難再造。時代正在改變，現在大量湧入NBA的新進球員們比較熱中於炫耀他們華麗的技巧，以及過著NBA高調的生活，而不是努力創造一支團結的球隊。

接下來的兩年，我們隊上增加了一些有天分的球員，包括曾經入選NBA最佳陣容的明星球員史賓瑟．海伍德（Spencer Haywood）及三屆NBA得分王鮑伯．麥卡杜（Bob McAdoo），但他們似乎都對掌握尼克隊結合密集防守和無私團隊合作的傳統不感興趣。

世代差距愈變愈明顯。大學時期過慣了安逸生活的新進球員們，開始抱怨說沒有人會幫他們洗衣服，或是訓練師的包紮工作做得不夠好。資深的尼克隊球員都很習慣負責洗自己的衣服，因為當時球隊沒有設備經理，而且儘管這聽起來可能會很奇怪，但是洗自己的制服對球隊會產生團結合一的影響力。如果新進球員們不願意洗自己的衣服，那我實在很懷疑，這些人在球場上是否會為自己該做的事情負責。

沒多久時間答案揭曉了。在非常短的時間內，尼克隊就轉變成一支雙重人格的球隊，我們可以在一開始領先超過十五分，但卻在最後崩盤，因為無法發動協調好的攻勢。我們開過幾次團隊會議來討論這問題，卻無法在縮短差距的方法上達成共識。里德也沒有做什麼促進團隊戰術發揮作用的舉動。

一九七六年，尼克隊九年來第一次無法晉級季後賽。那是布萊德利退休及弗雷澤被交易到克里夫蘭騎士隊（Cleveland Cavaliers）的一年後。接著里德辭職了，之後由威利斯．瑞德接替他的位置。

我原本以為一九七七至一九七八年的球季會是我最後的比賽，但是在非賽季期間尼克隊想把我交易到紐澤西籃網隊（New Jersey Nets）。起初我很不願意，但是當凱文．朗格利（Kevin Loughery）教練來電，說他需要我幫忙和那些年輕的球員一起打球時，我才同意加入。他說：「我知道你已經處在職業生涯的尾聲了，但是來到紐澤西隊會是銜接球員和教練身分的好機會。」

當時，我對成為教練其實沒那麼感興趣，但是我對於朗格利特立獨行的領導風格感到相當好奇。訓練營之後，朗格利說他想要把我調到助理教練的位置，但是在這個計畫實行之前，因為前鋒鮑伯．艾里奧特（Bob Elliott）受了傷，我必須再次擔任球員。儘管如此，那年我還是有機會和大塊頭合作擔任兼職的助理教練，並且在凱文被裁判趕出場的時候接替他擔任總教練，那一季當中這種情況發生了十四次。

曾經兩度贏得ABA總冠軍的朗格利，對於比賽擁有獨特的眼光，而且很能善用實力懸殊的比賽。我從他身上學到的是，**如何超越極限，並成功擺脫它**。朗格利是我所知第一個會要球員在半場使用雙人包夾界外發球選手的教練，這是一個危險性很高，但往往會有回報的對策。他還採納了前NBA教練胡比．布朗（Hubie Brown）雙人包夾控球選手的方法，讓它成為防守中常有的一部分，儘管嚴格來說這並不正當。他其中一個最大的創新作法就是，為隊上最好的射手研發出另類的「隔離戰術」。這個策略並沒有完全看齊霍爾茲曼主張的五人進攻模式，但是卻相當適合籃網隊的陣容，因為隊上充滿優秀的射手，這也為新形式的創意開了一條路，得以在未來的幾年內更趨成熟。

我們隊上的明星球員是伯納德．金（Bernard King），一個動作非常靈活、具有爆發力的小前鋒，前一年他還是新人時，平均每場比賽就得到二十四．二分、搶下九．五個籃板。不幸的是，他也有藥物濫用的問題。那個球季的某天晚上，有人發現他把車停在停車標誌前在方向盤上睡著，而且因為酒後駕車與持有古柯鹼被逮捕（後來這個告訴被撤銷了）。這件事差點把朗格利給逼瘋，他善於管理自私的明星球員可是眾所皆知的，但是他卻覺得無法深入金的心中，也失去了對球隊的掌控，所以他揚言要辭職。當總經理查理．塞卡斯（Charlie Theokas）要求朗格利建議替代人選的時候，他提出了我的名字。當我知道這件事情時有點驚訝，但同時知道像凱文這樣境界的人認為我能夠勝任這份工作實在很令人開心。最後朗格利還是放棄了辭職的念頭，幾個月之後，籃網隊將金交易到猶他爵士隊，他在那裡大部分球季的時間都花在吸毒復健上面。

一九七九至一九八〇年的球季一開始，朗格利告訴我將會把我從現行的球員名單中除名，但是會提供我一個工作，以實質上的減薪擔任全職的助理教練。這就是我一直以來害怕的時候，我還記得，我開著車前往籃網隊位於紐澤西州皮斯卡特維鎮（Piscataway）的訓練營時，我心想再也不要再感受比賽的緊張感了。當然，我對自己說，未來或許還會擁有一些顯赫的時刻，不過除非我經歷某種生死關頭的危機，否則或許再也不會有另一次經驗、就像我在NBA擔任球員時經歷過的那樣。擔任教練可就不一樣了，至少那是我在當下的感受。不論輸贏，我總是和打球這行動差一步。

在皮斯卡特維鎮郊區的某處，我和幾個月前過世的父親進行了一場幻想中的對話。

「爸，我到底該怎麼做？」我說。「難道我一輩子都要做這苦差事嗎，只能做做樣子、敷衍了事嗎？」

停頓。

「還有什麼事，會像打籃球一樣對我有意義呢？該去哪裡尋找人生新目標？」

尋找答案，我得花上許多年的時間。

第 5 章

天才藏在細節裡

千萬不要吹奏薩克斯風，讓它帶著你自由發揮。

——查利．帕克（Charlie Parker）

這並不是第一次傑里・克勞斯打給我談有關到公牛隊任職的事情。早在三年前，史丹・艾貝克（Stan Albeck）還是總教練時，傑里就曾經邀請我去面試助理教練的職缺（當時我在波多黎各擔任教練）。面談的時候，我留著鬍子，戴著一頂插著藍色鸚鵡羽毛的草帽，造型完全走熱帶風。艾貝克看了我一眼之後，便行使他的否決權（這也可能是一種報復行為，傑里曾經否決史丹提議的助理教練人選）。總之，我並沒有得到那份工作。

第二次面試，傑里建議我刮掉鬍子，穿運動夾克、打上領帶。新的總教練是道格・科林斯（Doug Collins），在費城七六人隊擔任明星得分後衛時曾和我交手過。他是一個聰明又精力充沛的教練，克勞斯在一九八六年把他聘來取代艾貝克。傑里一直在尋找一個能讓公牛隊角逐冠軍的總教頭，這點道格做到了。一九七二年，在奧運代表隊中認識科林斯的另一位助理教練強尼・巴赫（Johnny Bach）曾說，道格讓他想起阿道夫・洛普（Adolph Rupp）教練著名的看法，認為教練有兩種：**帶領球隊贏球**及**驅動球員精進**的教練。道格絕對是屬於後者。雖然他沒有深厚的執教背景，但是他擁有無盡的精力，在重要的比賽時可激發球員的潛能。

道格和我立刻一拍即合。和傑里用完晚餐後，道格載我回到飯店的路上，他明白的告訴我，他正在尋找一個曾經拿過冠軍的人來幫助激勵球員鬥志。兩天後，傑里提供我一個助理教練的職位，並且再次給我一個時尚的建議。他說，下次你回到芝加哥的時候，帶著你的冠軍戒指一起來。

公牛隊是一支蓄勢待發的球隊，然而，他們的陣容裡仍然有一些缺陷：他們的中鋒達夫・科爾辛（Dave Corzine）在籃板下的速度並不快，技巧也普通，而他們身高二一一公分的前鋒布拉德・塞勒斯（Brad Sellers）則有慢性傷害的問題。不過公牛隊擁有一個強力的前鋒查爾斯・歐克利（Charles Oakley）、穩定的外線射手約翰・派克森（John Paxson）及兩個大有可為的新人前鋒史考提・皮朋和霍瑞斯・格蘭特（Horace Grant），巴赫稱他們為「杜賓犬」，因為他們擁有足夠的速度與侵略性，可以做出一些緊迫盯人的防守。

整隊的明星當然就是麥可・喬丹，他在前一年大放異彩，成了比賽中最優秀的球員。他不只贏得了得分王的稱號，每場平均得三十七・一分，還測試了人體性能的極限，在半空中創造驚人的移動。我所知道唯一能夠接近喬丹跳躍力的球員是朱利斯・厄文（Julius Erving），但是J博士並沒有像喬丹那樣非凡的精力。喬丹有本事在前一晚演出精采的比賽，隔天還展現更加驚人的表現，接著在兩天之後回到場上，再讓一切重現。

公牛隊主要的對手是底特律活塞隊，一支粗暴、靠體型取勝的球隊，他們驕傲地自稱為「壞孩子兵團」。由得分後衛以賽亞（Isiah Thomas）領軍，活塞隊總是渴望戰鬥，他們是一支充滿彪形大漢的隊伍，其中包括了比爾・藍比爾（Bill Laimbeer）、里克・馬洪（Rick Mahorn）、丹尼斯・羅德曼及約翰・薩利（John Salley）。早在我加入的第一個球季就爆發了馬洪和公牛隊的查爾斯・歐克利打架的事件，後來演變成了混戰。道格・科林斯為了平息這場混戰而衝到場上，卻被摔到記分台邊。強尼・巴赫試圖居中調解時也扭傷了手腕。後來，湯瑪斯還誇口活塞隊是「最後的戰士隊」。

活塞隊是一支精明又經驗豐富的隊伍，很擅長利用對手的弱點。拿公牛隊來說，只要用一些身體上的壓迫和爛招、小動作，就可以使年輕、經驗較不足的球員情緒失控。但是這個手段對喬丹沒效，他並不是輕易受到威嚇的人。為了抑制他，恰克．戴利（Chuck Daly）教練想出了一套稱為「喬丹法則」（Jordan Rules）的策略，即是每當喬丹拿到球的時候，透過許多球員極力防守，使他精疲力竭。喬丹恢復精力的速度相當驚人，經常能在兩三名球員纏住他的情況下，照樣射籃，但沒想到活塞隊的策略奏效了——至少在一開始是這樣，因為公牛隊並沒有許多其他進攻的選項。

我奉命到美國各地去偵察公牛隊即將迎戰的隊伍。這個機會讓我能親眼看到魔術強森所率領的湖人隊，與賴瑞．柏德率領的塞爾提克隊之間的精采爭戰，這兩隊的競爭對NBA產生引人注目的轉變。湖人和塞爾提克是聯盟最具傳奇色彩的兩支球隊，他們的隊員中出現了幾位頗有魅力的年輕明星球員，打出新球風，使看球賽變得很有趣，一掃幾年前聯盟捲入因藥物濫用以及個人失控的個人主義低潮。

這項不起眼的工作，讓我開始深入鑽研籃球的學問，以及有機會和最聰明的兩個人合作：強尼．巴赫和泰斯．溫特。過去五年，在我擔任過奧爾巴尼地主隊（Albany Patroons）的總教練時，嘗試讓比賽更加公平、更能團隊合作的各種作法，包括一年支付每個球員同樣的薪水。我擔任教練的第一年，我們贏得了聯賽總冠軍，我發現自己有一種天賦，在比賽進行中能立即整隊、讓上球員的天分發揮到極致。但經過一段時間後我才意識到，身為一個教練，我最大的弱點就是缺乏正規的訓練。因此，能和強尼與泰斯一起共事，是我迎頭趕上的機會。這個過程中，我領悟到一些可以與賽事結合，卻長期被遺忘的策略。

強尼是東部籃球打法的專家，那是密西西比河以東具有侵略性、正面衝突的比賽風格。他在布魯克林長大，在福坦莫大學（Fordham）和布朗大學打過籃球和棒球，之後二戰期間加入海軍到太平洋服役。結束與波士頓塞爾提克隊與紐約洋基隊短暫的合作之後，一九五〇年他成為史上最年輕的總教練之一。後來，他成功地在賓夕法尼亞州立大學擔任教練長達十年之久。接著，他轉戰到NBA擔任助理教練，也曾經短暫地擔任過金州勇士隊的總教練。一九七二年，當他擔任美國奧運代表隊的助理教練時，強尼與在一場有爭議的金牌比賽中扮演重要角色的科林斯一拍即合。如果國際奧林匹克委員會的委員，沒有在終場鈴聲已經響起後莫名奇妙地決定將時間延遲三秒的話，道格兩罰皆中後早就贏了這場比賽。

不像泰斯，強尼並不支持任何特定的戰術系統。他是一部裝滿籃球策略的活百科全書，依靠的是他的急智和驚人的記憶力，擬定有創意的贏球方法。當我在辦公室時，強尼經常會出現在我座位旁，帶著我從來沒有聽過、被他翻爛的教練奇才們寫的書，以及比賽錄影帶，內容是目前的NBA隊伍仍在使用的戰術錄影帶。

有一次，我坐在錄放影機前，試圖辨認出密爾瓦基公鹿隊用的是哪種進攻方式，我請強尼過來一起看。他看了一眼就說，「喔，那是加蘭・賓赫斯特（Garland Pinholster）發明的連續切傳跑位。」然後他繼續解釋說，賓赫斯特是五〇、六〇年代全國最創新的教練之一，他曾經在喬治亞州的奧格爾索普大學（Oglethorpe College）擔任教練，並用他發明的連續切傳跑位進攻方式累積一百八十勝六十八負的紀錄，直到他對籃球失去興趣，並轉而投入食品雜貨業及國家政治。

著重防守的強尼，很喜歡使用軍事圖片，並播放剪輯好的老舊戰爭片，讓球員們做好戰鬥的準備。他最喜歡的符號之一就是黑桃A，根據強尼所說，這是二戰期間海軍用來向陣亡同袍致敬所使用的記號。如果強尼在板子上某位敵隊球員的名字旁邊畫上一個黑桃A，那就代表當公牛隊的防守球員拿到球的時候，得「殺」掉他。

我不像強尼一樣喜歡用戰爭圖片，我通常是在講話時使用音樂錄影帶（之後則是電影的剪輯短片）。一開始我播放吉米・漢卓克斯（Jimi Hendrix）演奏的《星條旗》（*The Star-Spangled Banner*），後來又換成大衛・拜恩（David Byrne）的歌和皇后樂團主唱佛萊迪・墨裘瑞（Freddie Mercury）的《我們是冠軍》（*We Are the Champions*）。最後我學會使用錄影帶讓球員清楚了解我的微妙訊息。在一次季後賽進行期間，我用臉部特寫（Talking Heads）樂團的歌《一期一會》（*Once in a Lifetime*）製作了一支錄影帶——這首歌是在描述浪費當下時間的危險。

我一直覺得**音樂和籃球之間有種相當強的連結**。這種比賽在本質上就具有節奏，而且你可以在最棒的爵士樂團裡發現的一樣需要無私、非語言的溝通。有一次，約翰・柯川（John Coltrane）在邁爾士・戴維斯（Miles Davis）的樂團裡吹奏薩克斯風時，他開始了一長串沒完沒了的獨奏，害得邁爾士大發雷霆。「搞什麼鬼？」邁爾士大吼。

「我的薩克斯風就是停不下來啊，兄弟，」柯川回答。「它就是要繼續演奏。」

「是嗎，那你就把那該死的樂器放下。」

曾和爵士樂鋼琴家塞隆尼斯・孟克（Thelonious Monk）一起演奏過的史提夫・萊西（Steve Lacy），列出一張孟克對樂團成員提出的建議清單。以下是清單的摘錄內容：

1. 你不是鼓手，但不代表你不用跟著拍子。
2. 別再彈那些奇怪的音符（那都是屁），要彈旋律！
3. 讓鼓的節奏為樂曲加分。
4. 不要彈鋼琴的部分，我已經在彈了。
5. 不要彈完整的曲子（或是每次都彈一樣的東西），漏掉一些地方……你沒彈的地方，有時候更重要。
6. 在搖擺的時候，可以更誇張一點。
7. 任何你覺得做不到的事情，總會有人能做得到。天才就是自己的分身。
8. 你得先理解，才會懂——你懂嗎？

我喜歡這份建議清單中傳遞出基本的訊息：覺知、合作、將自己的角色定義清楚的重要性。就像應用在爵士樂上一樣，也適合用在籃球上。我很早就發現讓球員們動作一致最好的方法，就是讓他們用四分之四拍的節奏（一個小節有四個四分音）打球。基本法則就是，控球的球員必須要在第三拍之前用球做些什麼：不論是傳球、射籃或開始運球都可以。**當所有人都跟上節奏時，就容易彼此協調、一拍接著一拍**。

有個傢伙比任何人都了解這個道理，他就是泰斯．溫特，公牛隊中另一位優秀的籃球智囊團成員。身為自由發揮的西部籃球打法的專家，泰斯最出名的就是他對三角戰術（或是三點進攻，他是這樣稱呼的）的貢獻，這是他就讀南加州大學時從山姆．貝瑞教練身上學到的。雖然三角戰術不是他發明的，泰斯卻用幾個關鍵的創新方式擴張這套系統，包括創造連續傳球來使球員的動作一致。泰斯也是個天賦異稟的老師，他設計了自己的訓練方式讓球員精通基本動作。

泰斯二十九歲時，經過激烈競爭後獲得在馬凱特大學的頂尖工作，成為NCAA第一級大學史上最年輕的總教練。兩年後他接手執教堪薩斯州立大學的男籃，使用這套進攻系統把野貓隊轉變成為NCAA聯賽的常勝軍。在那段期間，當時還是球探的傑里．克勞斯與泰斯成為朋友，並花了許多時間待在堪薩斯州的曼哈頓向他學習籃球策略。曾經有一度傑里告訴泰斯說，如果他將來有機會成為NBA球隊的總經理，泰斯將會是他第一個雇用的人，當下泰斯並沒有多想什麼。接著幾年後，當他在路易斯安那州立大學當教練時，他看到一則新聞，報導傑里成為公牛隊的總經理，他就跟他太太南西說，下一通電話應該就是傑里打來的。事實證明他說對了。

開始在CBA當教練後，我一直在尋找一套進攻系統，近似得到冠軍的尼克隊使用的「無私打法」。我嘗試過循環掩護戰術，那是一套在阿根廷和歐洲很普遍的快速移動、流暢的進攻系統，但是那也有所限制。我不喜歡球員彼此之間必須保持距離，而且如果情況需要時無法中斷進攻改採其他方式。相較之下，**「三角戰術」不只需要很高程度的無私，還要有足夠的彈性，允許球員們發揮極大的個人創造力**。這套系統非常地適合我。

「三角戰術」是因為它主要的特色之一而得名——由三個球員在球場上的「強」側形成一個邊線三角形。但是我比較喜歡把這個三角形想成**「五人太極」**，因為五個球員得對應自己防守位置，一起移動。這個概念並不是要我們與防守球員正面對決，而是要**解讀防守球員的動作**，進而做出適當的反應。舉個例子，如果在球場上的一側，對方的防守球員成群衝向麥可・喬丹，就會替剩下的四個球員開啟許多的選擇。但是他們都必須敏銳地知道當下發生的狀況，並且要足夠協調以便一致地一起移動，如此一來才能利用防守球員產生的破綻——而這就是音樂可以切進來的地方。

當所有人都很和諧地移動時，幾乎就不太可能阻止他們了。後來轉而支持三角戰術最有名的人之一就是柯比・布萊恩，他很喜歡這套系統不可預料的特性。柯比說：「我們的隊伍是很難對付的，因為對手並不知道我們打算做什麼。為什麼呢？因為連我們都不知道當下會做什麼。**每個人都是解讀彼此的動作才做出反應**。就像是很棒的管弦樂團。」

其實，也有各種對於三角戰術的誤解。有些評論家認為，也得擁有像喬丹或是柯比這樣水準的球員才能讓三角戰術發揮作用，但事實剛好相反。三角戰術並不是針對超級巨星設計的，而是針對隊上所有無法創造自己射籃的其他球員，因為不管用什麼系統，超級巨星都可以找到方法得分。這套系統也給了每位球員進攻時的一個重要角色，不論他們最後是否有射籃成功。

另一個誤解就是，認為「三角戰術」對大多數球員來說太過複雜而很難學習。事實上，只要你掌握基本原則，比起現今盛行的複雜進攻方式，學習三角戰術會容易許多。你需要知道最主要的事情就是如何準確地傳球及解讀防守方式。曾經有一度大多數球員會在高中或大學學習這些技巧，但是對現在進入NBA的許多年輕球員來說就不是如此了。因此，我們必須花上許多的時間教他們如何進行比賽，先從最基本的技巧開始，從運球的控制到步法與傳球。

泰斯對這點很在行，他發明了一系列的訓練方式教球員們如何執行基本原則，訓練他們創造彼此之間在球場上的適當距離，並且根據一套基本的規則來協調他們的移動。對泰斯而言，**天才藏在細節裡**，無論你是麥可．喬丹還是隊上最差勁的新人都不要緊。泰斯會一直糾纏你，直到你理解正確為止。

很喜歡勵志格言的泰斯，每年都會背誦他最喜歡的諺語給隊上球員聽，說明學會細節的重要性：

少了一個鐵釘，掉了一隻馬掌。
少了一隻馬掌，丟了一匹戰馬。
少了一匹戰馬，失了一位騎士。
少了一位騎士，漏了一則消息。
少了一則消息，敗了一場戰役。

敗了一場戰役，亡了一個國家。
而這一切都只因少了一個馬掌釘。

我喜歡泰斯這套系統的一點是，從領導學的角度來看，它會**抽離批評個人私領域**的問題，這讓我批評球員表現之時，不會讓他們覺得在做人身攻擊。專業籃球員對於批評相當敏感，因為幾乎他們每天所做的一切，都會受到教練、媒體甚至任何家中有電視的人評論。這套系統的美妙之處，就是它把整個隊伍轉變成一個學習型組織。從喬丹往下的所有球員都有些東西要學，不管他多有天分或多沒天分。所以班隊練習時當我猛烈指責某位球員，他會明白我只不過是想讓他了解三角戰術如何運作。就像我先前說過的，**通往自由的路是一套美麗的系統**。

我喜歡這系統的另一方面是因為它很可靠，它給了球員們面臨壓力時可以依賴的東西。他們並不用假裝自己像喬丹一樣強，也不用發明新步法，他們只要在這套系統中扮演好自己的角色，就必然會產生得分的好機會。

這套系統也給了球員們身為團體的一個明確目標，並且為每個球員建立了一個很高的表現標準。更重要的是，它可以引領球員們轉變成領導者，隨著他們開始教導彼此如何掌握這套系統。當做到這樣時，這個團體就會緊密結合，那是不論個人的榮耀時刻有多麼令人興奮都永遠不可能創造的局面。

道格．科林斯並沒有像我一樣受到這套系統吸引。一九八六年，當他接管公牛隊時，也曾努力想執行，不過很快就放棄了，因為這套系統不太適合他想進行的防守方式。科林斯堅信亨利・艾巴（Hank Iba）教練執行的基本規則：當有人搶到籃板球或是把界外的球傳到場內時，基於防守的目的，後衛應該要馬上衝回半場。三角戰術所面臨的挑戰是，它往往需要後衛移動到其中一個角落，與另外兩名球員形成一個三角形，這會讓他們更難在快攻時回防。

所以道格不再使用三角戰術，但是也沒有使用其他的系統取代它。相反地，他要球員去學習一整套總共四、五十種不斷變化的戰術，當比賽進行時，他會根據場上所發生的狀況，在場邊大喊要用的戰術。這種執教風格在NBA並不稀奇，也很適合道格。他擁有絕佳的場上洞察力，而且比賽會讓他更加精力充沛，但最大缺點就是，會讓球員們太依賴教練每分每秒的指示。這也讓喬丹以外的每個球員都成了配角，因為許多戰術都是設計用來配合他，才能得分。常有的狀況是公牛隊的進攻會由四個球員組成，創造出空間讓麥可・喬丹施展他的魔術，然後就看著他一支獨秀，新聞媒體已經開始諷刺地把公牛隊稱為喬丹隊或是喬丹人隊（Jordanaires）。

在訓練營的第一年期間，我告訴道格喬丹自己做得太多了，他必須效仿魔術強森和賴瑞・柏德與他們的隊友一起合作的方式，將他們轉變為一支整體的團隊。我補充說，里德・霍爾茲曼曾經說過「**明星球員真正的記號，是他讓隊友提升的程度**。」

「太棒了，菲爾，」道格回答：「你得要告訴喬丹這件事，你何不馬上去跟他說？」

我猶豫了：「我才剛到這裡一個月，道格。我不確定自己了解喬丹的程度是否足以讓我告訴他里德對我說過的話。」但是道格堅持要我去跟喬丹解釋所謂「明星球員的記號」。

於是我到了樓下的媒體室，喬丹正在那裡和記者聊天，我把他拉到了一旁。這是我第一次真正與喬丹對談，我顯得有些尷尬。我告訴他說，道格覺得他應該要聽聽里德對於成為明星球員的說法，於是我重複了一遍里德的名言。喬丹看著我仔細思考了幾秒鐘，說：「好，謝謝。」然後便走掉了。

我不確定當時喬丹對我的發言有什麼看法，但是後來我才知道其實他比其他明星球員更能接受別人的指教，因為他非常尊敬他大學的教練迪安．史密斯，他也對於不惜任何代價贏得他的第一枚NBA冠軍相當感興趣。

在擔任助理教練時，另一次我和喬丹有面對面接觸的機會，是在芝加哥舉行的一場持有季票者的午餐茶會。當時我就讀小學的兒子班是個超級喬丹迷，他的房間內有好幾張喬丹的照片，他還告訴老師畢生的夢想就是能夠與他的偶像見面。前一年，我們住在胡士托（Woodstock）時，我曾帶班去波士頓觀看公牛隊與塞爾提克隊的比賽，比賽結束後，他為了要到喬丹的親筆簽名等了好久，但當喬丹終於從球員休息室裡面走出來時，他並沒有停下腳步。現在既然我是公牛隊的一員，我決定要帶班去參加那場午餐茶會，並且將他親自介紹給喬丹認識。當我們到了午餐茶會那裡時，我告訴喬丹，班曾經在波士頓花園等很久的事情。喬丹笑了，而且對班表現得很親切，我卻對於將喬丹放在這種情況下而感到有些不自在。

在那之後，我不再要求喬丹特別的幫忙，我希望我們之間的關係清澈透明，不想讓他成為我的工具。後來，當我接手擔任總教練時，我決定給喬丹很大的空間。我很小心地為他建立一個受到保護的環境，在裡面他可以自由地與隊友相處和做他自己，不用擔心外在世界的打擾。即使是在早期的日子，球迷試圖與喬丹稍微接觸的吵鬧聲還是讓人相當驚訝。他只要出門去餐廳一定會被追逐，大多數飯店的員工也會在他房間外面排隊等著要親筆簽名。有一晚在溫哥華的比賽結束後，必須要將數十名喬丹的崇拜者請下球隊巴士，才能離開停車場。

另一位與我密切合作的球員是史考提．皮朋。我們都在同一年進入球隊，而且我花了許多的時間幫助他學會如何「急停跳投」及「運球後投籃」。史考提學得很快，並且願意花時間去吸收三角戰術如何運作。在成為小前鋒之前，他在大學時期擔任的是控球後衛，他天生就有很好的判斷力，知道如何讓場上的一切互相配合。史考提有雙長手臂及優秀的球場洞察力，這點讓他成為擔任我們球隊防禦性攻擊先鋒的最佳人選。

然而，我對史考提印象最深刻的一點，是他一步步成為領導者的發展——不是透過模仿喬丹，而是透過教導他的隊友如何在這套系統內發揮，並且在隊友們遇到困難時，總是寬容的聽他們訴說。這點相當重要，因為喬丹其實不是非常平易近人，許多球員都很害怕他在場的時候。史考提是他們可以訴說的對象，也會在場上注意他們的情況，就像史蒂夫．科爾所說的：「**史考提就像是慈母，而喬丹是嚴父。**」

我加入公牛隊的第一個球季，一九七八至八八年期間，公牛隊勝率開始提升。我們贏得了五十場比賽，最後在競爭激烈的東區中央組取得第二名。喬丹的表現持續攀升，他第二度贏得得分王頭銜，以及他的第一座MVP獎盃。最好的徵兆就是在季後賽的第一輪以三比二勝過克里夫蘭騎士隊，然而在東區決賽中活塞隊在五場比賽內就橫掃了公牛隊，取得進入總冠軍決賽的資格，對戰洛杉磯湖人隊。

在非賽季期間，傑里・克勞斯把查爾斯・歐克利交易到尼克隊，換回比爾・卡特賴特（Bill Cartwright），這個舉動激怒了喬丹，因為他把歐克利視為自己在場上的守護者。喬丹取笑卡特賴特「笨手笨腳，常常不小心掉球」的行為，並為他取了個外號叫做「病號比爾」，因為他從沒間斷的腳傷問題。但儘管他的肩膀很小、骨架又窄，比爾卻是個很聰明又堅若磐石的防守球員，可以阻擋派屈克・尤英（Patrick Ewing）及其他大塊頭。有一次我們進行實戰訓練時，最後讓身高一九八公分的喬丹與二一六公分的比爾進行一對一的持久戰。喬丹打算用灌籃的方式越過他得分，但是比爾也同樣打算不讓這事發生，他們在半空中相撞，每個人都停住了呼吸，而比爾卻接住喬丹，讓他穩穩落地。在那之後，喬丹就改變了他對比爾・卡特賴特的態度。

球隊要進級，卡特賴特並不是隊上唯一需要的武器。科林斯一直催促克勞斯尋找一個強壯、可以策動攻勢的控球後衛，能夠像以賽亞在底特律隊中一樣協調進攻方式。但是球隊已經換過幾位得分後衛——包括賽達勒・斯瑞特（Sedale Threatt）、史蒂夫・柯爾特（Steve Colter）及羅里・史帕洛（Rory Sparrow）——試圖找到可以符合喬丹期待的人選。最新的候選人是山姆・文森特（Sam Vincent），他是從西雅圖隊交易過來的，但是並沒有待在隊上很久。所以道格決定讓喬丹擔任控球後衛，這個決定頗有成效，但是卻減少了喬丹得分的機會，也在常規賽期間讓他的身體感到精疲力竭。

曾經有一度，道格和泰斯因為控球後衛的問題產生了激烈的爭執。泰斯建議如果道格建立一套進攻系統（不一定得是三角戰術，也可以是任何系統）他就不用這麼依賴控球後衛進行攻勢。到了這個時候，道格對於泰斯從沒間斷的批評已經感到很厭煩了，因此他決定將泰斯逐出場外，並把他降職成一般的教練。

當克勞斯聽說這項異動時，他開始對道格的判斷失去信心，一個頭腦清醒的人怎麼會把泰斯放逐到邊疆呢？球員們似乎也對道格失去了信心。他如此頻繁地改變戰術（經常會在比賽中途做出修正）以致於球隊成員們開始沒禮貌地把這種進攻方式稱為「一天一戰術」。

關鍵點出現在聖誕節夕前，一場在密爾瓦基舉行的比賽。道格與裁判發生了爭執，在上半場快結束時被趕出場。他把球隊交託給我，還遞給我他的球員卡。公牛隊當時還是遠遠的落後，因此我決定採取全場緊迫盯人的防守，給球員自由空間去進攻，而不是繼續採用道格的戰術。球隊很快就轉了比賽的局面，最後我們輕而易舉地贏了。

直到後來我才發現，在比賽即將結束之時，芝加哥電視台的轉播拍到我的妻子茱恩在看台上坐在克勞斯和他的妻子西爾瑪旁邊。就如同其他的事情一樣，這件事也在往後的幾個月內製造了我和道格之間極大的緊張。

幾個星期後，我在邁阿密計畫偵察某場比賽時，我接到了克勞斯打來的電話，說他不想再讓我遠離球隊了。後來我才得知道格和喬丹有些摩擦，而傑里希望萬一他們在隊上的摩擦越演越烈時，我可以在場干預。不久之後，傑里就開始把我當成他的心腹信任。

最後事情終於平息了，而公牛隊也跌跌撞撞地比完了球季剩下的比賽，最後以比去年少了三勝的成績列居東區第五名，不過比爾．卡特賴特的加入，還有史考提．皮朋和格蘭特的崛起，使球隊的狀況變得比之前更好，在季後賽展現強力的表現。

第一輪和騎士隊的對戰連續進行了五場，但是當喬丹搭上巴士前往在克里夫蘭舉行的決賽時，他充滿了自信。他點起一根雪茄說：「別擔心，各位。我們一定會贏的。」當比賽只剩下幾秒鐘時，克里夫蘭隊的克雷格．埃盧（Craig Ehlo）使克里夫蘭隊超前了一分，差點就讓喬丹食言了。就在埃盧的防守完全不給他空隙的情況下，喬丹用跳舞似的拉桿射籃回敬他，以一〇一比一百分贏了這場比賽。後來泰斯跟我說，「我猜現在短期內他們不會再更換教練了。」我只能笑著回應。我並不在乎，因為我們正在前往東區決賽的路上。相較去年我加入球隊之前四十勝四十二負的紀錄，公牛隊已經走了好長的一段路。

我們的下一個對手是活塞隊，一如既往，這是件苦差事。芝加哥隊在銀頂體育館（Silverdome）贏了第一場比賽，但是之後活塞隊運用他們嚇人的防守制伏公牛隊並以四－二贏得了系列賽。後來克勞斯告訴我，在系列賽進行到一半時他就告訴老闆傑里．藍斯多夫說，這個球隊需要找一個能贏得冠軍的人來取代科林斯。

季後賽結束之後，我參加了NBA在芝加哥舉辦的新秀發掘演出會，這是由聯盟舉辦的活動，讓具有選秀資格的球員們展現他們的技巧給教練和球探看。我到那裡的時候，我在尼克隊時期的第一位教練迪克．麥奎爾問我，有沒有興趣去取代紐約隊的總教練里科．皮提諾（Rick

Pitino），因為他要到肯塔基大學執教。我說我有興趣，突然之間，命運的齒輪就開始轉動了。

之後不久，藍斯多夫邀請我在歐海爾國際機場和他碰面。我一直都很喜歡藍斯多夫，因為他是在布魯克林長大的，也是尼克隊的無私球風的忠實愛好者。他得到風聲說我對紐約隊的工作有興趣，於是問我如果可以選擇的話，我會比較想擔任哪一隊的教練，公牛隊還是尼克隊。我說自己對紐約隊有許多的感情，我曾經在那裡效力，但是我也覺得公牛隊已經準備好贏得多次總冠軍，而尼克隊如果幸運的話，可以贏得一次。總而言之，我比較想待在公牛隊。

幾個星期後，克勞斯在蒙大拿州打給我，要我改用安全一點的電話，於是我騎著機車進城用公共電話回電給他。他告訴我，他和藍斯多夫已經決定要更換教練，而他會把這個位置留給我。我很興奮，但是芝加哥的球迷們則沒有這麼滿意。道格．科林斯在城裡是個很受歡迎的人物，過去三年，他帶領球隊進入新的局面。當記者們訪問藍斯多夫為什麼他要做這樣一個有風險的異動時，他說，「道格帶領我們從起點走了很長的一段路，你不能說他沒有貢獻，但是現在，有個人可以帶領我們走剩下的路。」

我的壓力可大了。

第 6 章

在「team」（團隊）這個詞裡，沒有「I」（我）

少考慮自己，多想想世界。

——宮本武藏（Miyamoto Musashi）

那年夏天，當我坐在蒙大拿州的弗拉特黑德湖邊，思考關於球季的一些事時，我突然領悟到，當前正是公牛隊的關鍵時刻。過去長達六年的時間，我們一直都在努力創造一個以麥可・喬丹為中心的隊伍，現在我們擁有贏得冠軍的實力，卻遺漏了一個很重要的部分。簡言之，公牛隊必須成為一個**「共生部落」**。

為了贏球，一定得打敗底特律活塞隊，但除非培養完全不同於以往的陣容，否則無法在力量上勝過他們。底特律活塞隊實在太擅長在「有鱷魚搏鬥的池塘」中戰鬥，正如強尼・巴赫所說的。而當用他們的方式去打球時，我們的球員最後都會變得挫敗又憤怒，這正好是活塞隊所希望的。

雖然我們的球隊能做的就是超越活塞隊——並且突破他們的防守。除了丹尼斯・羅德曼，活塞隊或許沒有人能夠跟得上喬丹、史考提和霍瑞斯的快攻，再加上比爾・卡特賴特在籃下巨大的存在，使得我們隊上有著全聯盟數一數二的最佳防守組合。喬丹對於上個球季贏得年度最佳防守球員感到相當自豪，而史考提和霍瑞斯也迅速地進化成一流的防守球員，但為了要善加利用這些優勢，我們必須以團隊身分更緊密連結，並且接受**更廣闊的眼界**、**一起努力**，**而不是單單把球交給喬丹**，**然後抱著贏球的希望**。

在擔任助理教練時，我曾經為球員製作了一卷從《神祕戰士》（*The Mystic Warrior*）剪輯而成的影片，那是根據作家露絲・畢比・希爾（Ruth Beebe Hill）所寫的暢銷小說《漢達呦》（*Hanta Yo*）改編的電視連續劇，講述蘇族（Sioux）的文化。我從小就對蘇族人很著迷，他們當中有一些人住在我祖父靠近蒙大拿州保護區的公寓。我效力於尼克隊時，一個大學時期的拉科塔族朋友麥克邀請我到南達科他州的松脊印地安保留地（Pine Ridge Indian Reservation），帶一系列的籃球訓練營，目的是要幫助平復他的社區中的裂痕——一九七三年，警方與印地安人激進分子在傷膝谷的（Wounded Knee）對峙所造成的。在我的隊友比爾．布萊德利和威利斯．瑞德一起執教的課程期間，我發現拉科塔族人很喜愛這個運動，而且會用他們部落傳統中不可或缺的團結精神來打球。

拉科塔族文化吸引我的其中一點，就是他們對自我的看法。比起他們的白人對照組，拉科塔族的戰士擁有更多的自主權，但是**他們的自由會伴隨著高度的責任感**。正如同美國原住民學者喬治．W．林登（George W. Linden）指出的，拉科塔族戰士是「部落的成員，而身為一個成員，沒有正當的理由，他們絕對不會對抗、遠離或是另組團體」。對蘇族人而言，自由並非不存在，而是與大家同在，林登補充說道：「**自由是為了什麼，自由是為了實現更美好的關係**。」

透過讓球員們看《神祕戰士》的影片，我想強調的是，透過某種超越個人目標的事物，就能產生極大的力量。連續劇中是根據瘋馬（Crazy Horse）酋長改編的英雄，有過一番大開眼界的經歷之後，為了拯救自己的部落而戰。看完影片後的討論中，球員們似乎對以部落身分團結在一起的想法很有共鳴，而我想在進入新球季的過程中可以加深他們這樣的想法。

如同我在第一章所提到的，在《部落領導學》書中描述部落發展的五個階段。我擔任總教練第一年的目標，就是要把公牛隊從一支第三階段的隊伍，只追求個人成功（「我最棒，你不棒」）的孤單戰士，轉變成為第四階段的團隊，讓對**我們**信念的奉獻超過對**我**（「我們最棒，他們不棒」）信念的強調。

這樣的轉變，需要的不僅單單是激勵而已。我要在公牛隊創造一個**充滿無私與正念意識**的文化。為了達到這個目的，不能只靠著一兩個創新的激勵手法，我必須制定一個多方面的計畫，其中包括了三角戰術，並且整合多年來我所學到的教訓，讓人們團結在一起及喚起他們的勇氣。

我的第一步就是，去找喬丹談談。

我知道喬丹並不是三角戰術的支持者，他諷刺地把這套戰術稱為「機會均等的進攻戰術」，專為沒能力創新球員們所設計的。但同時我也知道喬丹渴望能成為球隊的一部分，而那樣的球隊必須比目前的公牛隊更加團結且多元。

這不會是一場輕鬆的談話。基本上，我打算要求喬丹（他每場平均得三十二・五分，連續第三年奪得得分王）減少射籃的次數，好讓其他的球員們可以參與更的地進攻——我知道這對他來說會是個挑戰。喬丹是第二位在同一年度同時獲得得分王，以及NBA最有價值球員獎項的球員，第一位球員是一九七一年的卡里姆・阿布都・賈霸。

我告訴他，自己打算執行三角戰術，如此一來他可能無法再次成為得分王。我說：「你必須和隊友分享被球迷矚目的焦點，因為如果你不這麼做，他們就不會成長。」

喬丹的回應卻出奇地務實。他的主要考量在於他對隊友沒什麼信心，特別是比爾・卡特賴特，他在傳球方面有困難，而霍瑞斯則不太擅長隨機應變。

「重點是，要讓他們每個人都能碰到球，這樣他們才不會覺得自己只是觀眾。你不能單靠一個人擊敗一支防守很強的隊伍。一定得靠團隊的努力。」

他說：「好吧，我想可以平均分配這三十二分，就是每小節得八分。沒有別的球員會這樣做。」

我說：「這個嘛，就算這樣，你還是有可能成為得分王，只是在比賽結束前多得點分數，這樣如何？」

喬丹同意試試看我的計畫。我後來才知道，在我們談話後不久，他告訴記者山姆．史密斯說：「我會給它兩場比賽的機會。」但是後來當他看到我沒有退縮的意思，喬丹就讓自己致力於學習這套系統，並想方法把它運用在他自己的優勢上——這正是我希望他做到的事情。

看到泰斯和喬丹為了這套系統爭吵其實還挺有趣的。泰斯很欣賞喬丹的球技，但是他是個支持三角戰術的純粹主義者，當喬丹即興打球時，泰斯會毫不避諱地對他大發雷霆。同時，喬丹也毫不避諱地在泰斯的完美計畫中製造一些變化。他認為這套系統頂多也只能用在前三節的進攻而已，球隊還需要即時表現，並使用他們「思考的力量」才能贏得比賽。

這是個人憧憬上的不協調。泰斯認為對球隊來說，太過倚賴一個球員是很有勇無謀的，無論哪個球員多麼有天分：喬丹則認為，他的創造力會為比賽開啟令人興奮的全新可能。

泰斯會說：**「在『隊伍』（team）這個詞裡面，沒有我（I）的觀念。」**

喬丹會笑著反駁說：**「但是在『贏球』（win）裡面有。」**

對我來說，他們兩個都是對的——在某種程度上。我不認為單單三角戰術就是讓公牛隊獲勝的唯一答案，我想要尋找的是，介於泰斯的純粹和喬丹的創造力之間的方法，那需要時間，一旦球員們都掌握到基礎之後，我們就可以加入一點變化到系統中，讓球隊可以在移動中自己進行一些戰術，好避免劇烈的防守壓力。要等能做到這樣，公牛隊的比賽才算是真正開始起步。

另一件我想做的事，是讓公牛隊不再那麼以喬丹為中心，就是要重新排列球隊的進攻順序。喬丹在場上所擁有的風采很具影響力，但是他的領導風格和賴瑞．柏德或魔術強森會用本身有吸引力的個性來刺激球隊的方式大不相同。就像《洛杉磯時報》的專欄作家馬克．海斯勒（Mark Heisler）說的，喬丹不是「天生的領導者，他是天生的執行者」，他會用**純粹的意志力帶動球隊**，就好像他在說「兄弟們，我要去給某些人一點顏色瞧瞧，你們要和我一起嗎？」

喬丹要求隊友也像他對自己一樣，期待他們能有同樣高標準的表現。「喬丹是個要求很高的隊友。」約翰．派克森說：「如果你在場上，你就得要用正確的方式做好自己該做的事情。他無法接受任何人不像他一樣深思熟慮。」

我認為，隊上需要另一個領導者，來平衡喬丹的完美主義，所以我指定比爾．卡特賴特擔任副隊長。儘管他說話的舉止很溫和，但是只要他願意，看起來是很有說服力的，而且他並不怕挺身對抗喬丹，這是喬丹尊敬他的地方。喬丹說：「比爾是個非常安靜的領袖，他不會說太多，但是當他說話時，大家都會專心聽。當他覺得我的行為不適當時，會直接對我提出異議，這個我可以接受。我們的關係就是這樣，我們可以對彼此提出異議。」

球員們稱他為「教授」，因為當對手長人球員試圖在禁區內穿過他時，他會狠狠痛宰，以示教訓。派克森說：「比爾是我們球隊的磐石，他不會因為任何人退縮，而且比賽時會更激烈許多。他就**像個大哥一樣，如果有人欺負你，他會讓你知道，他就在那裡看顧著你。」**以三十二歲的年紀，比爾是隊上最年長的球員。他可以憑直覺知道我們想對公牛隊做些什麼，並且擁有比我能對球員講解得更好的天賦。我的毛病之一就是有時候會發表太廣泛概括的言論，比爾就會把對話拉回現實。

籃球是個非常神祕的運動。你可以把一切做對，在比賽中，你可以擁有完美的人才組合及最棒的進攻系統；你可以設計一個非常簡單的防守策略，讓球員預備好面對每個可能發生的狀況。但是如果球員們沒有團隊合一的自覺，那麼所有努力就將化為烏有，而讓一個隊伍團結起來的聯結也可能會相當脆弱、令人難以捉摸。

「合而為一」，並不是把開關打開就有，**你需要創造一個對的環境，讓它成長**，並且每天仔細地培育。我決定，讓公牛隊成為一個**避難所**，一個可以讓球員以隊友的身分團結在一起，一個可以保護他們，使其不受外界影響而分心。除非是特殊場合，否則我禁止球員帶他們的家人、朋友到訓練場所；我也限制媒體不能觀看練習。我想讓球員們覺得很自在，不用擔心自己做了或說了什麼會在隔天的報紙上登出來。

隨著球季的進行，我慢慢地開始向球隊介紹一些拉科塔族的部落習俗，其中有些部分相當地隱晦。在每次練習一開始，我們會讓核心隊伍（球員、教練及訓練人員們）聚集在球場中間圍成一圈，討論當天的目標，在練習結束時我們也會這樣做。

拉科塔族戰士總是會以圓形的隊形聚集，因為圓圈是宇宙根本和諧的象徵。就像知名的拉科塔族智者黑麋鹿（Black Elk）所說明的：

世界的力量所形成的一切，都以圓形呈現。
天是圓的；聽說地也是圓的，像一個球；
所有星星也是圓的……太陽從東方升起，以圓形運行，再從西方落下。
月亮運行方式也是如此，而日月也都是圓形。
即便四季的轉換也都循環不息，而且總回到原處。
一個人的生命也是循環的，從小孩到老年又返老還童，
只要有力量在運行的一切，都是循環不息。

對拉科塔族人來說一切都是神聖的，包括敵人，因為他們相信，所有生命根本上的互相連結。這就是為什麼他們不會企圖去征服其他部落。相比之下，他們對於表現英勇的行為更感興趣，比如棒擊（用棍子去觸擊敵人），或是參與襲擊派對的偷馬行動、去拯救被俘虜的戰士同伴。對拉科塔族人來說，作戰是個很快樂的經驗，很像是在玩遊戲——儘管作戰的風險明顯比遊戲高出很多。

另一個我採用的拉科塔族慣例，就是當我希望球員們聚集在部落房間裡開會時，我會打鼓。

部落房間（也是放映室）裡裝飾著多年來別人送我的幾個印地安圖騰：一條熊爪項鍊（代表力量與智慧），一支貓頭鷹的中段羽毛（代表平衡與和諧），一幅描繪瘋馬酋長旅程故事的畫，幾張剛出生白水牛幼犢的照片，這象徵著成功與好運。有時候當球隊輸了一場特別不公平的比賽時，我會點燃鼠尾草棒（拉科塔族的傳統）、並且調皮地揮動它，透過空氣淨化整個球員休息室。我第一次這樣做的時候，球員們還笑著問我：「菲爾，你是在裡面抽哪種菸草啊？」

為了轉移球員的意識，教練們扮演了重要的角色。當我還是助理教練時，泰斯、強尼和我曾經閒坐幾個小時，談論籃球比賽的沿革以及打球的正確方式。我們不會在每件事上取得一致意見，但逐漸養成對彼此高度的信任，並承諾要塑造出希望球員能接受的團隊合作。

不用說，教練這一行吸引了許多控制狂，不斷提醒大家，他們才是房間裡的老大，我自己也會這樣做。然而，這幾年來我所學到的是，最有效的方法就是儘可能地**把自己的權力下放**，並且**培育其他人的領導技巧**。當我能夠做到這點時，不只可以建立球隊的團結及允許其他人成長，**弔詭地是，還會鞏固我領導者的角色**。

有些教練會限制其他人員的投入，因為他們想要在房間裡面主導說話權，但是我會鼓勵每個人一起參與討論（教練和球員都一樣），以便刺激大家的創造力及**建立一種包容的氣氛**，這對於沒有很多上場時間的球員來說格外地重要。我最喜歡的一首詩是艾德溫·馬爾侃（Edwin Markham）寫的《智勝》（*Outwitted*），講述包容的力量：

他畫了個圈，把我排擠在外——
異類、叛徒、什麼東西。
但是愛和我以智取勝：
我們畫了個圈，把他圈進來！

在雇用教練的時候，我的策略就是找到最優秀、最有見識的人圍繞著我，並且給他們許多空間表達自己的想法。接任總教練之後不久，我僱用之前在尼克隊的一個隊友吉姆．克萊蒙斯（Jim Cleamons）來幫我填補球員名冊。他是籃球界最有技巧的控衛之一，我知道他能夠幫忙培養年輕的人才。但是我最喜歡他的一點，是因為他曾經在俄亥俄州立大學接受過弗雷德里克．泰勒（Fred Taylor）教練的訓練，他是運動史上最優秀的系統導向的教練之一，泰斯和強尼迫不及待地想吸取吉姆的智慧。

每位助理教練都有明確的定位。泰斯除了三角戰術的基本原理以外，還負責教大家進攻的技巧：強尼負責防守的部分，專門激勵球員們去對抗每個新對手；吉姆則和需要更多指導的球員一對一練習。每天早上教練人員會和我會一起吃早餐，除了最新的球探報告以外，還會討論練習計畫的細節。這讓我們可以彼此分享資訊，並確保每天的策略看法一致。每位教練都有高度的自主權，但是**當我們和球員談話時，我們會口徑一致**。

球隊第一年的起步很慢，大多數球員都很提防這套系統。史考提說：「這真是讓人沮喪。

我們對彼此都沒什麼好感，而且到了比賽後段我們都會盡可能地不進攻，因為對它沒有信心。」但是到了第二季的中段，球隊開始變得更自在，我們更拿到了二十七勝八負的連勝成績。大多數的敵隊對於如何防守喬丹感到相當苦惱，因為如今他場上位置多變，而且球常不在他手上。他們無法用兩位或三位球員包夾他，正如過去他手上有球時那樣。但是他們也不能冒險讓視線離開喬丹，不論他在場上的哪裡，而這點為其他球員創造了許多意想不到的空檔。

我們最後以分組五十五勝二十七負的紀錄結束了第二季的比賽，輕鬆地闖過季後賽的前兩個系列賽，對手分別是密爾瓦基公鹿隊與費城七六人隊，不過下一場的對手底特律活塞隊，可就沒這麼隨和了。儘管在例行賽期間我們曾擊敗過活塞隊，但之前在季後賽中被粗暴對待的經驗仍然困擾著一些球員，特別是史考提。由於被活塞隊的中鋒比爾．藍比爾從背後撞擊，他只能因為腦震盪退下第六場比賽。而同時史考提也必須處理一個艱難的個人問題，為了參加父親的葬禮，他錯過好幾場對戰費城七六人隊的比賽，而且公開表示傷心的壓力，也讓他很難承受。

在活塞隊位於密西根州奧本山市（Auburn Hills, Michigan）的新主場舉行的第七場比賽，則是場嚴酷的比賽，我們打得很艱難。派克森在上一場比賽中扭傷了腳踝，而史考提則因偏頭痛嚴重地模糊了視覺，使他無法分辨球衣的顏色。他們兩個人都試著以任何方法踉蹌地撐完比賽，但是球隊在第二節面臨難堪的崩潰局面，而且再也沒有挽回劣勢。後來，我們以十九分之差輸球，但感覺卻像是輸了一百分。

比賽結束後，傑里．克勞斯出現在球員休息室裡，發表了一場激烈的長篇大論，這是相當罕見的。而喬丹則氣得在球隊巴士後面放聲大哭。之後他說：「當時我就下定決心，絕對不會讓這種情況再次發生。」

我的反應則比較壓抑。沒錯，這場比賽輸得很慘，是我當教練以來最糟糕的比賽之一。當喧囂聲漸漸平息後，我卻注意到，這一次**丟臉輸球的痛苦**，以一種我從沒見過的方式，辣狠狠的刺激了球隊。

沒錯，**公牛隊正要開始轉變成為一個部落了**。

第 7 章

傾聽「聽不到的聲音」

最重要的是，用閃閃發亮的眼睛看看你周圍的整個世界，
因為最偉大的祕密永遠都藏在最不可能的地方。
那些不相信魔法的人，永遠不會找到它。

——羅爾德・達爾（Roald Dahl）

我在南加州的家，門廳掛著一幅高聳的圖騰風格畫，畫中人物是幫公牛隊贏得前三座冠軍獎盃的主力球員。畫裡面是一系列垂直堆疊的肖像，從麥可．喬丹開始，接著是其他先發球員，再接著是後備球員。因為它精緻的紅色外框、柔和的調色，以及對每位球員高貴的描繪，與其說是影像集，這幅畫感覺比較像是某種聖物。我很喜歡這位藝術家提姆．安德森（Tim Anderson）的手法，除了他們出現的順序，並沒有特別區別主要球員和配角球員。**每個人的畫像大小都一樣**，而且各自都擁有同樣平靜的姿態。對我來說，**這幅畫就是團隊概念最好的證明**。

季後賽慘敗給底特律活塞隊後，我們距離理想還有一段很長的路要走，不過我們肯定正在往對的方向前進。球員開始接受這套系統，並由種種跡象顯示出，他們正在轉變成一個比較無私，進入第四階段「**我們**最棒（**他們**不棒）」的隊伍。

整個夏天，我花了許多時間思考，該做些什麼才能加速這個過程。整個球季有八十二場比賽，這對先發球員來說是極大考驗，在這段期間必須調整自己的步調，就像在跑馬拉松一樣，而不只是應付一場短跑。想把活塞隊從領先的地位拉下來，我們必須盡早守住主場優勢，並且在適當的時機後來居上，身體上和心理上都要。第二，我們得更有效地利用自己成群、高壓的防守，尤其是在季後賽當中，因為這時候「**防守**」通常就是決定勝負的關鍵。第三，以我們試圖以團隊方式達成的目標來說，確保每場比賽是否有意義是很重要的。我常會提醒球員，要把注意力放在過程而不是結果上，因為，**如果你把全部的注意力都給了未來，「現在」就會變成過去**。

最重要的事情就是要讓球員培養出一種強烈的團體智慧，以便能夠更協調地合作。魯德亞德．吉卜林（Rudyard Kipling）的著作《叢林奇譚二部曲》（*The Second Jungle Book*）裡面有一小段話，總結了我希望球員創造的那種**團體動力學**。在這年的球季期間，這段話成了我們球隊的座右銘：

> 這就是叢林的法則——和天空一樣歷史悠久且充滿道理；
> 遵守法則的狼就必繁盛，違反法則的狼則必死去。
> 就像爬行動物繞著樹幹，法則也會前後奔跑——
> 因為成群的力量就是狼，而狼的力量就是成群。

我剛開始效力於尼克隊的時候，曾經花了幾年夏天在北達科他大學念心理學研究所。那段期間，我研讀了心理學家卡爾．羅傑斯（Carl Rogers）的著作，他對於賦予個人權力具有開創性的想法，強烈影響了我的領導方法。身為人本主義心理學的創始者之一，羅傑斯是一位創新的臨床醫生，經過幾年的實驗之後，他發展出幾種有效的技術，可以用來培養他所謂的**「真實自我」**，取代我們認為自己應該成為的理想化自我。他認為，關鍵在於治療師要創造和個案之間的一種關係，這種關係的重點**不是放在解決問題**上，而是放在**培養個人成長**上。

羅傑斯表示，要做到這一點，治療師必須盡可能地表現出誠實與真心，並且把個案視為一個無條件具有價值的人，無論個案的狀況如何。他的著作《成為一個人》（*On Becoming a*

Person）裡面寫到，弔詭的是：「我越是願意做我自己，在人生所有的複雜狀況中，越是能理解及接受現實，似乎有越多被改變的可能。」

在羅傑斯看來，除非**徹底接受真實的自己**，否則任何人都不可能會改變。而除非他可以發現自己所遭遇經驗的意義，否則他也無法和其他人發展出成功的關係。他是這樣解釋的：「每個人都是一座向著自己的島嶼，只有當他願意做自己、且被允許做自己的時候，才有通往其他島嶼的可能。」

我並不想裝成治療師，但是羅傑斯所描述的，有點像我擔任教練時試圖達到的目標。**與其把每個人壓榨成既定的角色，不如創造某種環境，讓球員可以在其中成長發揮，有創意地展現自己**。不過，我對於和球員成為最好的朋友並不感興趣，事實上，我覺得保持某種程度的距離很重要。但我會試圖和每位球員發展出真心相待、彼此關懷的關係，把互相尊重、同情、信任當做關係的基礎。

關鍵就在於透明。球員絕不會擁護一個對他們不誠實、不坦白的教練。我擔任公牛隊教練的第一年期間，阿姆斯壯（B.J. Armstrong）一直說服我讓他取代約翰・派克森擔任先發控球後衛。他認為他比約翰更能主控場面，而且在運球上遠遠勝過他。但是一直以來他都不願意配合三角戰術，他覺得那樣會妨礙能力發揮，無法炫耀他自豪的一對一的過人走位。我告訴他說，很感謝他的熱心，但是我希望他和約翰分配上場的時間，因為約翰和先發球員配合得比較好，而我們需要阿姆斯壯激勵替補陣容。另外，有約翰在的陣容，整個隊伍會比較有效地合作。阿姆斯壯對這個決定並沒有表現得很激動，但是他明白我的意思。幾年後，他也證明自己可以配合三角戰術，並且用合作的方式打球之後，我就讓他成為先發球員了。

教練最難的工作之一就是，**避免「配角球員」破壞團隊的氣氛**。紐約洋基隊的總教練凱西·史坦格（Casey Stengel）曾經說過，「管理的祕訣就是，**讓討厭你的人遠離還沒選邊站的人**。」在籃球的圈子裡，討厭你的人通常是那些覺得自己上場時間不如他們所想的那麼多的人。我自己也當過後備球員，我知道，如果你在一場重要比賽一直坐冷板凳，感覺會有多麼讓人生氣……。

我的策略是，讓後備球員在比賽中盡可能地參與投入。泰斯曾經說過，如果三角戰術正確發揮作用的話，整個隊伍應該會團結一致，就像「手上的五根手指頭」那一樣。一旦等後備球員上場時，他們必須能夠無縫地和場上的球員融合在一起。早年的時候，我運用的是十人的輪流陣容（五位先發球員，五位後備球員），為的是確保候補球員在場上有足夠的時間和先發球員同步。在球季接近尾聲時，我會把輪流的人數縮減到七位或八位球員，但是只要可以，我就會試著把其他後備球員拉上場。有時候，配角球員可能會產生驚人的影響。比如克里夫·李溫斯頓（Cliff Levingston），這位候補大前鋒在一九九〇至一九九一年的球季上場時間有限，卻在季後賽大放異彩，因為他和底特律活塞隊的前線配合得完美無缺。

我並不是一個很愛擁抱或是會輕易說出讚美的人；事實上，有些人覺得我很冷漠又難懂。我的作風是會**用隱晦的姿勢表示欣賞**，這裡認可的點頭、那邊碰碰手臂。這是我和尼克隊的第一位教練迪克·麥奎爾學來的。他曾經在比賽結束後走到我的置物櫃旁邊，悄悄地跟我說，他一直留意我的表現，而且下一場比賽會試著給我更多上場的時間。身為一個教練，我試著向每位球員傳達這個訊息，我很**在乎他們個人**，而**不是只把他們當作打籃球的苦工**。

我父親送給我最棒的禮物就是，他教會我如何表現真摯的心，同時又能贏得別人的尊重。我爸是個有威嚴的高個子，他擁有高貴的舉止、溫暖的笑容還有柔和的眼神，讓他看起來值得信任、富有愛心、而且有點神祕。他很像我看過的喬治·華盛頓的肖像，是個說話溫和而謙遜的人，但卻又完全掌握一切。小時候，我常會站在父親身邊和作完禮拜要離開的會友打招呼，有些人說我高貴的站姿看起來很像他。無疑地，擁有寬闊的骨架和深沉、響亮的聲音，對我擔任教練的工作非常有利。我跟球員說話的時候不用抬頭看著他們，而是可以直視對方的眼神交談。

父親是個牧師，他是我見過少數幾個真正虔誠的基督徒之一，他的生活遵循一套由聖經支配的簡單法則，從不與人訴訟和結怨，因為那會牴觸他的信仰。我母親常會在講道中穿插地獄的磨難，而父親則會把重點主要放在仁慈，以及擁有一顆慷慨的心。他把每一位教區居民都深深的放在心上，每天吃完早餐後，他會在書房裡為他們每個人禱告。會友都覺得受到他的保護和保障，這樣的仁愛之心，讓會眾的關係變得更密切，也是我永遠不會忘記的一課。

一般來說，專業的籃球員**不會隨便透露他們內心最深沉的渴望**。他們比較喜歡用非語言的方式溝通或講笑話，而不能顯露出任何弱點，尤其是當他們在跟自己的教練講話的時候，所以挖掘每位球員的潛力是很困難的。

我一直都在尋找新的方式深入球員的內心。剛開始擔任公牛隊的教練時，我曾經要求球員打造「個人盾牌」，那是一份簡單的問答題檔案，題目包括「你最大的抱負是什麼？」「誰對你的影響最深？」和「你有什麼不可告人的祕密？」之後，我要求他們填寫一份比較正式的問卷，並且在球季期間進行一對一會談，他們的答案多少讓我能更深入地挖掘他們的內心。

我個人最愛的心理學工具，是一種稱為**「社交靶心」**的工具。這個工具創造出來的圖畫，可以看出人們如何看待他們自己和團體的關係。某次，在前往比賽的某次長途車程中，我會發給每位球員一張紙，紙的中心有個三圈的靶，代表球隊的社交結構。接著我要求他們根據自己的感覺，把他們和隊伍有關連的程度，在靶上面指出自己的位置。不意外地，先發球員通常會把自己放在靠近靶心的地方，而後備球員則將自己分散畫在靶的第二圈和第三圈。有一年，後備前鋒史塔斯・金（Stacey King）讓自己遠在第三圈外面游移，他是一位口才流利、打扮很時髦的球員，也是大家的開心果。我當問他：「為什麼？」他回答：「教練，我沒有任何上場時間。」這並不是真的，但他的感覺卻是這樣。在表面上，史塔斯顯得既有自信又合群，但是在內心深處，他卻感覺像個**拚命尋求認可的局外人**，我想自己永遠都無法想出該怎麼治癒這個傷害。

我要的是**給球員自由**，能夠想清楚如何讓自己適應球隊的系統，而**不是由我從高處發號施令指揮，要他們做我要求的事**。有些球員會覺得不太自在，因為以前從來沒人賦予他們那樣的自由，其他人則會感覺完全受到解放。

一九九〇至一九九一年的球季開始時，我決定不去干涉喬丹，我知道他需要時間思考，如何在系統裡以他認為有意義的方式打球。在非賽季期間，他決定要加強體能，以抵擋來自活塞隊和其他球隊對他的身體撞擊。他聘請了一位體能訓練專家蒂姆·葛洛佛（Tim Grover），透過一系列艱苦的鍛鍊增強他的耐力，並加強他的上半身和下半身的強度。一如往常，喬丹非常有紀律地進行鍛鍊，而且當他抵達訓練營時，看起來更高大且強壯，尤其是肩膀和手臂。

喬丹喜歡挑戰，所以我挑戰他，要他想像一種與隊友相處的新方式。他期望自己的隊友能跟他旗鼓相當，即使聯盟只有少數幾個球員能達到這種標準。我鼓勵他重新審視自己在球隊中的角色，並且**試著想像自己能作為催化劑**，讓所有球員一起合作的方法。我並沒有命令他去做我要求的事，我只是促使他用不同的方式去思考問題，大部分是藉由問他這個或那個策略，會對球隊產生什麼影響的問題。「如果你這麼做的話，你覺得史考提或霍瑞斯會有什麼感受？」我會這麼說。我把他當作夥伴，慢慢地，他也開始改變思考方式。當我讓他自己解決問題時，他就更有可能接受解決方案，而且不會一直重複適得其反的行為。

回首過去，喬丹說他很喜歡這個方式，因為這個方式「能讓我成為必須成為的人」。有時候我會告訴他說，他必須表現得積極進取，並為球隊定下基調，其他時候我則會說：「為什麼你不試著由史考提行動，這樣一來防守的人就會跟著他，然後你就可以進攻？」基本上，我會**試著給喬丹空間**，讓他思考該如何整合他個人與團隊的雄心壯志。「菲爾知道贏得得分王頭銜對我來說很重要」，喬丹如今這麼說：「但是，我會想要用一種不會偏離球隊當下目標的方式來達成。」

有時候，喬丹和我之間會有爭執，通常是在我批評他某個太自我中心的舉動時，不過我們的爭論，從來沒有演變成激烈的爭吵。「我花了一段時間冷靜下來，」喬丹說：「也許我必須看著鏡子中的自己，試著確定瞭解菲爾所說的話。然後我會想像，他也做了相同的事。每一次我們面對這樣的衝突之後，彼此就會更加互相尊重。」我也同意他這種感覺。

那年球季中，有明顯進步的球員是史考提·皮朋，當然，他一向都是精益求精。他在阿肯色州的漢堡市（Hamburg）長大，是家裡十二個孩子中最小的一個，家境並不富裕，有部分原因是因為他的父親在造紙廠工作時中風倒地，從此行動不便。儘管如此，史考提仍是家裡備受寵愛的孩子。雖然他並未獲得任何獎學金，但還是能進入中央阿肯色大學就讀，並且在大學的籃球代表隊擔任經理，靠著打零工、半工半讀完成學業。他在新生隊擔任練習生的初場表現並不突出：平均每場比賽得到四·三分、搶到二·九個籃板。但是在隔年，他的身高增加了十公分，長高到一九六公分，而且整個夏天都在努力打球，回到學校後，他的表現遠比球隊的其他人好。「我一直都是個很好的控球選手，」史考提說：「長高之後，那更是很大的優勢，因為現在對手必須派中鋒才能防守我，而在聯盟中並沒有那麼高大的傢伙。」史考提在他畢業時長高到二〇一公分，平均每場比賽得到二十六·三分、搶到十個籃板。每場比賽取得平均二十六·三分和十籃板，並且在大四時入選公認的全美第一隊。

傑里·克勞斯很早就注意到他，一九八七年時，為了以第五順位選上他，進行了一些私底下的交易。但是史考提被定位成傳統的小前鋒，而且在適應這個位置時吃了不少苦頭，因為他並不是很強的外線射手。不過，他也具有罕見的技能，可以搶籃板，而且一路穿梭運球到球場的另一邊攻下籃框。在練習時防守喬丹的經驗，也讓他轉變為強大的防守球員。然而當我剛開始和他合作時，他最讓我感到驚訝的一點，卻是他對球場上實況的掌握，並且做出因應的反應能力。他在高中時就開始擔任控球後衛，而且仍然保有那種分球給隊友的心態。當喬丹總是注重得分之時，史考提似乎對整體進攻成功這件事更感興趣。**比起模仿麥可．喬丹，他更像是在模仿魔術強森。**

因此，擔任總教練的第二年，我為史考提創造了一個新位置：控球前鋒，並且讓他和後衛一起分擔把球運到前場的工作，這是一個遠比我預期的效果更好的實驗。那樣的轉變釋放了史考提從未被挖掘的一面，他進而發展成為一位全方位球員，擁有在短時間內突破場上防守的能力，製造無人防守情況。如同他所說的，這樣的轉變「讓我成為我想在NBA中成為的選手」。

這一年的球季中，史考提在球隊的平均成績達到第二，平均得分十七．八分、搶到七．三個籃板、抄截二．三五次，而且隔年入選全美防守第一隊（All-Defensive First Team），這對球隊的影響很大。將史考提轉為控球後衛，盡可能讓球停在他和喬丹手上，而這讓麥可．喬丹可以移動到左右兩側的底線區域，並且在進攻時扮演各種不同角色，包括在攻守轉換時帶領進攻。這樣的轉變也開啟了其他球員的可能性，因為史考提分發球的方式比起喬丹更加平等。突然間，一種全新的、更具能量的團體動態正在逐步形成。

在當時，大多數教練都認同紐特．羅克尼（Knute Rockne）的心理訓練理論，他們會試圖用「去替吉普贏一球」的精神式喊話提振人心，如果你是個美式足球的後衛球員，這個方法也許會有用。但是在為尼克隊效力時，我發現當精神上太過激動時，就會產生「一直專注在壓力下」的負面影響。於是我採取相反的策略來取代激勵選手的作法，我發展出多個策略來幫助他們平靜自己的心靈和建立覺知能力，這樣一來，他們就能夠鎮靜地上場比賽，並且掌控局勢。

我在公牛隊做的第一件事，就是教選手們**簡略版的正念冥想**。根據我多年修行禪宗的經驗而來，並沒有做什麼大不了的事。練習期間，我們會靜坐大約十分鐘，通常是在觀看比賽影片的程序之前，有些隊員覺得這樣很奇怪，其他人則會利用那段時間小睡。但是他們還是會遷就我，因為他們知道冥想是我生活中很重要的一部分。就我的觀點來看，讓選手們安靜地坐在一起十分鐘是個好的開始。有些球員，特別是阿姆斯壯，還因此認真對「冥想」產生興趣，並且自己進一步追求其中的奧祕。

我並非試圖把公牛隊變成一群佛教僧侶，我感興趣的是讓他們採取一種比較**留心的方式**，來應對比賽和彼此之間的關係。正念的中心思想是，要盡可能地處在當下，**不被過去或未來的想法拖累**。根據鈴木禪師的說法，當我們以「**簡單**、**清澈的心靈**做事情時，我們**行動就會變得強大且直截了當**。但是若我們做事時帶著複雜的心靈，想著其他人事物或社會，我們的行動就會變得非常複雜。」

為了在籃球比賽獲勝，如同作家約翰．麥克菲（John McPhee）曾指出的，你必須具有調整良好的意識，能在任何需要的時刻，知道你在哪裡以及你周圍正在發生什麼事。有幾個球員天生就有這個技能（僅舉幾例：喬丹、史考提、和比爾．布萊德利），但是大多數的球員都必須經由後天習得。幾年的禪修練習後，我發現當讓自己完全沉浸在當下時，你會開始發展出一個**比較深層的覺知**，可以知道就在這裡的此時此刻正在發生什麼事，而那樣的覺知最終會產生一種更強大的**「合一感」**——那正是團隊合作的精髓。

約翰．派克森曾經寄給我一篇出自〈哈佛商業評論〉（*Harvard Business Review*）的文章，他說那篇文章讓他想起我。那篇文章〈領導的寓言〉（*Parables of Leadership*），作者是金偉燦（W. Chan Kim）和芮妮．莫伯尼（Reniе A. Mauborgne），內容是由一系列古老寓言集合而成，著重於作者所謂的「領導階層所看不見的空間」。吸引派克森的故事，是講述一位年輕王子被他的父親送到一位偉大的中國大師身邊，學習如何成為一名傑出的國王。

那位大師給他的第一個任務，是獨自待在森林裡一年，當那位王子回來後，大師要他敘述他在森林裡聽見什麼。他回答說：「我能聽到杜鵑鳥美麗的歌聲、樹葉沙沙地作響、蜂鳥嗡嗡地啼鳴、蟋蟀唧唧地鳴叫、青草隨風搖曳、蜜蜂的蜂鳴以及風的低語和叫喊。」

王子回答完畢後，大師要他回到森林裡去聽更多可以聽見的聲音。因此王子回到森林裡，獨自待在裡面幾天幾夜，思索大師說的到底是什麼意思。然後有一天早上，他開始聽到一些微弱的聲音，那是他過去從未聽見的聲音。

當在他再次回來時，王子告訴大師說：「當我集中全力地傾聽時，我聽到了前所未有聽到過的聲音，鮮花在緩緩開放著，大地在陽光下甦醒，小草在吸吮著露珠。」

大師點頭讚賞說：「傾聽聽不到的聲音，是成為傑出君王的基本素質。因為只有當國王學會仔細傾聽人民的心聲，**聆聽他們沒有說出的感受**，沒有表達的痛苦以及沒有說出口的怨言，他才有希望激發人民的信心，明白什麼是錯的，並且滿足老百姓真正的需求。」

傾聽聽不到的聲音，這個技能不是只有領導者需要而已，團體裡的每個人都需要。以籃球來說，統計人員會計算球員有多少次幫助得分的助攻或傳球，然而長久以來讓我更感興趣的，是讓球員如何專注在傳出有幫助的傳球，讓傳球能進一步**帶出**得分。那種覺知需要時間發展，不過一旦你能掌握它，那麼那些看不見的事物就會變得清晰可見，而且比賽就會像故事一般，在你眼前慢慢展開。

為了強化球員的覺知，我喜歡讓他們一直猜測接下來會發生的事。在某次的練習，他們顯得非常無精打采，我決定把燈關掉，讓他們在黑暗中打球——要你嘗試在黑暗中接下麥可．喬丹的快速傳球，這可不是一件容易的差事。還有一次，在一次尷尬的戰敗後，我讓他們在整場練習中一個字也不能說，這讓其他教練都覺得我瘋了。對我而言，真正重要的是讓球員們覺醒，就算有只短暫的片刻，讓他們**看到看不見的事物**，**聽到聽不見的聲音**就可以了。

準備NBA的季後賽，就像準備去看牙醫一樣，你知道看診其實沒有想像中的糟糕，但是你就是無法讓自己停止擔憂，整個心神都會瞄準那個事件，我時常在半夜時受到焦慮襲擊，然後躺在床上思考下一場比賽的戰略。有時到了凌晨，我會尋求禪修的幫助來釋放心靈，減輕不斷猜想預測的焦慮，但是我發現處理焦慮最有效的方式，是確保自己盡可能做好準備，以因應任何可能發生的事。我哥哥喬常說，信念是能幫助你面對恐懼的兩樣東西之一，另一樣則是愛。喬說你必須有個信念，**相信自己已經做了所有能做的事**——不管最後的結局會如何。

我很喜歡講的一個故事，是關於拿破崙一世如何挑選他的將領。他的一位傑出的將軍過世後，據說拿破崙派遣他的一位參謀官去尋找合適人選繼任將軍一職。那位參謀官在幾個星期後返回，並且描述一位他認為會是完美的人選，因為那個人有軍事戰略的知識和作為管理者的才華。當那名參謀官描述完畢後，拿破崙看著他問：「你說的一切都非常好，但是他夠幸運嗎？」

泰斯．溫特稱我為「世界上最幸運的教練」。但是我不覺得運氣有多大的作用。的確，有的人可能會受傷，或者有些災難會降臨到球隊，不過我相信，若你已經考慮到所有的細節，**因果法則**（而不是運氣）通常就會決定結果。當然，在一場籃球比賽中，有太多你無法掌握的事情，這也就是為什麼我們會把大部分時間專注在我們**能夠**掌握的事：正確的步法、正確的球員間距、正確的控球方式。當你用正確的方式上場比賽，對選手而言一切就會有意義，那麼獲勝就會是可能的結果。

然而還有另一種更重要的信念——認為在某種程度上我們彼此之間是連結在一起的，這種連結甚至超過理解範圍，這就是為什麼我會讓選手們安靜地坐在一起。在團體裡靜坐，並且屏除雜念，能讓人們彼此之間以一種深刻的方式**產生共鳴**，正如同弗里德里希．尼采（Friedrich Nietzsche）所說的：「**看不見的線，才是最強韌的聯繫**」。

我的職業生涯裡，看過許多次這樣的聯繫。當選手們齊心協力時所產生的聯繫，那種深刻的情感會是一種**巨大的力量**，能夠掃除戰敗的恐懼，而這就是公牛隊將要學會的一堂課。

一九九〇至一九九一年的球季中途，所有散落的碎片開始聚集在一起。隨著選手變得更加適應三角戰術，泰斯開始讓他們專注在一系列的關鍵動作上，我們稱為「**主動對應戰術**」。當對方球隊集中在球場的某個區域時，就可以發動主動對應戰術。關鍵點是泰斯所謂的「關鍵時刻」（moment of truth），就是在球員運球到籃下遇到防守時。如果防守球員給他很大的壓力，那麼他就可以發動自動化戰術，轉移到球場的其他地方，並開啟新的得分機會。球隊最喜歡的自動化戰術之一，是我們稱為「後擋掩護」的戰術——前線球員會過來減輕控球後衛的壓力，而處於弱側的前鋒則是衝破防線，接過傳球並且干擾對方的防守。**「後擋掩護」**是個關鍵行動，不僅對公牛隊，對之後的湖人隊而言也是如此，因為它能讓一名射手遠離弱側的雙擋，並且把我們兩名最好的球員放在得分區。

球員們都很熱中投入，「後擋掩護行動」和「主動對應戰術」讓他們能以一種協調的方式適應對方的防守，不用依賴我在邊線給予指示。「那成了我們的頭號武器，」史考提回憶：「第一位隊友都很享受上場扔球，就像遊戲開始。我們會跑向特定的區域，因為在那些區域我們會覺得很自在。大家都很開心。喬丹逐漸增加得分，我們在攻防轉換時回防的平衡也更好了。我們正蛻變成一支更擅長防守的球隊，然後那就變成了我們的第二本能。」

「主動對應戰術」也教會球員如何利用對方的防**守卸下防守壓力**，而不是嘗試直接進攻。在球隊面臨更強硬、身體對抗更激烈的球隊，像是活塞隊時，這就變得非常重要。為了擊敗底特律活塞隊，我們必須要有彈性並且毫不退縮。但假如我們每次進到球場就要跟他們來一場摔角比賽的話，根本不可能有機會打敗他們。

就在全明星賽前夕，公牛隊開啟十八勝一負的賽程，包括了那場振奮人心的比賽——在奧本山市以九十五比九十三贏過活塞隊。即使當時以賽亞因為手腕受傷而退場，那場比賽依然是我們如何將自己視為一支團隊的關鍵轉捩點。而在那之後，壞孩子兵團看起來也不再那麼「壞」了。

我們以領先聯盟的六十一勝二十一負紀錄結束那一季，那在季後賽中給了我們主場優勢。我們以三比〇橫掃尼克隊，接著輕易地贏過和費城七六人隊的前兩場比賽，但是在第三場比賽時遇上了麻煩。喬丹的膝蓋得了肌腱炎（大概是在比賽期間打高爾夫球造成的），而且七六人隊的幾個大塊頭前鋒——阿爾蒙．吉列姆（Armen Gilliam）、查爾斯．巴克利（Charles Barkley）和里克．馬洪——開始推擠霍瑞斯．格蘭特，並且把他弄下場。

霍瑞斯是身高二〇八公分的大前鋒，他擁有驚人的移動速度和搶籃板直覺。強尼．巴赫稱他為「悍將」（the intrepid one），因為他能迅速包夾持球選手，並且讓緊迫防守奏效。霍瑞斯是在喬治亞州農村長大，起初他與史考提形影不離，而且他曾對記者說過，皮朋「就像我的雙胞胎兄弟」。但是他們在這一年的球季時逐漸疏遠，因為史考提比較傾向喬丹。於此同時，正努力挽回婚姻的霍瑞斯，轉而尋求宗教的慰藉。

強尼曾建議我把霍瑞斯當作「代罪羔羊」以激勵球隊，對職業球隊來說，這是相當普遍的做法，事實上，我效力於尼克隊時就曾短暫地擔任過那個角色。這個做法的重點是指定一名球員，他將承受到最多的批評，作為一種激勵其餘選手團結在一起的方式。我並不完全接受這種老派的訓練，但我願意嘗試看看。我知道球員們很喜歡霍瑞斯，倘若我做得太過分的話，他們會在他周圍團結起來，而強尼和霍瑞斯的關係很好，向我保證他夠強悍，足以承受那樣的壓力。

起初，我們向霍瑞斯說明那個想法，他也願意加入。他還是個孩子時，就夢想著成為海軍陸戰隊隊員，那種強大的紀律很吸引他。但是隨著時間過去，他開始對那些批評感到惱羞成怒，一切就發生在與七六人隊的第三場比賽第三節時的緊要關頭。

吉列姆在整場比賽中，一直從背後偷襲霍瑞斯，並且將他推離站定的位置，裁判卻一直不追究他的犯規，當霍瑞斯終於因為挫敗而展開報復時，裁判注意到了，並且叫了犯規。我當時非常生氣。我把霍瑞斯拉下球場，並且為了七六人隊粗暴地對待他的事開始對著他咆嘯，霍瑞斯吼回來，「我已經受夠了當你的代罪羔羊。」然後他開始咒罵我——這對他來說是很不尋常的。

不用說也知道，我們輸了那場比賽。我承認，那不是我最美好的時刻，但是我學到了一個很重要的教訓：不管壓力多大，把每個球員當作獨立個體對待，給予尊重和同情是非常重要的。我在氣氛緩和下來後與霍瑞斯見面，並且告訴他說，我們需要重新開始。從那時起，我說，我會著重在給予他有建設性的批評，並且同樣地，我也希望他遇到任何可能困擾的事情時，能給予我反饋意見。

在下一場比賽開始之前，我和球隊在早餐時碰面，並討論發生了什麼事。我說我們破壞了部落圈，而現在我們一起修復它。在那次會議結束時，我要求霍瑞斯為球隊朗讀《詩篇》的段落。

那天，霍瑞斯就像著了魔似地拚命打球，他在球場上大爆發，一上場就抓下一些關鍵籃板，最後得了二十二分，而我們不斷得分，以一〇一比八十五獲勝。更重要的是，霍瑞斯勇於面對吉列姆和其他大塊頭的傢伙，而且毫無慌亂。這是很好的跡象。七六人隊看起來很疲累且沮喪，接著他們兩天後就在決定成敗的第五場比賽中輪了，我們的下一戰是底特律活塞隊。

在一九九〇年的季後賽期間，我給球隊看了《綠野仙蹤》電影裡一些場景的影片。目的是為了說明當遭到活塞隊的粗暴打法時，選手們感到多麼害怕。第一段鏡頭是阿姆斯壯運球到籃下並射籃時，遭到底特律隊前線球員的襲擊，緊接著是一段電影裡桃樂絲說話的剪輯片段，「托托，我想我們再也回不去堪薩斯了。」另一段鏡頭展示喬．杜馬斯打斷喬丹的運球，然後是鐵皮人在電影裡哀嘆自己沒有心。再一段鏡頭則是以賽亞如同跳華爾滋般悠然應付派克森、霍瑞斯和卡特賴特，而對照電影，膽小的獅子發牢騷說自己一點勇氣也沒有。一開始選手們還哄堂大笑，但當他們理解我想要傳達的訊息之後，笑聲就消失了。

這一次，我不需要播放任何電影場景；相反地，我把一系列NBA前檯辦公室的剪輯放在一起，呈現活塞隊對戰公牛隊時最卑劣的爛招。我不確定那部剪輯影片對於即將上場比賽的他們有多大的影響，但是至少它能展現我們不會再無聲無息地慘敗。

那或許也無關緊要，這一年的活塞隊選手陣容並不像之前那麼嚇人，尤其是從他們失去了隊上擅長身體撞擊的大前鋒里克．馬洪之後，同時我們的球隊比起一年前變得更有自信、蓄勢待發。我給選手的建議是先下手為強，而不是讓活塞隊在一開始就把我們耍得團團轉，並且要避免陷入底特律隊的垃圾話攻勢陷阱。我很欣慰能在第一場比賽時看到史考提控制住自己，當新來的壞男孩馬克．阿吉雷（Mark Aguirre）威脅要揍他時，史考提就只是一笑而過。

喬丹那天沒有下場比賽，而是由二軍陣容上場，並且在第四節締造了不同於以往的九分領先。比賽結束之後，有一瞬間讓大家非常驚訝，因為喬丹感謝隊友的支持。我可以感受到大家為了轉變球隊心態而付出的所有努力，開始有了回報。幾天後史考提告訴《芝加哥論壇報》的記者山姆．史密斯說，他注意到喬丹的轉變。「你可以看得出來麥可．喬丹對每個人更有信心了，」史考提說：「而我必須說，這是近幾場季後賽中才出現的轉變。他在用團隊的方式打籃球，而這也是我第一次認為他站在場上並不單純只為了得分。他似乎也有那樣的感覺，我們所有人都是，真的，如果讓我們一起打球，那麼每個人都能幫得上忙。」

第二場比賽時，我們讓史考提負責運球到籃下，並且將派克森換到底線區域。這樣的變化造成活塞隊一些不協調的困難，而且他們一直無法解決。我們也做了一點發揮作用的防守變化，讓史考提防守他們的中鋒藍比爾，而卡特賴特防守他們的小前鋒阿吉雷。我們的防守策略太過奇怪，以致活塞隊完全無法發揮應對。到第四場比賽時，他們打算在他們的主場橫掃奪回優勢，但仍無法阻止我們的攻勢，比賽也因此變得醜陋。藍比爾從側面偷襲派克森，而羅德曼把史考提撞進板凳區，那是可能結束他職籃生涯的一擊。然而，最糟糕的時刻是在比賽結束後，由以賽亞領軍的活塞隊，沒有與我們握手就走下球場——那不只是對公牛隊的侮辱，更是對比賽本身的侮辱，直到今天這件事都還困擾著我。

我們的下一個對手是洛杉磯隊。湖人隊是一支屢創傳奇的球隊，在過去十年中一直稱霸NBA，而且現在仍是一支強大的隊伍，由魔術強森領軍，加上詹姆士．沃錫（James Worthy）、山姆．佩肯斯（Sam Perkins）、拜倫．史考特（Byron Scott）和弗拉德．迪瓦茨

（Vlade Divac）組成。這場系列賽是喬丹的最終考驗，他一直視強森為強勁的對手。魔術強森不僅擁有五次NBA總冠軍的殊榮以及三次獲得NBA最有價值球員，他在帶領球隊方面也有驚人的天分。在他還是新進球員的那年就已經接管，一支由全明星組成的球隊，包括卡里姆·阿布都·賈霸，並巧妙地帶領球隊贏得總冠軍。而喬丹已經進入NBA的第七年，還在為他的冠軍戒指努力。

我們一開始太慢進入狀況，因此輸了在芝加哥的第一場比賽。然而在比賽途中，我注意到湖人隊的一個弱點，那是我從未在任何一卷錄影帶上看過的：每當魔術強森下場，他的隊友就無法在對抗我們的二軍陣容時保持領先。在西區決賽中，湖人隊對戰波特蘭隊的苦戰後，魔術強森看起來十分疲累，而且很明顯地，相較於我們球隊在喬丹下場休息時的狀態，湖人隊在魔術強森下場休息的時候顯得弱多了——比起其他隊友，正是我們可以善加利用的地方。我們的作戰計畫就是，**讓史考提去對付魔術強森**。

第二場比賽時，喬丹很早就陷入犯規的麻煩，因此改變史考提的位置顯然是個很好的計畫——這個調整讓湖人隊的進攻整個大亂，而讓我們輕鬆獲勝，終場一〇七比八十六。在那場比賽後，我播放一支組合的錄影帶給喬丹看，讓他明白魔術強森時常離開他該盯著的對手（派克森）去幫助其他隊友防守。他賭的是喬丹不可能會放棄球。派克森是能在緊要關頭投籃的強大射手，而且一般來說在緊急時刻，喬丹更信任他。但在洛杉磯的系列賽時，喬丹回到他過去的習慣，試圖靠自己贏得比賽，儘管我們在第二場獲得勝利，但這個問題卻深深傷害了我們。

接下來的三場比賽行動轉移到洛杉磯。第三場比賽時，喬丹在正規時間剩下三．四秒時，運球至到罰球線並且把握機會快速跳投，追平比分。接著我們重新布署，並且在延長賽以一〇四比九十六奪下勝利。兩天後的第四場比賽，我們的防守完全壓制住湖人隊，使他們只得到自從有了進攻時間限制後的最低總分，八十二分，而我們則在系列賽中以三比一領先，魔術強森稱那次比賽是「被狠狠教訓了一頓」。

第五場比賽我們幾乎一路領先，湖人隊卻在第四節中途展開反擊，並奪回領先地位。我很不滿意所看到的戰況，儘管經過討論，喬丹還是忽略了派克森。於是我叫了暫停，並且把球員集合在一起。

「誰有空檔，麥可．喬丹？」我直視喬丹的雙眼問他。

他並沒有回答。因此，我又問了他一次：**「誰有空檔？」**

「派克森。」他回答。

「很好，所以記得把球傳給他。」

經過這段對話之後，戰況開始改變。喬丹和其他人開始傳球給派克森，而他也以連續投進四球回應。湖人隊在剩下一分多鐘時又把比數拉近兩分，但是在喬丹運球到籃下去時，我注意到有些不同。我原本以為他接下來會直接射籃，就如同他以往在這樣情況下會做的舉動，但是他反而誘騙前方的防守球員，並且試圖創造出射籃機會——沒錯，給派克森！這是一個美好的結局。約翰把握機會投出兩分球，而我們再次贏得比賽，一〇八比一〇一。

對我而言，那是個深具意義的時刻。十八年前，身為選手的我贏得自己的第一枚冠軍戒指，就是在這座體育館內——洛杉磯論壇體育館。而現在，我剛剛贏得我身為教練的第一枚冠軍戒指，而最棒的是，我們能夠贏得總冠軍，正是憑著用與我在尼克隊時一模一樣的方式打球。

那才是正確的方式。

第 8 章

複製勝利，品格是關鍵

你做任何事情的態度，就是你做所有事情的態度。

——湯姆·威茨（Tom Waits）

你或許覺得事情做第二次會比較容易，但這並不是它會成功的原因。當歡呼聲一停止，受傷的自尊便會開始起舞。加州大學洛杉磯分校的前任總教練約翰·伍登（John Wooden）曾說過：**「勝利需要才能，複製勝利，需要品格。」**過去我不太明白他的意思，直到我們開始爭取第二枚冠軍戒指時，我才漸漸瞭解這句話。突然之間，媒體的聚光燈都轉向我們，每個跟公牛隊有關，但名字不叫喬丹的人，都努力在爭取獲得更多注意，正如喬丹所說的「勝利把我轉變成我們」。

關於這點，我看到的第一個跡象是霍瑞斯跟媒體爆料說，在白宮舉行冠軍慶祝活動的席間喬丹偷偷溜走了。然而，這場活動本來球員可自行決定是否參加，而活動之前，喬丹也先跟霍瑞斯說他並不打算參加。霍瑞斯當下似乎對這件事沒什麼意見，但是當我們從華盛頓回程時，他卻告訴記者說，喬丹沒有出席讓他覺得很不愉快。喬丹覺得自己被霍瑞斯出賣了，但對於他的評論喬丹選擇不做回應。我推測霍瑞斯也許是被記者蒙蔽，才會說出他自己不相信的事情，因此我沒有處罰他，但我還是警告他未來要小心應對記者，所有刊登在新聞報刊的言論，都有可能分化整個球隊。

霍瑞斯不是唯一一個忌妒喬丹名氣的球員，但是他卻是最直言不諱的一個。他很難理解，我並沒辦法控制喬丹的名氣，因為，**那已經超越公牛隊與這項運動本身了**。

白宮的騷動才剛結束，另一個對球隊影響更大、持續更久的問題就出現了，一切都和山姆·史密斯寫的暢銷書《喬丹法則》（*The Jordan Rules*）有關。這本書描述一九九〇至一九九一年的冠軍球季，試圖要抹去喬丹身上的神話色彩，並且對芝加哥公牛隊的神祕世界一探究竟。史密斯是一位聰明又努力的記者，我很欣賞他，這本書是根據他在《芝加哥論壇報》中發表過有關公牛隊的報導，有一些球隊祕辛，還用了一些不太討喜的角度來描寫喬丹和傑里・克勞斯。

這本書讓喬丹不太開心，但他只能無奈的聳聳肩隨它去，毫無疑問的，他推測這不會對他的公眾形象造成太嚴重的衝擊。但是，克勞斯卻無法同樣處之泰然。這本書出版不久後的某個晚上，我們在前往比賽的長途旅程中，他把我叫到飯店房間，開始激動地辱罵史密斯。他說，他已經標誌了那本書裡的「一七六個謊言」，還拿出他在上面畫滿重點的副本，所以佐證。當他開始打算逐頁拆穿那些所謂的謊言時，我打斷了他說：「你真的別管這些事了，傑里。」

但是他做不到。一九七六年，傑里剛任職三個月時，被媒體拍到他暴怒的模樣，因而讓他丟了工作，從那之後，他就一直對記者保有戒心。當時他正在為球隊尋找新的總教練，有報導指出他會讓德保羅大學的教練雷・梅耶（Ray Meyer）接手這個職位。傑里否認報導的內容，但事情並未結束，因為對傑里處理這件事的作法感到失望，公牛隊的董事長亞瑟・沃茨（Arthur Wirtz）決定要他離開。

幾個星期過去，傑里還是執意要找出誰是那本書主要的消息來源——當然，來源實在太多了。寫那本書的記者山姆總是定期和每一位與球隊有關的人聊天，當然也包括球隊老闆傑里・藍斯多夫。為了試圖解決事情，我安排克勞斯與山姆碰面，但這次的會談並沒有任何成效，最後傑里推斷：助理教練強尼・巴赫就是主要的罪魁禍首，我認為這相當荒謬，直到強尼被解僱數年後，傑里還是非常篤定自己的推斷無誤。

這是我和傑里之間關係的第一道裂痕，在這之前我們的關係一直相當良好。我很感謝傑里信任我，給我機會在公牛隊執教。我欣賞他建構球隊、招募適合人才來補足喬丹的方式，儘管他經常因為某些舉動招致喬丹和其他球員的指責。我很喜歡與傑里一起合作，打造公牛隊成為冠軍隊伍。傑里有個很大的優點，就是他在作重大的決定之前，總是會先從教練、球員以及球探團隊等人當中尋求廣泛的看法。他也很重視尋找品格良好的球員，以及努力地探究潛力新秀的背景，以便更了解他的狀況。

很顯然，我對於我們應該如何合作這點有不同的看法。我想支持傑里，而且我花了許多的時間去調解他和球員之間的問題，但我不想做出會危害我和球隊信任關係的任何事情。

多數的球員是因為一、兩個理由而對傑里感到反感。先是從喬丹開始，在他進入公牛隊的第二年，喬丹左腳受了傷，幾乎整個球季都得在場邊休息直到傷勢復原。有一次，喬丹堅持說他的腳已經完全好了，但是傑里卻拒絕讓他上場，直到醫生給了他確定的答案。後來當喬丹質問時，傑里告訴他，這是管理階層所做的決定，因為喬丹是他們的財產。不幸的是，這則不當的發言疏遠了喬丹，而且從那天起就破壞了他和克勞斯之間的關係。

其他的球員對傑里也有異議，他們不喜歡他吹噓自己過去當球探有多麼厲害。當傑里執意要招募新秀東尼．庫科奇（Toni Kukoc）時，他們也很生氣。庫科奇來自克羅埃西亞（Croatia），是個大有前途的前鋒，傑里預期他會是下一個魔術強森——儘管東尼從來沒有打過任何一場NBA比賽。之後東尼就和公牛隊簽約了，史考提與喬丹覺得，傑里對東尼的特殊感情，對自己隊上的球員們來說是一種侮辱。一九九二年奧運期間，他們就用自己的方式給庫科奇和克羅埃西亞國家隊好看。

最重要的是，傑里不斷嘗試和球隊打成一片，想成為球隊的一分子，這使得球員們心生厭惡。他矮小、圓滾滾的身材並沒有幫助到他。喬丹因為他不夠水準的餐桌禮儀，給他取了個外號叫「麵包屑」，還常在搭球隊巴士時嘲笑他的體重和其他怪癖。

隊上的這種緊繃氣氛，一直讓我感到不安。從小我就很討厭任何形式的不和諧，我的兩個哥哥，他們年紀相差不到兩歲卻經常爭吵，我得充當和事佬。我爸會用皮帶來教訓他們，我還記得，我曾經聽著他們被抽打，坐在地下室樓梯的最高階放聲大哭。

我應付傑里的方式就是，讓事情明朗化。我知道他對《喬丹法則》過度反應的原因，是因為他覺得自己沒有得到應有的信譽，畢竟他建立了這支偉大的隊伍，我了解卻沒辦法修復他的心結，所以我嘗試利用幽默與同情和他接觸，想轉移他的心情，我也盡可能地跟他保持在專業上的合作關係。隨著球隊名氣的增長，我和傑里之間的裂痕也跟著擴大，但是專業精神一直支撐著我們。儘管我們的關係很混亂，我和傑里還是能保持專注，想把事情做好。

處理球員們則是另一回事，我告訴他們要學著忽略這些干擾，不論是來自媒體，克勞斯或是其他的來源，只要把注意力集中在贏得第二次冠軍就好，我加倍努力將練習轉變成躲避外在世界混亂的方法。對於這種做法，史考提說：「我們是一支非常受歡迎的球隊，因此我們必須擔保彼此的安全、互相保護。不能讓球員帶他們的朋友到球隊的訓練場，騷擾球員要簽名。如果連和自己的隊友在一起，你都無法放鬆享受，還有哪裡能讓你感到自在？」

隨著球隊將**注意力轉向內部**，球員間的團結力便開始重新形成。套句喬丹常說的口頭禪，**「我」**正在慢慢地轉變成強大的**「我們」**——公牛隊成為我指導過最強的全方位隊伍之一。系統逐漸吻合，我們也變得無法抵擋。一開始我們就取得十五勝二負的成績，並以六十七勝結束球季，比聯盟裡面其他任何一支球隊多贏得超過十場勝利。我們最多的連敗紀錄只有兩場。有一度，球隊老闆藍斯多夫還打電話來說：「我希望你沒有對球隊施壓要他們打破這個紀錄。」不，我告訴他，這是自然發生的。阿姆斯壯說他覺得這季公牛隊「與自然和諧共處」，而且所有的事情都很恰當地配合在一起：「就像春夏秋冬四季的輪替」。

接著就到了季後賽，在三場比賽內打敗邁阿密隊之後，我們遇上了難纏的紐約尼克隊，當時的教練是帕特·萊利（Pat Riley），他成功將尼克隊轉變成過去底特律活塞隊的新版本。事實上，萊利還雇用了活塞隊的前防守教練迪克·哈特（Dick Harter）來傳授尼克隊堅忍不拔的精神。過去五年，NBA已經受夠了底特律隊的「壞孩子兵團」，前一年我們擊敗他們之後，全聯盟都一致鬆了口氣。靠肌肉打球的方式已經過時了，而**細膩打球的方式**正逐漸開始盛行。儘管如此，尼克隊還是擁有堅強的前線陣容——由派屈克·尤英、查爾斯·歐克利、澤維爾·麥克丹尼爾（Xavier McDaniel）組成，加上後備球員安東尼·梅森（Anthony Mason）。他們的策略是使用肌肉來控制得分板，拖慢比賽的節奏，並且不讓我們有機會快攻。然而，他們最有效的武器其實是萊利將媒體耍得團團轉的能力，他在洛杉磯學到很多利用新聞報導戲弄裁判的技巧，並且在第一場季後賽之前他就發射了第一砲。他的目的是什麼？他說，如果裁判沒有被麥可・喬丹迷住，進行一場公平比賽的話，尼克隊就有機會贏球。我反擊說：尤英之前的犯規還逍遙法外、沒被發現，每次他要突破到籃下時都會多走幾步。戰爭就此展開。

我一直覺得和記者聊天很輕鬆，因為在效力尼克隊期間，我花了許多時間與記者們打成一片。透過我曾犯過的一些愚蠢錯誤，我也從中有所學習。在一九七四至一九七五年我成為先發球員的第一季，尼克隊起初的戰績勢如破竹，後續卻沒什麼較大突破，最後以四十勝四十二負這令人失望的紀錄結束球季。我告訴記者說我們或許能夠晉級季後賽，但是我們「仍然是輸家」，隔天這句話就成了各大新聞的斗大標題：「傑克森說尼克隊是輸家」。

我的另一個發言失誤更是糟糕：一九七七年在湖人隊與火箭隊的一場比賽期間，湖人隊的科米特・華盛頓（Kermit Washington）對火箭隊的魯迪・湯加諾維奇（Rudy Tomjanovich）揮了一拳，這拳打碎了他的臉，還差點要了他的命。我告訴記者，這是一個不幸的情況，一個星期前七六人隊的喬治・麥金尼斯（George McGinnis）也對我做過類似的舉動，我很勉強才躲過，但卻沒有任何人注意到。我忍不住抱怨，「你似乎得是個明星球員，才能讓聯盟注意到」，直到現在，我仍然希望能收回這些話。

第一場比賽，尼克隊在力量上勝過我們，而且在裁判手中輕易過關，取得令人驚訝的勝利。比賽一開始史考提・皮朋的腳踝就嚴重扭傷，比賽節奏也跟著尼克隊慢了下來。我們在第二場比賽，受到阿姆斯壯的幾個關鍵性射籃而鼓舞，讓我們得以還以顏色。第三場比賽喬丹擺脫了尼克隊鐵撬般的強力防守，使我們找回了主場優勢。

霍瑞斯把第四場比賽比喻成美國職業摔角（World Wrestling Federation）等級的比賽，喬丹則說這場比賽的裁判過常糟糕，以致於他認為我們不可能贏球。我在下半場時指責裁判而被驅逐出場，後來尼克隊就占了上風，以九十三比八十六贏了比賽。

在賽後的訪問中，我內心的惡魔又跑了出來。我說：「我想他們現在可能在NBA辦公室所在的第五大道，舔著嘴唇等著吃大餐吧。這有點像是一場二比二的系列賽，我不喜歡這種『皆大歡喜的安排』……但是他們控制了裁判，如果打到第七場，這會是皆大歡喜的結果。」

萊利就喜歡這樣，而我正好給了他完美的開場白。隔天他告訴記者，我侮辱了他的球隊：「我曾經帶領過六支冠軍球隊，我也曾經晉級總決賽十三次。我知道什麼是冠軍的風度。事實上，我們的球員這麼努力比賽、多麼想贏球，他卻對裁判過程大發牢騷、唉唉叫，對我們來說實在是一種侮辱……這就是冠軍球隊該有的風度，他們必須接受一切的狀況，不能抱怨。」

紐約的新聞媒體對他這番話照單全收，隔天報紙就充滿了菲爾愛抱怨的新聞。在這之前紐約隊的球迷對待我就像家人一樣，即使我現在身處敵軍陣營之中。但是在萊利發表這番自命清高的言論後，他們在街上看到我時開始會發出噓聲。這很奇怪，但是我知道，自己說什麼都無法抹滅已經發生的事情，**只有贏球才是最好的報復**。

那花了我們七場比賽的時間。我的拉科塔族朋友告訴我說，應該在第七場比賽前對萊利「棒擊」（用棍子去觸擊敵人），於是我照做了。當我經過尼克隊的板凳區時，我停了下來，對帕特伸出手說：「我們來讓他們看場好戲吧。」他點點頭，但對於我跟他說話有點不知所措。結果證實，這場比賽是極棒的麥可．喬丹個人秀。比賽一開始，澤維爾．麥克丹尼爾一直推擠史考提，因為他扭傷的腳踝還在復原中，所以喬丹挺身而出對抗那比他高大、強壯的前鋒，直到他退縮。喬丹保護隊友的方式讓我印象深刻，後來我還掛了張當時喬丹逼視對方的照片在書桌上。比賽進行到第三節，喬丹用了我曾經看過最棒的轉身進攻之一讓麥克丹尼爾的防守徒勞無動。一切始於喬丹跳投得分，接著他成功抄走尼克隊回傳的球，並且快速衝到籃下想迅速再取得兩分，但是澤維爾拍掉了喬丹手中的球，並衝到球場的另一邊，想要進行看似簡單的上籃，只不過就在他要出手時，跟在他後面的喬丹、從背後把球拍掉了。這次的動作擊垮了尼克隊的氣勢，他們再也沒有拉近比數。後來，萊利優雅地總結公牛隊的表現，他說：**「他們打出了自己的本色」**。

儘管如此，一切還是得來不易。我們贏了另一場對戰克里夫蘭騎士隊的苦戰之後，在總冠軍決賽中，對上實力堅強的波特蘭拓荒者隊（Portland Trail Blazers）。他們是一支快速、變化多端的隊伍，由克萊德．崔斯勒（Clyde Drexler）領軍，許多來自芝加哥的觀察員認為他的實力與麥可．喬丹不相上下。我們的計畫就是使出強大的防守轉換，並且強迫他們利用外線投籃來對付我們，而麥可．喬丹的計畫則是要向全世界證明，崔斯勒並不是麥可．喬丹。崔斯勒的隊友丹尼．安吉（Danny Ainge）稍後跟作家大衛．哈伯斯坦（David Halberstam）說，那就像是看著「一個刺客來刺殺你，然後將你的心臟挖出來」。

我們強硬地出手，贏得在芝加哥舉行的第一場比賽，卻在延長賽輸掉下一場比賽。比起深夜飛到波特蘭，就像拓荒者隊一樣，我寧可決定讓球隊隔天才搭飛機，並讓他們有時間休息，而不是讓他們一直努力練習。隔天我們就展現具爆發力的表現，並以二勝一負的成績取回系列賽的領先地位。快速地比完接下來的兩場比賽後，我們回到了芝加哥，並有機會在我們自家的主場領取冠軍獎盃。

拓荒者隊在第六場比賽勢如破竹，第三節時就領先多達十七分。泰斯堅持要我把喬丹換下場，因為他變得很不合群、不肯按照系統打球。通常我會在第三節結束前兩分鐘把喬丹換下，但這次我提早把他換下場，後備球員上場久一些，因為比數已經進行到十四比二了，多虧喬丹的後備選手鮑伯．漢森（Bobby Hansen）幫忙，投進了一記關鍵的三分球。第四節開始時，我沒有讓喬丹再度上場，對此他感到不大開心。但是我很喜歡後備球員的精力及熱忱，而拓荒者隊也似乎對於如何防守他們感到困惑。等到喬丹和其他先發球員們再次回到場上的時，領先的比數差距已經縮小到只有五分，拓荒者隊的動作也開始渙散。喬丹又多得了十二分，整場高達到三十三分，加上史考提也投進了幾個關鍵的射籃，終場以九十七比九十三結束比賽。

我們開香檳慶祝。這是第一次我們在主場贏得冠軍，球迷們都開心到瘋了。在球員休息室度過傳統的狂歡之後，我讓球員們回到場上參加慶祝活動，史考提、霍瑞斯，以及漢森都跳到計分台上跳舞，而喬丹也跟進、揮舞著冠軍獎盃，那真是一次興高采烈的慶祝活動。

過了一會兒，我回到辦公室回想剛剛發生的事。不久後，當我跟球員們私下碰面時，我告訴他們連續兩天比賽、還能贏得冠軍，正是偉大隊伍的象徵，但是更令我高興的是我們通過這麼多意料之外的曲折而走到這裡。派克森把這一季稱為「一趟漫長、奇怪的旅程」——借用死之華樂團有名的歌曲。他說得很對，我們贏得第一次冠軍的過程只是在度蜜月，這次才是**真正漫長的冒險旅程**。

第 9 章

創造「高峰經驗」

人類的誕生並不是在母親生下他們那天就此一勞永逸，
而是……生活會一再迫使他們讓自己重生。
——加夫列爾·賈西亞·馬奎斯（Gabriel García Márquez）

那年夏天，喬丹和史考提前往巴塞隆納為奧運國家代表隊夢幻隊（Dream Team）效力。這讓傑里・克勞斯不太高興。他認為球員不必參與奧運，應該要為下個球季充分休息。但是他們不理會他的要求，而我也很支持他們這麼做。這次奧運比賽意外帶來一項重要的改變，這對公牛隊的未來產生關鍵性的影響。

喬丹從比賽回來之後，對於史考提的表現讚不絕口，喬丹就認為在所有輔助他的球員名單中，就屬他最有天賦。然而當喬丹在巴塞隆納看到史考提在比賽中的表現，已經超越魔術強森、約翰・史托克頓（John Stockton）、克萊德・崔斯勒以及其他未來入選籃球名人堂的球員之後，喬丹才發現史考提是位最佳的全能型球員，喬丹不得不承認，史考提在好幾場比賽中甚至讓他相形見絀。

史考提帶著恢復的信心回到隊上，並接下公牛隊重要的角色。依照NBA規定並沒有所謂的第二個副隊長（除了原本的喬丹和比爾・卡特賴特），但是我們讓史考提擔任這個角色，以及B・J・阿姆斯壯擔任先發球員，因為約翰・派克森的膝蓋手術還沒復原，他上場的時間受到限制。

在《老子領導之道》（*The Tao of Leadership*）一書中，約翰・海德（John Heider）強調盡可能減少干涉的重要性。**「規則會降低自由度與責任感」**，他寫道，「強制執行規則是種強迫與操控，這會減少自發性並吸收團體的能量。**你越強制，團體就會變得越抵抗**。」

海德的書是以老子的《道德經》為基礎，他建議領導者要學習變得更開放：**「有智慧的領**

導者是服務型的：善於接納、柔順、吸引人願意跟隨。團體成員們的心靈共鳴會支配及領導整個團隊，同時領導者會跟從。但其實是成員們的意識在改變，他們的共鳴就會更堅決強烈。」

這就是我想在公牛隊上嘗試做的事情。我的目標是盡可能讓球員憑直覺行動，好讓他們發自內心領導球隊。我希望他們能夠順著現況流動，**正如樹隨風彎曲一樣**，這就是為什麼我要如此強調結構緊密的練習，在練習時我會灌輸給球員們一種強大的願景，有力地說明我們要往哪去、我們得怎麼做才能到達。而一旦比賽開始後，我就會**悄悄退到幕後**，讓球員們安排自己的進攻。偶爾我會插手做一些守備上的調整，或是如果需要爆發能量時，就會適時更換球員，但大部分情況**我還是會讓球員們掌握領導權**。

為了使這個策略奏效，我必須培育出一群強大的球隊領導者，才能將願景轉變為真實，而**結構就是關鍵**，在我所執教過的成功隊伍中，大部分的球員對於自己被期待擔任的角色，都會有明確的想法。當權力順序明確之後，就可以減少球員們的焦慮及壓力，但是如果順序不明確，頂尖的球員們就會不斷為了自己的地位彼此競爭，那麼不論隊上的球員們多麼有才能，球隊的中心還是不會穩固。

就公牛隊來說，只要有喬丹在，我們就不用去在乎誰是帶頭的人，一旦我與喬丹建立了強力的連結，其他的人就會各自到位。喬丹很喜歡我之前提過的「社交靶心」，因為他把領導結構視為一系列的同心圓。「菲爾是球隊的中心，而我就是這中心的延伸。」他說「他信賴我能夠結合隊上各種不同的個性，使球隊能夠更團結。我們和他建立了一種很強大的連結，所以我所做的，史考提所做的一切，最後都會落在線上。那會使整體的連結變得更強烈，沒有任何事物可以打破，也沒有任何事物可以進到圓圈裡面。」

史考提是個不同類型的領導者，他比喬丹隨和，會耐心聽隊友們抒發情緒，接著嘗試做些什麼來解決讓大家困擾的問題。史蒂夫．科爾說：「我覺得大家會傾向史考提，是因為他跟我們比較像。喬丹太占優勢，所以有時候顯得不太人性化，沒有任何事物可以接近喬丹。史考提就比較人性化，像我們一樣比較脆弱。」

一九九二至一九九三年的球季是個讓人不滿的漫長寒冬。卡特賴特和派克森在非賽季期間進行的膝蓋手術還沒復原，而史考提和喬丹則因過度使用所造成的傷害而困擾。前一年我答應過球員們，如果我們贏得第三座冠軍，在訓練營期間就不會再進行一天兩次的嚴酷練習，取而代之的是每天會進行一次長時間的練習，中間穿插休息時間來看比賽影片。不過這樣的安排效果並不好，因為球員們在休息時，身體反而會變得很僵硬。

有些教練偏好進行長時間的練習，特別是在他們輸得很慘之後。我的大學教練比爾．費奇就是個典型的例子。有一次，因為我們在愛荷華州舉行的一場比賽中懶洋洋的表現讓他非常生氣，等回到北達科他大學校園時，儘管晚上十點後飛機才抵達，他還是要我們練習。我並不相信這種處罰有效果，我喜歡讓練習充滿刺激、樂趣，而且最重要的是一定要有效果。教練艾爾．麥奎爾（Al McGuire）曾經告訴過我，他的祕訣就是，**不浪費任何一個人的時間**。他說：「**如果你一天八小時內無法完成某件事，那麼這件事情就不值得去做。**」此後這句話就成了我的人生哲學。

關於這個主題，我有許多想法都受到亞伯拉罕．馬斯洛（Abraham Maslow）的著作影響，他是人本主義心理學的發起者之一，以需求層次理論最為人熟悉。馬斯洛認為人類最高層的需求就是達到「自我實現」，他將之定義為**「充分利用、擴張一個人的天賦、能力及潛能」**。他的研究發現，能達到自我實現境界的人，最基本的特徵就是自發性及自然性，較能接受自己及他人、具有高度的創造力以及**強烈專注在解決問題上**，而不是自我滿足。

他提及為了達到自我實現，你必須先滿足一連串較為基本的需求，這些需求一層疊著一層，形成了人們常提到的「馬斯洛金字塔」。最底層是由**生理需求**（飢餓、睡眠、性慾）；再上一層是安全需求（安定、秩序）；再上層是**愛與歸屬**的需求；接著是**自尊需求**（自尊與認可）；最後一層則是**自我實現**。馬斯洛總結說，大多數人無法達到自我實現，是因為他們被困在金字塔較低層的某處。

在他的著作《人性的極致》（*The Farther Reaches of Human Nature*）中，馬斯洛提到幾個達到自我實現的關鍵步驟：

1. 用全部的注意力及專注力，鮮明、無私地**體驗人生**；
2. **在每個當下做出選擇**，能夠促進成長而非恐懼；
3. 變得更**契合你內在的本性**，根據真實的自己，一致行動；
4. 誠實地面對自己，並**對自己所說和所做的負責**，而不是當作是場遊戲或裝腔作勢；

5. 辨識出你的自**我防衛系統後**，找到勇氣捨棄它們；
6. 發展出決定自己命運的能力，並且勇於表現得與他人不同，**不順從傳統**。
7. 建立一個**持續不斷的過程**，來發揮你的潛能，並且做一些必要的工作來實現你願景；
8. 建立能讓你擁有高峰經驗，或是馬斯洛稱為**「狂喜時刻」**的情況，在其中我們的思考、行動和感覺會比較清晰與也會更有愛心，更願意接受別人。

就讀研究所時，第一次接觸到馬斯洛的理念，我發現它們相當讓人釋放。身為一個運動員，我很熟悉**高峰經驗**，但是我從來不曾充分了解它背後複雜的心理學概念。馬斯洛的著作替我打開了一扇門，得以更開闊地思考人生的意義。我特別受到他對於如何擺脫自己舊有的框架、讓真正的本性能夠展現出來的見解吸引。後來當我成為教練之後，我發現馬斯洛的理論，足以讓生理、心理以及靈性上的需求達到一種平衡。我以這作為基礎，研發出一種激勵年輕球員的新方法。

在一九九二至一九九三年的球季期間，我們最大的敵人就是「無聊」。NBA的生活可以說是非常單調乏味、而使人心靈痲木，特別是當你正處在長途旅程中的時候，每天每分每秒的行程都已經被排定了。我要讓球員衝破讓自己受限的籃球繭，探索更深入更精神上的人生層面。我用「靈性」這個詞並不是想意指「宗教」，我的意思是說，當你以異於平常的方式去看這世界時，所產生的自我發現行為會正如馬斯洛所說的：「從真正的奧祕學到最偉大的教訓，**神聖總是藏在平凡的事物中**，能夠在每個人的日常生活、鄰居、朋友以及家庭，甚至後院找到。」

為了要讓工作變得有意義，你需要與你最真實的天性密切聯結。「工作是聖潔、神聖與令人振奮的，當它來自我們的本性，當它與一段我們正要展開的旅程有所關聯時。」在《入世的僧侶》（*A Monk in the World*）一書中，行動主義分子、教師以及世俗僧侶韋恩・蒂斯戴爾（Wayne Teasdale）修士寫道，「工作要變得神聖，它就必須**與靈性的實現結合**。我們的工作必須代表我們的熱情，我們對自身的文化，特別是對他人的發展有所貢獻的渴望。而所謂的熱情是指，我們本身所有、能與他人分享的才能，能塑造我們的命運，並讓我們能在社會中真實為別人服務的才能。」

為了讓神性不只進入生活，而且還能進入工作之中，就有必要從混亂當中建立秩序。蒂斯戴爾修士引述美國原住民作曲家詹姆斯・黃堤（James Yellowbank）所說的話：「生活的任務，就是要維持你在世界中的秩序。」，維持秩序會需要紀律，在工作及玩樂之間取得健全的平衡，以及在社會背景內的心靈、身體及精神上的滋養——這些價值觀不只是我執教過的球隊的目標，也根深蒂固在我自己的身上。

要讓球員們將注意力轉向內心並不容易，不是每個公牛隊的球員都對「靈性」的實現感興趣，但我也沒有強迫他們接受，**我的方法是很含蓄的**。每年的十一月，當馬戲團占據我們主場體育館的幾週期間內，我們都會進行一段漫長的西岸公路旅行。在出發前我會根據我對每位球員的認識，為他們各自選一本書來閱讀。以下是具有代表性的清單：給麥可・喬丹的《雅歌》（*Song of Solomon*）、給比爾・卡特賴特：《黑色悲歌》（*Things Fall Apart*）、給約翰・派克森：《禪與摩托車維修的藝術》（*Zen and the Art of Motorcycle Maintenance*）、給史考提・皮朋：《白人的行徑》（*The Ways of White Folks*）、給霍瑞斯・格蘭特：《約書亞：今日的寓言》（*Joshua: A Parable for Today*）、給B・J・阿姆斯壯：《禪者的初心》（*Zen Mind, Beginner's Mind*）、給克雷格・霍奇斯：《深夜加油站遇見蘇格拉底》（*Way of the Peaceful Warrior*）、給威爾・普度（Will Perdue）：《在生命的旅途中》（*On the Road*）以及給斯塔塞・金的《癟四與大頭蛋》（*Beavis & Butt-Head: This Book Sucks*）。

有些球員會看完我給他們的每本書；其他人則會將書丟進垃圾堆，但我從來沒有期望每個人會百分之百地投入。我想傳達的訊息是：**我很關心他們每個人**，所以願意花時間為他們找出一本對他們可能有特別意義的書，或至少是讓他們感到好笑的一本書。

我挑戰極限的另一個方法，就是請專家來隊上教球員瑜伽、太極及其他身心技巧。我也邀請了客座講者（包括營養學家、臥底偵探以及典獄長）來向他們示範思考困難問題的新方法。有時候當我們進行短程旅行時，我會讓球員搭乘巴士，給他們一個在機場候機室以外看看世界是什麼樣子的機會。有一次，在一場季後賽系列賽中慘輸給尼克隊之後，我給了大家一個驚喜，帶他們搭渡輪到史泰登島（Staten Island），而不是讓他們再經歷一輪令人倦怠的紐約媒體採訪。還有一次，我安排讓球隊去拜訪我的前隊友參議員比爾・布萊德利位於華盛頓特區的辦公室，他跟我們談了籃球、政治以及種族。他剛剛在參議院內發表了一篇轟動的演講，就在羅德尼・金（Rodney King）被洛杉磯警察毆打之後不久，在演講中他用鉛筆重擊了麥克風五十六下，正好是金被毆打的次數。在布萊德利辦公室的一面牆上掛著一張照片，那是他在一九七一年東區決賽第七場比賽中跳投失誤的畫面，那次失誤使得尼克隊在該年蟬聯冠軍的希望破滅，比爾保留這張照片在辦公室裡，提醒自己曾經犯下的錯誤。

這些活動都讓我們變得更加堅強，不只對個人的身分，還包括了球隊的身分。在一九九三年加入公牛隊的球員史蒂夫・科爾說：「我們的練習其中最棒的一點，就是能讓我們脫離平凡。在NBA中，如果你的教練每天都說**同樣的話**，**做同樣的練習**，**一切都會很快變老**。但我們的聚會真的很不一樣，球隊團結的方式是在我所效力過的球隊當中前所未見的。」

當四月底開始打季後賽時，「卓越」實在不是我會用來形容公牛隊的字眼。我們整個球季都苦苦掙扎，沒有卡特賴特以及其他還在養傷的球員們只能一跛一跛地前進。雖然我們還是贏得了分組冠軍，但最後只贏得五十七場，比前一年整整少了十場，不只如此，我們還無法像上個球季一樣，依靠主場優勢打完季後賽。

然而，當季後賽一開始，球員們都轉變到另一個層次，至少在第一輪比賽橫掃亞特蘭大隊和克里夫蘭隊時看起來是如此，然而當我們在紐約遇上尼克隊時就連敗兩場。這次帶頭給我們難堪的球員是尼克隊的約翰・史塔克斯（John Starks），他是一個快速、企圖心很強，還能投出精準三分球的後衛，他在防守上帶給喬丹無盡的災難。在第二場比賽還剩下四十七秒時，史塔克斯從空中越過喬丹和霍瑞斯，並在他們面前灌籃，這使得尼克隊超前五分。帕特・萊利把史塔克斯的作為稱之為「驚嘆號」。

當我們回到芝加哥時，我播放了一部灌籃影片給球員們看，並告訴喬丹我們必須阻止史塔克斯穿越我們的防線，還要攔截他傳球到禁區給尤英，這引起了喬丹的注意。

但是喬丹的挑戰並不只限於籃球場上。那一週《紐約時報》的專欄作家戴維．安得森透露在第二場比賽當天，有人看到麥可．喬丹在大西洋城賭博，而安德森質疑這件事妨礙了他的表現。突然之間，所有的記者都一窩蜂衝後我們的訓練中心，詢問有關喬丹賭博習慣的細節問題，這讓他覺得受到冒犯。他不再跟媒體說任何話，他的隊友也是如此。我認為這件事情相當可笑，我告訴記者說：「我們不需要實施宵禁，他們都是成年人了。你必須在自己生活中找些其他的事情來做，否則壓力就會過大。」

不幸的是，這件事尚未完結。不久之後商人理查．埃斯基納斯（Richard Esquinas）出版了一本書，聲稱喬丹因為賭高爾夫球輸了，欠他一百二十五萬美元的賭債。喬丹否認說，輸錢金額並沒有那麼大，後來還有報導說他同意支付埃斯基納斯三百萬美元的和解金。其他傳言則開始流傳，說喬丹被陰險的高爾夫球騙徒搜刮了一大筆錢。隨著事件報導的篇幅逐步擴大，喬丹的父親詹姆士．喬丹也出面替他兒子說話，他說：「喬丹並沒有什麼賭博的問題，他只有偏愛競爭而已。」

幸好，這些干擾都沒有影響到球隊打球。喬丹在第三場比賽呼嘯而出，制止了史塔克斯，並帶領公牛隊迎向決定性第四場比賽。卡特賴特說：「這支球隊最重要的特點就是，每個人都有強烈想贏球的渴望，**每個人都不喜歡輸的感覺**，這就是我們帶到球場上的態度。我們只是不想輸球，而當你擁有這樣的隊友，就會為了贏球付出一切努力。」

下一場對戰鳳凰城太陽隊的總冠軍賽被宣傳成喬丹與查爾斯．巴克利之間最後的一決勝負。巴克利在贏得最有價值球員獎項之後一年就脫穎而出成為超級巨星，並帶領太陽隊以六十二勝二十負的紀錄領先全聯盟。我並不那麼擔心巴克利，我們的球員從他還在七六人隊時就已經知道他多數的球路，我認為比較大的威脅是擔任控球後衛的凱文．強森，他帶領球隊所展開如閃電般的快攻，這是他們進攻得分率高的關鍵。我也擔心前鋒丹．馬爾利（Dan Majerle）以及他那令人發狂的三分球技巧。

強尼．巴赫鼓勵我繼續採用全場緊迫盯人的防守來對付強森——利用阿姆斯壯、派克森以及霍瑞斯在後場包圍他——這個戰術幫助我們在鳳凰城奪下前兩場比賽的勝利。但是當我們回到芝加哥之後，太陽隊又起死回生，並贏得三場比賽的兩場，包括第三場是三度延長的馬拉松式比賽。但是喬丹臨危不亂，當大伙登上飛機前往第六場比賽的時候，他抽著一根很長的雪茄出現，說道：「哈囉，各位世界冠軍，讓我們去鳳凰城給他們點顏色瞧瞧吧！」

這是一場全力以赴的戰役，我給予這次系列賽最好的口號就是「三次嚴格的教育」，因為太陽隊的防守使我們在第四節只得了十二分。然而我們的防守比他們還有效，在最後階段將太陽隊的平均射籃命中率限制到僅剩二四％。

所有一切終於來到讓泰斯．溫特有了臉上出現一抹微笑的時刻。喬丹在比賽下八分鐘時上場接手比賽，獲得我們在這節的第一個九分，包括讓我們在三十八秒大關時脫離僵局並推進二分。

在暫停時，我把全部球員集合在一起、板著臉對他們說：「大家離麥可．喬丹遠一點。」有些球員看著我，以為我在生氣，然後他們才知道我不是認真的，於是緊張就消除了。

結果證實，最後射籃的並不是喬丹，他在場上運球後傳給史考提，史考提也回傳給他。當太陽隊的防守潰散了之後，他再次傳球給史考提，於是他直直地朝籃下衝去，接獲得球的霍瑞斯看到丹尼．安吉逼近想要對他犯規，於是將球傳給派克森，他有個很大的關鍵空檔，約翰就投進了三分球。

吸引我的並不是那次射籃，吸引我的其實是喬丹傳球給史考提，讓史考提可以傳球給霍瑞斯，再讓派克森可以接到傳球射籃。如果我們沒有花那幾個月和好幾年的時間，不只掌握泰斯的訓練，還發展出那種讓全隊合一打球所需的團隊智慧的話，那樣的傳球順序絕對不會發生。那天晚上的這個三角隊形，真的很美。

那場比賽結束後，體育專家們開始比較公牛隊與過去的許多偉大球隊，因著這場勝利，我們成了歷史上僅有的第三支連續贏得三次NBA總冠軍的球隊（另外兩支球隊是明尼亞波利斯湖人隊〔Minneapolis Lakers〕和波士頓塞爾提克隊）。與那些神聖的隊伍一起被相提並論真的很令人開心，然而他們所忽略的才是真正重要的故事：球員們經歷的內在旅程已經讓公牛隊從第三階段（「我最棒，你不棒」）的隊伍轉變到第四階段（「我們最棒，他們不棒」）。

我一直以來都不喜歡在重要關鍵比賽之前打包行李，以防籃球之神眷顧我們的對手，而我們得留下來等改天再打另一場比賽。所以當我們贏球後，我們回到飯店收拾行李，並在返回芝加哥的飛機上慶祝，以及還有一大群欣喜若狂的球迷正等著要迎接我們。

這個球季是一趟很辛苦的旅程，壓力一直持續累積，感覺好像永遠沒有停止的一天，但是球員們轉而從彼此身上找尋力量，然後用一首能夠將所有痛苦及醜陋都融化掉的純淨籃球詩歌來結束這一切。那天晚上在睡了幾個小時後我忽然醒來，心中充滿了深深的滿足感。接著我又逐漸入睡，無意識地過了幾個小時。

不久，喜悅的感覺就轉變成了悲傷。八月在北卡羅來納州的威明頓（Wilmington），麥可．喬丹的父親參加完喪禮後在回家的途中遭到謀殺，這讓喬丹相當震驚。他與父親非常親近，他的父親退休後花了很長的時間待在芝加哥，是喬丹的主要支持者。成群的媒體在他父親去世後隨時隨地都跟著喬丹，因為名氣使他的家人無法用隱密的方式哀悼，這讓他感到萬分痛苦。有段時間喬丹只須面對一小群與他有個人交情的體育記者，如今他卻被一大群匿名的名人新聞記者追蹤，這些人對於他曾經禁止侵入個人生活的行為絲毫不在意。

有很長一段時間我懷疑喬丹想要遠離比賽，以及所有因為比賽招致的壓力，而想在他的生活中做些別的事情。他暗示了好幾個月，說自己可能想轉換跑道去打職業棒球，他甚至還找來自己的訓練員蒂姆．葛洛佛，設計了一套以棒球為目標的訓練計畫。當喬丹在夏天與球隊老闆傑里．藍斯多夫碰面，提及他想離開公牛隊去為傑里旗下的另一支隊伍白襪隊（White Sox）效力時，我並不感到驚訝。傑里告訴喬丹說，在他給予答案之前，喬丹需要和我談談。

我並不是很感興趣去說服喬丹，別去追尋他的夢想，但是我想要確認他想改變的是不是自己真的想要的。相較以教練的立場，我和他談話的方式比較像是站在朋友的立場，越從來沒有提起自己在這件事當中的個人利益。首先，我訴諸於他更崇高的呼召意識，我說上帝給了他一種與眾不同的才能，可以使數以百萬計的人快樂，因此我覺得他現在離開並不是正確的選擇。然而他給了我這樣的回答：「出於某些原因，上帝告訴我要繼續前進，而我就必須繼續前進。」他說：**「人們必須學會沒有任何事情是會永遠持續的。」**

於是，我們試著想出一個能讓他打完季後賽，而且不用參與全部例行賽的辦法。但是經過考慮也拒絕了我的提議。最後我明白他已經下定決心認真的想要離開這個他稱霸已久的比賽，這樣的決定很讓人感動。

喬丹後來回憶說：「我們坐在房間裡全心全意地討論我該採取的步驟，在離開時我明白菲爾是個很棒的朋友。他讓我思考許多不同的東西，也沒有要我倉卒的做出決定，不過在當天談話即將結束前，他其實完全明白我只是需要休息。我已經走到這個關卡，**我困在心魔的爭戰之中，而無法專注在籃球上**，在那個非常時刻，我該做的就是離開。」

但是，當喬丹走出門外的時候，我不知怎麼地感覺到，這不會是最後的結局。

第 10 章

痛覺管理

如果你住在河裡，就應該要和鱷魚當朋友。

——印度諺語（旁遮普語）

那本來該是個慶祝的夜晚。麥可・喬丹與他的家人前來參加一九九三年冠軍戒指的典禮及芝加哥體育館的主場開幕。這是他在十月六號宣布退休之後的第一次公開露面，球迷們都很想表達他們的感激之情。在接下他的第三枚戒指後，喬丹對群眾說道：「我永遠都會是芝加哥公牛隊的球迷，而我也會盡全力支持我的隊友。」

當晚，我們需要的並不只是又多了一位球迷。我不確定是因為喬丹坐在觀眾席前排，還是因為對手是邁阿密熱火隊——一支經常被我們打敗，且正想找機會報仇的對手。結果是，我們打了一場有史以來最糟的比賽之一。到底有多糟呢？我們創下球隊紀錄，拿下單節最低分的六分、半場最低分二十五分，以及在我們最愛的主場最低分七十一分。這個結果糟糕到熱火隊的板凳球員們整晚毫無羞恥地說我們的壞話，而球迷們也在第三節中場時開始漸漸離開球場。

在這場比賽九十五比七十一分的慘敗之後，邁阿密隊的中鋒羅尼・塞克利（Rony Seikaly）說，他很擔心喬丹會「脫掉他的西裝外套，變成超人再次來對付我們」。事實上，我很開心他沒有這麼做。因為這麼具有歷史性的懸殊比例輸球成績，而且這個人自己就坐在最前排，還有什麼會是比這更好的方法，能讓球員們學會，他們再也不能依賴喬丹的保護了呢？

體育專家認為，喬丹退休以後我們將會奄奄一息。他們說如果我們夠幸運，或許能贏得三十場比賽。在拉斯維加斯賭盤的賠率已經到二十五比一，認為我們無法贏得第四座冠軍獎盃，但我依然謹慎地抱持樂觀的心態。雖然沒有喬丹，我們的冠軍隊伍核心還是很完整，而且我相信多年來所建立的團隊精神，可以帶領我們打進季後賽。我寫下了自認為當季的合理目標：**贏得四十九**

場勝利。但是我還沒有足夠的信心可以跟任何人分享這個目標。

我最大的挑戰是，得找出可以取代喬丹單場平均得三十幾分的方法，因為喬丹退休的時間太接近年底，所以傑里．克勞斯並沒有太多的選擇。所以他簽下自由球員、曾效力於公牛隊的可靠後衛皮特．梅耶斯（Pete Myers），他是個很牢固的防守球員，也是出色的傳球球員，而且很快就學會了三角戰術。但是他加入NBA七年來的每場平均得分只有三．八分——完全無法能跟喬丹相比的數字。另一個可能性比較高的選項是東尼．庫科奇，經過一段長時間的懇求之後，傑里終於說服他加入公牛隊。庫科奇是個身高二一一公分的前鋒，有人稱他為「NBA以外的世界中最棒的球員」，他是個很有天分的射手。他在義大利職籃聯賽每場平均得十九分，在一九九二年奧運帶領克羅埃西亞國家隊奪下銀牌。但是東尼還沒在NBA裡接受過考驗，而我也存疑，他是否夠堅強能經得起挑戰。另外兩個後備選項是後衛史蒂夫．科爾和中鋒比爾．溫寧頓（Bill Wennington），他們兩個看來都前景可期，但目前還沒有亮眼的成績出現。很顯然，得要動用一大票人馬才可以補足喬丹留下的缺口。

球季開始前，我邀請了喬治．蒙福特（George Mumford）這位運動心理學家及冥想老師加入我們的訓練營，幫球員上了一小堂研習課程，講述如何應對**獲勝的壓力**。但是就在喬治到達的前幾天，喬丹宣布要退休了，這讓球隊經歷了一場身分認同的危機，也因此喬治就談到所有危機的兩個方面：**危險與機會**。他說，如果你的心態正確，那你就能**將危機變成助力**，就會有機會為球隊創造出比以往還要強大的新身分。忽然之間，球員們都振作起來了。

喬治有個很有趣的背景。他在麻薩諸塞大學打過籃球，還和NBA球星朱利葉斯．厄文以及波士頓大學的教練艾爾．史金納（Al Skinner）當過室友，但是他因為受了很嚴重的傷，迫使他必須離開球隊。在復原的過程中，他對冥想產生了興趣，於是他花了許多時間在劍橋觀禪中心（Cambridge Insight MeditationCenter）研習。後來他開始探索整合冥想、心理學以及組織發展的新方法。當我第一次見到他時，他正在和喬．卡巴金博士（Jon Kabat-Zinn）共事。卡巴金博士是麻薩諸塞大學醫學院減壓門診（Stress Reduction Clinic）的創辦人，也是研究正念對**痛覺管理**和**整體健康**影響效應的先驅。

喬治善於**讓冥想顯得平易近人**，而且用球員們能理解的方式解釋冥想。他和J博士及其他優秀運動員的友誼，也讓他對於他們鑽研的議題具有相當程度的直覺。我已經對大部分的球員介紹過正念冥想的觀念，而他們也知道，冥想可以幫助他們改善自己觀察場上狀況的能力，並更有效率地做出反應，而喬治想要讓他們進入下一個層次。他相信正念的訓練，可以幫助球員們不只更專注在個人身分上，也可以更無私地融入球隊。

「正念」這個詞近年來變得很薄弱，以致於喪失了許多它原來的意思。它是從梵語字「smriti」來的，意思是**「記得」**。禪學大師釋一行禪師寫道，**「正念就是記得回到當下**，是一個持續的過程，並不局限於冥想本身。」他補充說：**「坐下來並仔細觀察自己的呼吸**，是一個很棒的作法，但是這樣還不夠。為了要讓改變發生，我們必須花上整天的時間練習正念，而不是只在冥想的坐墊上而已。」為什麼這點很重要？因為我們當中大多數的人——包括籃球選手在內

——都花了許多的時間在思考過去與未來之間擺盪，以致於我們與此時此地正在發生的事情失去了聯繫。**這會使我們無法去欣賞活著的深層奧祕**。正如卡巴金博士在他的著作《當下，繁花盛開》（*Wherever You Go, There You Are*）中所寫的：「我們習於忽略當下，反而喜歡期盼還沒到來的，導致我們對置身其中的生命之網普遍缺乏正知。」

喬治把正念當成是一種生活方式傳授，他稱之為**「離開坐墊的冥想」**。意思是說要完全投入當下，不只在籃球場上，還包括每一天中剩下時間的每分每秒。他說，關鍵就在於不要只是坐著平靜你的心靈，也要學習去觀察，並在任何情況下根據當下所發生的事，做出有效的反應。

他在球員們身上注意到的第一件事情，特別是年輕的球員，就是他們**陷入了既定的思維模式**，使得他們很難去適應新的現實情況。他說：「這些人當中有很多人都是他們大學球隊中的佼佼者，然而他們所要進入的NBA，有許多球員比他們更迅速、也更強大，因此他們必須要找到新方法和別人競爭並成功。**一直抱著過去的優勢，不會讓他們進入下一個層次**。」

喬治舉的例子就是在說賈萊德．杜德利（Jared Dudley），他曾經是鳳凰城太陽隊的先鋒。就讀於波士頓大學時，杜德利很擅長切入禁區得分，因為具侵略性的風格而贏得「垃圾狗」的稱號。但是當他加入NBA之後，他意識到不得不扮演不同的角色。透過與喬治的訓練，讓他發現如何去適應當下的情況，並且努力以球員身分成長。喬治回憶說：「賈萊德看看四周並且說，好吧，他們需要有人執行防守的工作——讓我來；他們需要有人投三分球——讓我來。他總是在想：我想要怎麼打球？我需要怎麼改變？」結果：賈萊德在他的新角色上發展得很好，在二〇一一至二〇一二年間每場比賽的平均得分在十二分以上。

我們的目標就是要幫助球員做到類似的改變，每個人都需要找到一個適合自己的角色，並且在那個角色上發揮自己的長處。一開始喬治專注在讓球員們「專心」，並調整他們的行為來配合球隊的目標，但經過跟球員們相處一段時間後，他意識到第一步應該是要幫助他們明白，在球場上學到的事情也可以提升他們自己的個人成長。正如同喬治所說的，他們需要看出「在變成**我們**的過程中，他們也可以成為自己最棒的**我**」。

這樣的改變不是一夜之間就能達成，對於大部分的人來說，不只要覺醒接受當下的智慧，還要能接受自己與他人之間的連結，這會需要好幾年的時間。但說也奇怪，一九九三至一九九四年的公牛隊球員們特別容易接受，他們想要證明給世界看，他們不僅僅只是喬丹的配角而已，他們強烈想要靠自己的力量贏得冠軍，他們並不像我之前教過的其他球隊那樣有天分，他們卻能直覺地知道，想贏球就得緊密地團結在一起。

主場開幕戰慘烈的結果，其實是可以預料的。有幾名球員因傷無法上場包括史考提、約翰．派克森、史考特．威廉斯（Scott Williams）以及比爾．卡特賴特，而在十一月底時我們的戰績是六勝七負。但是我開始看出球隊正在凝聚的跡象——包括在對戰湖人隊及公鹿隊時最後一分鐘的逆轉勝。而且當史考提傷癒回到隊上時，球隊更像是爆發了一樣，在接下來的十四場比賽中贏了十三場。在全明星賽前夕，我們的戰績達到三十四勝十三負，有希望可以贏得六十場。

史考提是隊上最理想的領導者。在球季開始時，他接收了喬丹的特大球員休息室作為一種宣告聲明，但難得的是，**他並不打算把自己變成麥可．喬丹的複製品**。當時派克森說：「史考提並不打算成為不像他自己的別人，他不會嘗試單場得三十分，他就只是用史考提．皮朋的方式打球，也就是平均分配球。這是個古老的標準：**優秀的球員會讓其他的球員變得更好**，而史考提肯定已經做到了這點。」也就是說：霍瑞斯和阿姆斯壯首次創造出全明星隊的陣容，東尼成長之後成為強大的關鍵射手，而科爾和溫寧頓則轉變成為可靠的得分球員。

指導東尼對我來說是一項挑戰，他在歐洲時早已習慣自由風格打法，因此三角戰術的約束讓他感到很沮喪。他無法理解，為什麼我給了史考提那麼多的自由，但每當他做相同的動作時我卻會斥責他。我解釋說史考提看起來或許像在自由發揮，但是他所做的每個動作都是為了使系統更有效率地運作。但是當東尼脫序演出時，誰也說不準接下來會發生什麼事。

特別在防守方面，東尼實在讓人難以捉摸，這點讓史考提和其他的球員們都快發瘋了。為了提高他的正念程度，我研發出一種特殊形式的暗號語言，來幫助我們在比賽當中和彼此溝通。如果他偏離了系統，我會看著他，並且期望他回給我一個確認的暗號，這就是擔任教練的本質：指出球員們的錯誤，並要他們向你表明自己知道哪裡做錯了。**如果他們不承認自己有錯，那比賽就會輸掉**。

公牛隊的表現在全明星賽後跌落了谷底，而且我們直到三月都還無法回到正軌上。但是我們以十七勝五負的成績結束球季，並寫下了有力的五十五勝二十七負紀錄。這股氣勢持續到了季後賽的前半段，與克里夫蘭隊的比賽我們以三勝〇負橫掃了他們。然而接下來我們在紐約遭遇了障礙，輸掉系列賽的前兩場比賽。第三場比賽的結局，是我擔任教練以來遇過最奇怪的情況，對球隊來說也是重要的轉捩點。

派屈克·尤英穿過防守球員並勾手射籃，將比數追平到一〇二比一〇二。我叫了暫停，並想出一套戰術讓史考提把球回傳給東尼·庫科奇做最後的射籃。這套戰術讓史考提不太開心，於是當聚在一起的球員散開時，他退到板凳的遠端生悶氣。

「你要不要上場？」我問他。

「我不要，」他回答。

他的回答讓我很驚訝，但是因為時間分秒必爭，所以我讓皮特·梅耶斯傳球給東尼，後者跳投進籃使我們獲勝。

當我離開球場走進球員休息室時，我不知道該怎麼做。這對史考提來說是很不尋常的行為，他之前從來沒有質疑過我的任何決定。事實上，我把他視為終極的團隊合作型球員，我推測是無法像之前那樣鎮定地把比賽放到一邊的壓力使得他情緒爆發，如果當時我給他的壓力過大，我擔心史考提可能會陷入畏縮狀態，並且持續好幾天。

當我在浴室裡拿掉我的隱形眼鏡時，我聽到比爾·卡特賴特在淋浴間裡發出哀鳴，並且大大地喘氣。我問他說，「比爾，你還好嗎？」

他說：「我真不敢相信史考提會做這樣的事。」

幾分鐘後我要球員們在更衣室集合，並給比爾機會發表意見。他瞪著跟他一樣是副隊長的史考提說：「聽著，史考提，這實在爛透了。我們在這個隊上經歷了這麼多，這是我們可以不靠喬丹、靠自己的力量贏球的機會，而**你卻想用自己的自私毀掉這一切**。我這輩子從來沒有這麼失望過。」

他眼眶裡充滿淚水地站著，所有人因為錯愕而不發一語地坐著。

等比爾說完之後，我帶領球員們用主禱文禱告，之後離開休息室去參加記者會。球員們則留下來討論當時的情況。史考提因為讓隊友們失望而向大家道歉，他說他對於比賽結束的方式感到相當沮喪，然後其他人也開始說出自我的感覺。史蒂夫．科爾後說：「其實我覺得這樣能讓我們以團隊的身分淨化。我們在系統之外遇到一些事情，卻也讓我們再次領悟到球隊的目標是什麼。最瘋狂的一點就是，這對我們是有幫助的。」

回頭看媒體如何報導這件事情其實挺好玩的。他們啟動說教的模式，認為除了讓史考提禁賽以外，我還得做出其他處分。大多數的教練或許會暫時不讓他上場或是做出更糟的處分，但是我覺得「處罰」並不是處理這件事最好的方式。隔天，史考提跟我保證，他已經把這事件拋到腦後了，於是這件事就此作結。而從他練習時的行動我可以看得出來，這件事對他來說再也不是什麼大問題。

有些人稱讚我的管理策略很聰明，但是我並不想表現聰明。激烈的比賽中，我只想試著全神貫注在當下，並根據當時實際發生的情況做決定。比起維護我的自尊並讓情況變得更熱絡，我只是做了必要的舉動：**找個人，讓他把球投進，並贏得勝利**。之後，與其我自己試著修復問題，我選擇讓球員們自己來。我這麼做全憑直覺，並且真的有效。

球隊在下一場比賽中恢復了活力，由史考提領軍，他在這場比賽中累積得到二十五分、搶下八個籃板、六次助攻，最後以九十五比八十三分贏得這場比賽，也將系列賽的成績追平到二比二。賽後強尼・巴赫這樣說：「忽然之間有場熱鬧的盛宴在進行，不是胡士托而是在芝加哥。」

我多希望這件事情有個像童話故事般完美的結局，但情節忽然間急轉直下。第五場比賽的最後幾秒鐘我們還領先一分。大多數裁判會避免在時間所剩不多時，做出會影響重大比賽結果的判決，但這裡是麥迪遜廣場花園，這些古老的籃球規則在這裡似乎不管用，當時的裁判休・霍林斯（Hue Hollins）就應驗了這個說法。

時間還剩下七・六秒時，約翰・史塔克斯被困在邊線，於是孤注一擲地把球傳給位於罰球區的休伯特・戴維斯（Hubie Davis）。史考提衝過去阻擋戴維斯，而休伯特投出一記匆忙、不太準確的跳投，球並沒有接近籃框。至少重播時看起來是這樣。但在霍林斯的眼中似乎並不是這樣，他對史考提判了一個犯規，說他碰到休伯特並擾亂他的射籃（戴維斯伸出他的雙腳，因此史考提碰到那雙腳，這樣的行為在NBA中向來被視為進攻犯規）。不用說，休伯特兩罰全中，於是尼克隊又超前了系列賽的比數：三比二。

我們在第六場比賽果斷地打敗了尼克隊，但是童話故事在第七場比賽宣告結束。在以八十七比七十七分落敗後，我把球員們聚集起來向我們的成績致敬。這是近幾年來的第一次，我們在球季結束後沒有被電視新聞的攝影機包圍。我告訴球員必須接受這個時刻，因為**輸球跟贏球都是比**

賽的一部分，而且我是說真的。我說：「今天他們打敗了我們，但是我們不會就此被擊倒。」

這真是一個難熬的夏天，忽然之間，球員們開始四散。派克森退休後成為公牛隊的廣播播報員；卡特賴特宣布退休，但因西雅圖超音速隊提出有利條件，讓他改變了主意；史考特・威廉斯則得到與費城七六人隊的一只大合約；符合成為自由球員資格的霍瑞斯・格蘭特，一開始接受了傑里・藍斯多夫的提議願意留在公牛隊，但是後來改變心意加入了奧蘭多隊。

我也不得不讓強尼・巴赫離開，傑里・克勞斯和在強尼之間的緊張關係已經達到了爆發的臨界點，這使得我們很難以團隊的關係一起合作。因為他喜歡暗中行動，而且一直懷疑是強尼洩漏資訊而讓山姆・史密斯寫出《喬丹法則》的名聲，媒體幫傑里取了個外號叫「警犬」。現在傑里則聲稱，約翰洩漏關於公牛隊對喬治・穆雷桑（Gheorghe Muresan）感興趣的機密資訊，必須因此負責——喬治是一位二百三十一公分的羅馬尼亞籍中鋒——但這是一個很離譜的指控。儘管我們曾經在歐洲緊密跟隨過穆雷桑的行動一段時間，甚至也曾經帶他進行過一些祕密試驗，但還有其他幾支球隊也在觀察他，包括後來選走他的華盛頓隊。

然而，我認為讓牽涉其中的每個人都離開並重新開始會是最好的安排，包括約翰，後來他決定加入夏洛特黃蜂隊（Charlotte Hornets）擔任助理教練。強尼的離開對我的工作團隊及球員們造成了令人氣餒的影響，也讓我跟克勞斯之間的關係產生了裂痕。

一九九三至一九九四年非賽季期間，另一個讓人困擾的問題是史考提・皮朋和傑里・克勞斯之間的衝突，因為史考提可能會被交易到西雅圖超音速隊，換回前鋒尚恩・坎普（Shawn

Kemp）及搖擺人瑞奇．皮爾斯（Ricky Pierce）。當史考提從記者那聽到這件事時，他相當震驚，而當克勞斯說，他只是想聽聽看交易的出價，就像他對任何球員都會做的舉動時，史考提並不相信他。因為超音速隊的球迷施壓，西雅圖隊的老闆最後決定中止這次交易，但是傷害卻已經造成了。史考提因自己被對待的方式感覺受辱，而從那時候開始，這件事情也讓他對傑里的觀感變質了。

九月下旬，我們簽下身為自由球員的得分後衛羅恩．哈潑（Ron Harper），並且正式宣布我們不打算將史考提．皮朋交易掉時，球隊的士氣開始改善了。我警告史考提不要再陷入跟克勞斯之間的媒體戰爭。我說：「我知道你想讓這場爭執持續下去，但是這對你不會有任何幫助，也無法幫助球隊。坦白說，這會讓你看起來很糟糕。事情最後總會有辦法解決的，史考提，去年你建立了一個具有MVP風範的球季，你為什麼不就此罷休呢？」

他聳聳肩說：「嗯，我知道了，也只能那樣了。」然而，皮朋與克勞斯之間的磨擦還是持續了一段時間，一直到一九九五年一月，史考提主動提出希望被交易。

儘管如此，網羅哈潑加入陣容帶來了希望。他身高一百九十八公分，擁有強大的動力及很好的射籃手感，而且在效力於騎士隊及快艇隊（Clippers）九年的時間內，平均每場得分將近二十分。一九九〇年，羅恩的前十字韌帶曾經受過非常嚴重的傷，後來康復了，但我還是樂觀地相信，他至少能夠填補喬丹留下的得分裂口。至於剩下的陣容，我就沒那麼有把握了。我們最大的弱點就是，隊上還沒經過考驗的兩個新進大前鋒——科里．布朗特（Corie Blount）和迪基．辛普金斯（Dickey Simpkins）。

在球季進行的過程中，球隊缺乏競爭精神的心態，讓我感到很困擾，這對我們球隊來說是新的問題。喬丹擁有難以抵擋的**贏球動力**，使得其他球員也因此受到感染，但是既然冠軍球隊的所有核心球員們都已經離開了，除了史考提、B．J．阿姆斯壯及威爾．普度，那樣的動力就只成為模糊的回憶。就通常的情況，我們在前半場比賽會創造出領先的優勢，但是到了第四節，當比賽需要花上較多體力時，我們就會屈服於壓力之下。在全明星賽前夕，我們還在努力讓勝率維持在五〇％以上，卻在早該取得勝利的比賽中一路輸球。

在三月初的一個早晨，麥可．喬丹出現在我位於訓練球場貝爾托中心（Berto Center）的辦公室，他剛剛拒絕了白襪隊希望他在大聯盟（Major League Baseball）即將來臨的停賽期間擔任候補球員的提議，因此離開春訓回家。喬丹說他在考慮要回來打籃球，問我能不能在隔天加入練習並和球隊一起接受訓練。我回答：「嗯，我想我們有一件球衣你穿起來或許合身。」

隨之而來的是，我所見過最怪異的媒體馬戲團。我盡所有可能想要保護喬丹的隱私，但是超人回歸的消息，很快就傳了出去。幾天之內，一群記者兵團就聚集在我們訓練中心的外面，想要刺探喬丹什麼時候會再次披上戰袍。在新聞焦點聚焦在辛普森（O.J. Simpson）的謀殺案件超過一年多之後，美國人們很渴望看到有關一位體育超級英雄的正面新聞。加上圍繞著喬丹歸隊的神祕氣息，使得這件事情添加了一分額外的吸引力。當喬丹終於決定歸隊時，他的經紀人送出一篇可說是有史以來最簡潔有力的新聞稿，內容就只寫了：**「我回來了。」**

喬丹的第一場比賽，是一場世界級的媒體盛會，在三月十九日於印第安納波利斯（Indianapolis）對上溜馬隊（Pacers），那場比賽吸引了史上最多的電視觀眾，甚至多於例行賽。「披頭四和貓王回來囉！」當賽前電視攝影機整群擠在球員休息室時，印第安納隊的教練賴瑞·布朗（Larry Brown）諷刺地說道。而在熱身時，科里·布朗特看到一位電視工作人員拍了一張喬丹穿的耐吉鞋的照片，則說「現在他們在訪問他的鞋子」。

喬丹的出現，對球隊造成了巨大的影響。許多的新進球員都很敬畏他的籃球技巧，並且在練習期間激烈地爭相想讓喬丹看看他們的能耐。不過，喬丹與隊友之間還是有著巨大的鴻溝，讓他很難跨越。建立一支冠軍隊伍所需的深刻信任，通常需要下好幾年的苦工，但是目前的這支球隊可沒那麼多時間。喬丹還不是很了解隊上的許多球員，而在那次球季也沒有足夠時間可以改變這個情況

一開始，這看起來似乎不要緊。儘管在印第安納州的第一場比賽，喬丹在找到他的射籃節奏時出了點問題，但是在下一場對戰波士頓隊的比賽中他就發揮了實力，而球隊也開啟了十三勝三負的路程。如果有任何人懷疑喬丹在第二次歸隊後的能力，他在六天後就消除了他們的疑慮，在麥迪遜廣場花園對戰尼克隊時，他一共得了五十五分——那是該年度所有球員中最高的單場得分。

然而，在比賽結束後，喬丹來到我的辦公室提出一些不同的意見。他說：「你必須告訴其他球員，他們不能期待我每場比賽都有像在紐約那樣的表現。在我們的下一場比賽中，我希望他

們能夠振作起來發揮實力，打起球來像支球隊。」

這真是一個新的喬丹。過去的他會沉浸在對尼克隊的勝利中，而且很有可能隔天就會企圖再重複一樣的表現。但他放完棒球長假回來之後，卻帶回對於比賽不同的看法。他已經**不再對一支獨秀感興趣了**；他渴望的是曾經使公牛隊贏得冠軍的球隊和諧狀態。

他必須得等待。在季後賽的第一輪，我們以三勝一負的成績打敗夏洛特黃蜂隊之後，我們遇上了奧蘭多魔術隊，一支年輕、有天分的球隊，專門利用我們的弱點。魔術隊有俠客．歐尼爾，在聯盟中最具優勢的前鋒之一，以及霍瑞斯．格蘭特，身為大前鋒的他完全足以與我們相抗衡。此外，他們還有三個非常厲害的三分射手：安芬利．哈德威（Anfernee Hardaway）、尼克．安德森（Nick Anderson）以及丹尼斯．史考特（Dennis Scott）。我們的策略就是用雙人包夾歐尼爾，迫使他在罰球線上反擊。我們也決定要讓喬丹去守哈德威，並讓防守球員守住霍瑞斯，使喬丹可以偷偷溜過空檔，在必要的時候擊垮歐尼爾或是阻擋他們的三分射手。如果我們的進攻在系列賽的所有面向可以更一致的話，這個方法就可能會成功。

最怵目驚心的時刻出現在第一場比賽，當天狀態不太好的喬丹，在比賽時間還剩下十秒、公牛隊領先一分時遭到安德森突破防線；接著在魔術隊超前比數之後，他因失誤而掉球，終結了我們能贏球的機會。比賽結束後，我摟著喬丹試圖安慰他。我告訴他，我們會翻轉這次經驗，並以正確的方式把它當成助力，引領我們繼續向前。我說：「你是我們的一分子，絕對不要忘記這點。」

喬丹在第二場比賽恢復了水準，帶領我們以三十八分的領先贏得比賽。接下來在芝加哥舉行的兩場比賽我們打成平手，但是第五場比賽時霍瑞斯讓我們付出了代價，因為我們給他太多的空檔，他在外線十三球十中，得了二十四分，帶領魔術隊以一〇三比九十五分獲勝。

然而，比起在第六場比賽快結束時我們令人難堪的崩盤，霍瑞斯的表現只是微不足道的小挫折。B．J．在比賽時間還剩下三分二十四秒時，幫助我們以一〇二比九十四分領先，這時情況還算樂觀，接著我們球隊就徹底崩潰了，從那之後連一分也沒得。我們連續六個射籃都沒進，並且有兩次以上讓對手搶走球，因而讓魔術隊取得讓人發狂的十四比零盛況，加上歐尼爾的一記快攻灌籃結束掉這場比賽，而球季也跟著結束。

喬丹在賽後顯得相當冷靜，他花了半小時時間對記者講述跟他的新隊友團結一致對他來說是多大的挑戰。他說：「**我帶著贏球的夢想回來，我覺得那很實際。但是現在回頭看，或許那太不切實際，因為我們輸了。**」

這就是那種會縈繞你的心頭好幾年的比賽，如果你容許它這樣做的話。我建議球員們：「**把輸球這件事吞下去，讓它過去，然後繼續過你的生活。**」儘管如此，我知道就這樣讓這件事情過去並不容易。

然而，幾天後，當我還在努力想弄清楚究竟是哪裡出錯時，忽然靈光乍現，想到一個計畫，一個可以讓公牛隊再次成為冠軍隊伍的計畫。

我等不及要開始執行了。

第 11 章

不必求好運，因為我們自己就是好運

當個海盜，比加入海軍更有趣。

——史蒂夫・賈伯斯（Steve Jobs）

經常有人要求我透露一九九五至一九九六年公牛隊的祕密，這支被人們看作是歷史上最強大的球隊。一支原地踏步的球隊，怎麼能夠在短短幾個月後變成一支所向無敵的球隊？

答案很簡單，一切都要歸功於明星球員們：麥可．喬丹、史考提．皮朋及丹尼斯．羅德曼。但是，天賦最多只能把你帶到場上而已。其他球隊的天賦早已遠超過公牛隊，卻無法達到任何接近公牛隊的成就。另一個說法或許可以解釋為「三角戰術的魔力」，但是即使是泰斯．溫特也會承認，三角戰術只是答案的一部分。

事實上，是一股在一九九五年的秋天聚集的力量匯流，將公牛隊轉變成為一支全新的冠軍隊伍。從部落領導學的角度來看，公牛隊正從一支第四階段的隊伍轉變到第五階段。第一次的冠軍系列賽把公牛隊從一支覺得「我最棒，你不棒」的隊伍，轉變成為覺得「我們最棒，他們不棒」的隊伍。但是第二次的系列賽，球隊採用了更寬廣的「生命真美好」的觀點。球季進行到一半，我就清楚發現，驅動球隊前進的已非是競爭本身，而僅只是比賽本身的喜悅。**這是我們自己的舞蹈，而唯一能夠跟我們抗衡的隊伍，就是我們自己**。

第一個突破就是，眼界的轉變。一九九五年的季後賽輸給奧蘭多隊之後不久，我突然意識到我們必須重新思考後場運用的方式。九〇年代中期，大部分的隊伍都會有矮小的後衛，這就是NBA的教條，除非你能找到另一個魔術強森，否則聰明的策略就是縮小後場，好跟上速度飛快、小一號控球後衛的腳步，當時他們主宰了聯盟。但是我從觀察史考提．皮朋擔任控球後衛的過程學到，讓一個身高二〇一公分、張開雙手範圍很大的球員擔任這個位置，原來可以創造出各種迷人的可能。

我曾經想過，如果在場上同時出現三個高大、手臂又長的控球後衛，不知道會發生什麼事。這不僅會對其他球隊造成令人混亂的不協調，也會大幅改善我們的防守，因為長人控球後衛不用採取雙人包夾，就可以阻擋並防守內線球員。這也能讓我們不用再使用全場緊迫盯人的防守策略，以免造成我們隊上一些年紀較大球員的損失。有了這些長人控球後衛，我們就可以更有效地在三分線內緊迫防守。

在非賽季期間，我們必須想好哪些球員打算釋出到新隊選秀。最終必須在兩位球員之間做出決定，B．J．阿姆斯壯，我們的現任控球後衛及羅恩．哈潑，我們的前任先發得分後衛，當喬丹回到隊上時，他就失去了這個位置。我不想捨棄掉阿姆斯壯，因為他是個擅長投三分球、很可靠的控球後衛，也能進行令人信賴的防守。但身高一八八公分、體重七十九公斤的他，要阻擋、防守體型更大的球員或是困住像俠客．歐尼爾一樣高大的中鋒，他的身材真的不夠。雖然羅恩沒有符合擔任得分球員的期望，但他正在逐漸適應三角戰術，也是隊上很棒的防守球員。羅恩的身高也夠高大足以擔任後衛——身高一九八公分、體重八十四公斤，他的實力及運動能力幾乎能打任何位置。所以傑里．克勞斯和我決定留下羅恩，讓阿姆斯壯離開。在我們的年終會議上，我告訴羅恩，一九九五至一九九六年我對他有重大的計畫，但是他必須調整到更好的狀態，重新塑造自己具備更多防守球員的能力，而不只是得分的威脅。轉變成「長人後衛策略」，對於球隊來說代表了重大的理性改變。但是如果它能發揮作用，就能使我們變得更靈活、更具爆發力、而且更加難以遏止。

第二個突破是網羅到丹尼斯・羅德曼擔任我們的新任大前鋒。在非賽季期間，我們擬了一份適合這個職位的可能候選名單，羅德曼的名字在最底下。我們之前討論過丹尼斯，但是克勞斯對這個想法的反應總是很冷淡，說羅德曼不是「我們這種人」。一九九三年，被底特律隊交易到聖安東尼奧馬刺隊之後，丹尼斯有段時間很難適應隊上的文化，即使他在NBA中搶籃板的能力高人一等。他藐視規則的存在，練習時總是遲到，喜歡在球場上表現、還穿戴花枝招展的服裝和首飾。事實上，馬刺隊的管理團隊實在受夠了他這些造反的行為，多次罰了他數千美元的罰款，並在一九九五年西區決賽中關鍵的第五場比賽中將他換下場，那場比賽馬刺隊最後輸給了休士頓火箭隊。

雖然我有些看法和傑里相同，但比起丹尼斯的古怪行為，他自私的打球風格更讓我感到困擾。我聽過曾經和他共事的教練說，他實在太迷戀搶籃板球，以致於他不願意幫助隊友防守。我也質疑他是否能夠與喬丹和史考提合作，他們很討厭他在活塞隊時，對付公牛隊的那種粗暴方式。但是球探吉姆・斯塔克（Jim Stack）認為如果我們再不快點採取行動，可能會失去羅德曼，所以傑里決定認真觀察他一番。

兩週後，傑里邀請我到他家去和羅德曼以及他的經紀人德懷特・曼利（Dwight Manley）見面。我到的時候，丹尼斯戴著太陽眼鏡和一頂寫著「可憐的孩子」的帽子，懶洋洋地靠在沙發上。整個談話過程中，他一直保持沉默，所以我要求和他到院子裡私下談談。但是他想說的只有他能得到多少報酬。我告訴他說公牛隊支付報酬的依據是成果而不是承諾，只要他能發揮他的潛力打球，我們就不會虧待他。

隔天，我在貝爾托中心的部落室與丹尼斯再次見面，這次丹尼斯就開放多了。我問他說在聖安東尼奧隊出了什麼錯，他說那是某次比賽後他邀請正與他約會的瑪丹娜進入球員休息室開始的，接踵而來的媒體追逐狂熱，惹火了球隊的管理階層。

我表達了我對他自私名聲的顧慮。他說自己在聖安東尼奧隊真正的問題就是他厭惡去幫助中鋒大衛．羅賓森（David Robinson），他說羅賓森被休士頓隊的哈基姆．歐拉朱萬（Hakeem Olajuwon）嚇到。羅德曼諷刺地補充說：「半數的馬刺隊球員每次離開家時，都會把他們的球鎖在冰箱裡。」

我笑了。「所以你覺得你可以掌握三角戰術嗎？」我問道。

他說，「是啊，那對我來說沒問題。三角戰術就是找到喬丹，並且傳球給他。」

我回答說：「這是個很好的開始，」然後我們的對話就變得嚴肅：「如果你覺得願意接受這份工作，那我就決定跟你簽約。但是我們不能搞砸這件事。我們曾經處於贏得冠軍的地位，而且我們也真的想回到當時的盛況。」

「好。」

之後，丹尼斯開始看起房間裡的美國原住民文物，並讓我看一位來自奧克拉荷馬州的龐卡族人送給他的項鍊。接著我們安靜地坐在一起，持續了相當長的一段時間。丹尼斯是個話不多的人，但是坐在他旁邊，他會為我們堅持的感覺讓我安心。那個下午，我們以非語言的方式互相連結，那是心與心之間的聯繫。

隔天，傑里和我還得跟丹尼斯進行一次後續的會面，說明球隊關於出席、準時以及其他議題的規定。規定其實沒有很多，我對他讀完這些規定之後，丹尼斯說：「你不用擔心我會有任何問題，你們會拿到NBA冠軍的。」

當天稍晚，我詢問喬丹和史考提對於和羅德曼一起打球他們是否有任何異議，他們說沒有。所以傑里繼續進行並確定協議，把威爾．普度交易到馬刺隊換回羅德曼。而我則準備好面對我人生的刺激冒險。

在丹尼斯到達訓練營之前，我花了很長的時間和球員們討論這件事。我警告他們說，他可能會無視一些規定的存在，因為對他來說忍受某些規則實在很難，有時候我或許得對他有些例外作法，我說：「你們也必須在這方面成長。」我補充道，而他們確實做到了。

大多數球員馬上就喜歡上了丹尼斯。他們很快就發現他所有狂野的私生活表現（穿鼻環、刺青、深夜在同志酒吧狂歡），以及他所做的所有行為，靠著瑪丹娜的幫助，都是為了要得到注目。在他的外表之下，他只是個來自達拉斯的安靜男孩，有著一顆慷慨的內心，工作認真、努力打球而且會為了贏球付出一切。

在訓練營中期的某段時間，我發現丹尼斯即將帶給球隊一個我不曾預料過的新層面。他不只是個可以在籃板下展現神技的球員，他也是個聰明、迷人的防守球員，可以阻擋任何人，包括像歐尼爾這樣比他身高高出十幾公分、體重多重將近四十五公斤的球員。有丹尼斯在我們的陣容裡，我們可以快攻，也可以快速回防，打一場牢不可破的半場比賽。最重要的是，**我就是喜歡看他打球**。當他踏上球場時，是如此不受拘束且快樂，就像是小男孩發現飛翔的方法一般。我告訴其他教練說，在某些層面上，他讓我想起了當年的我。

丹尼斯陰暗的一面對我們來說比較是個挑戰。有時候他就像個快要爆炸的壓力鍋。他經歷了至少持續四十八小時以上的高度焦慮期間，而這些壓力會在他體內累積，直到他不得不將它們釋放出去。在那段期間內，他的經紀人常會要我讓丹尼斯在周末放假，如果我們沒有比賽，他們會到拉斯維加斯玩幾天。丹尼斯在假期最後會很消沈，但接著他就會回來努力訓練，直到他將自己的人生拼湊回去。

那年比賽期間我不再沿著邊線走，因為我注意到，每當我情緒激動的時候，丹尼斯也會變得異常活躍。而如果我和裁判爭執，那只會准許他做同樣的舉動，所以我決定要盡可能地安靜並且克制，我不想讓丹尼斯情緒爆發，因為一旦他受到刺激，誰也說不準他會做出什麼事情。

第三個突破是喬丹的新領導方法。在我們拿到第一次冠軍期間，喬丹領導的方法主要是示範，但是在我們輸給奧蘭多隊之後，他意識到自己必須要作一些明顯不同的行動來激勵球隊。光是怒視他的隊友，並期待他們可以像他一樣，這方法已經行不通了。

當時，喬丹正處於臨界點。在系列賽中輸給奧蘭多隊之後，他遭到新聞評論攻擊，認為他已經失去了優勢，不再是以往的麥可．喬丹了。於是在那年夏天，他回到健身房，下定決心要讓他的身材恢復成籃球員的體態。他甚至在自己所拍攝的電影《怪物奇兵》（*Space Jam*）的洛杉磯攝影棚內設立一個籃球場，以便他可以在拍攝空檔練球，並且練習後來成為他招牌射籃方式的後仰跳投。他在十月到達訓練營時，**堅定的復仇意念全寫在他眼神之中**。

訓練營開始一個禮拜時，我被安排去和媒體進行電話會議，但會議時間和我們的晨間練習有所衝突。當我的助理到球場告訴我，該是時候去接電話時，我吩咐其他教練讓他們暫停混戰，進行投籃練習，直到我回來。那通電話只講了十五分鐘，但是在我掛電話之前，我們的設備經理約翰·利曼諾斯基（Johnny Ligmanowski）跑到我的門邊說：「你最好來一下，喬丹剛剛打了史蒂夫一拳，現在他正在休息室準備要離開練習了。」很明顯地，科爾和喬丹陷入了一場小扭打，這樣來回越演越烈，直到喬丹打中史蒂夫的臉，並送給他一個黑眼圈。

當我趕到休息室時，喬丹正要走進淋浴間。他說「我要走了。」我回說：「你最好在明天以前打電話給史蒂夫，並跟他說清楚。」

這對喬丹來說是個相當大的警訊，他剛剛因為一點小事和隊上個子最小的傢伙打了一架。到底是怎麼回事？喬丹回憶：「這讓我重新檢視我自己，『你知道嗎？在這整個過程中，你真像個傻瓜』。我知道必須更尊重我的隊友，而且就努力回到比賽這方面來說，我也必須更恭敬地面對在我身上發生的事情，我必須要更內斂才行。」

我鼓勵喬丹開始更密切地和喬治·蒙福特合作。喬治可以理解喬丹正在經歷的遭遇，因為他看到自己的朋友朱利葉斯·厄文在成為明星球員之後，也經歷過類似的壓力。對喬丹來說，要和隊友建立起緊密的關係很難，正如同喬治所說的，他是個「被關在自己房間裡的犯人」，他無法公然地和他們出去閒晃，就像史考提常做的一樣。許多新球員仍然很敬畏他，但那樣的敬畏也創造出一種難以跨越的距離。

喬治對球隊進行的「正念訓練」，讓喬丹印象很深刻，因為這有助於帶領球員更接近自己的心靈意識層面。就喬治的看法來說，喬丹需要改變他對領導能力的看法。「重點就是要專注在當下，並對自處的方式負責，」喬治說道：「那表示你願意去調整，讓你可以在人們所在之處遇見他們。與其期待他們出現在別處而生氣，不如用意志力使他們去到該處，你應該要嘗試在他們所在之處遇見他們，並且帶領他們到你希望他們去的地方。」

當喬丹轉換跑道去打棒球時，喬治和我對球隊的學習環境做了些改變，好提高球員們在精神、情感及心靈上成長的能力。如果喬丹想融入這支球隊並成為場上的領袖，他就必須要更深入地了解隊友，並且更有同理心地與他們相處。他得明白每個球員都是不同的個體，都有某些重要的特質能貢獻給球隊。身為一個領導者，他的責任就是，想出讓每個球員都能發揮最大實力的方法。正如喬治所說的，喬丹必須要「運用他在籃球場上看透事物的能力，來改善他與其他球員相處的方式。」

喬丹樂於接受這個挑戰，因為在他離開的這段時間，也有很大的改變。他仍然是個很厲害的競爭者，但某些方面他變成熟了。不會去論斷他人，也比較明白自己的極限。在打小聯盟棒球時，他花了許多時間與隊友共度時光，因此喬丹重新找回了與他人團結的快樂，他比什麼人都希望，能夠再次與公牛隊一起擁有那樣的經驗。

透過與蒙福特合作，喬丹採用了一種新的領導方法。對於某些球員，他決定要用實質的方法，不論是用他自己的身體來示範需要被執行的動作，或是像史考提的情況，他只是單單在場就好了。「我為了某些隊友，必須每一天都在場，史考提是其中一位，」喬丹說道：「如果我休了一天假，他也會休一天假；但是如果我每天都在場，那他也會跟隨我。」至於其他的球員（特別是丹尼斯），喬丹會採取感性的方法。「你不能對丹尼斯大吼，」他說：「你必須要找到一種方法進入他的世界幾秒鐘，好讓他能明白你在說什麼。」另外，還有其他的球員，喬丹主要會用口頭的方式溝通。例如：史考特．伯勒爾（Scott Burrell），一九九七至一九九八年的公牛隊前鋒，「我可以對他大吼，他也會懂我的意思，」喬丹說：「但是這完全不會傷到他的信心。」

另一位他不需要去擔心的人，是史蒂夫．科爾。他們之前大吵過，之後兩位球員竟打造了強大的團結。「從那天起，喬丹看我的眼神就不一樣了。」史蒂夫說：「他沒再挑過我的毛病，也沒有再對我說過任何一句廢話，而他也開始在球場信任我。」喬丹補充說：「我最尊敬史蒂夫的地方是，一、情況對他完全無利；二、他知道還是起身反抗。當時我罵他，他也跟著反擊——這讓我很生氣，但也是我們彼此尊重的開始。」

從喬丹的觀點來看，第二次的冠軍賽過程比第一次還辛苦，因為牽涉到個性的問題。贏得第一次冠軍時，多數球員們已經在一起練球好幾年，也一起經歷過許多比賽。正如喬丹所說的，「我們登上山丘然後被擊倒，被擊倒，一再被擊倒，直到我們用一個團隊的形式爬過那個山丘。」

但在第二次的過程中，大部分的球員們彼此還有點不瞭解，但大家卻期待隊伍可以馬上衝出柵欄贏球。喬丹說：「我認為比起第一次冠軍的過程，第二次我們更需要菲爾。第一次冠軍賽的過程中，球隊的自我意識還沒有建立好；第二次則是，我們有許多不同的個性需要相互結合。菲爾讓我們像親兄弟一般的團結。」

所有的碎片美麗地拼湊在一起。我們不像六〇年代的塞爾提克隊及過去的其他優秀隊伍一樣擁有占優勢的長人，但是公牛隊的這些球員們，具有一種非凡的團結意識，不論在進攻或防守皆然，擁有**強大的集體精神**。

我們所做的每件事情，都是為了加強團結。我一直都很堅持使用具有清楚流程的「結構練習法」，好讓球員們可以提早接收到訊息，但是我也開始建立球隊的秩序感。大體上來說，我並不是把紀律當成一種武器，而是把它當成將和諧灌輸進入球員生活的一種方法，這就是我**正念禪修**多年來所學到的。

在這季，我要求球員們每天早上十點抵達訓練中心，並做四十五分鐘的力量訓練及暖身。喬丹比較偏好提早與他私人的訓練教練蒂姆．葛洛佛在家做訓練，那年他也曾邀請史考提和哈潑參加這個計畫，他們稱之為「早餐俱樂部」。到了十點，他們一樣會出現在訓練中心，為了即將在十一點開始的練習做暖身。除了為接下來的比賽練習防守，我們還會專注在改善三角戰術的技巧上。接著會進入進攻練習，包括全場的混戰，我通常會把史考提或是麥可．喬丹放在二軍，看看他們的存在對於練習會有什麼影響。之後，球員們會分散開來各自練習投籃，而我們的訓練師奇普·謝弗爾會讓他們喝新鮮的綜合果汁，替他們重新補充能量。如果要出發前往比賽，可能會上樓到球隊辦公室看一小段影片。

一開始，丹尼斯想要迴避這些規定，就好像他在玩遊戲一樣。有一條規定是球員們必須準時到場練習，鞋帶要綁好，身上所有的首飾都要拿掉。丹尼斯出現時經常有一隻鞋子的鞋帶沒綁好，或是將首飾藏在身上的某個地方。有時候我會給他一個無聊的懲罰，或是對於他的出現開個玩笑，而有時候我們就只是忽略他。我告訴他，如果他練習遲到，他該擔心的不是我會有什麼反應，而是他的隊友怎麼想。一旦他意識到，其實沒人對他所做的小叛逆感興趣時，這些問題就消失了。

我很喜歡這支球隊的最大原因，是**每個人都很清楚自己的角色定位**，也可以很完美地扮演好自己的角色。沒有人會抱怨自己上場時間不夠、射籃次數不夠或是名聲不夠響亮。

喬丹會專注在表現一致，並在必要的時候挺身給予決定性的一擊。十二月初，在對戰快艇隊得了三十七分後，他跟記者宣布自己感覺「回到球員身分的路還遠得很」。他會對一直被拿來「跟以前的自己比較」這點開玩笑。他說：「根據某些人的說法，我甚至辜負了麥可·喬丹的名號，但是我也有最好的機會可以成為他，因為我就是他。」

不用再跟隨喬丹遺留的表現，也讓史考提感到解放，並且能在他擔任比賽主要協調者的新角色中，執行出MVP等級的表現，這讓他覺得自然舒服多了。哈潑也對於他擔任多功能後衛，以及防守鬥牛犬的職務適應得相當好。在此同時，丹尼斯也突破了眾人的期望，他不只在很短的時間內掌握了我們的系統，他也與喬丹、史考提以及哈潑在防守方面有很完美的合作。「基本上，在先發陣容裡我們擁有四隻攻擊犬，」科爾說，「在場上，他們都可以防守四到五個位置，那實在很不可思議。」

丹尼斯用相當狂野的熱情在打球，以至於他很快就成了球迷們的最愛。人們喜歡看他為了搶無主球而推擠，以及搶下籃板引發快攻。季初，丹尼斯開始把自己的頭髮染成不同的顏色，並且在比賽結束後把他的球衣扯下並丟向群眾，球迷們愛死了。他說：「忽然之間，我就像是繼麥可．喬丹之後的大人物。」

第五位先發球員是盧克．朗利（Luc Longley），一個來自澳州，身高二一八公分、體重一二〇公斤的中鋒，他不像歐尼爾一樣有機動性及爆發力，但是他個子大到能阻擋對手，並迫使他們的中鋒在比賽中無用武之地。他的後備球員是比爾．溫寧頓，他經常使用擅長的短程跳投來引誘對手離開籃板。在球季後期，我們也增加了另外兩個長人進入我們的陣容，詹姆士．愛德華茲（James Edwards）和約翰．薩利，他們兩個人都跟丹尼斯一樣，之前是底特律隊「壞孩子兵團」的成員。

當我要東尼．庫科奇擔任隊上的第六人時，他有點退縮，但是我說服他，對他來說那是最有力的位置。身為一個先發球員，他必須要打到四十分鐘而不累垮，這經常讓他感到困擾。但是擔任第六人，他就可以提高球隊的得分率，這是他曾經在數場關鍵比賽中做過的。當史考提不在場上時，他也可以藉著他出色的傳球技巧重新提振起球隊的士氣。同時史蒂夫．科爾也扮演了關鍵的角色，擔任為球隊長程得分的球員；後衛蘭迪・布朗（Randy Brown）是個擁有充沛能量、擅長防守的球員；而雅德・布奇勒（Jud Buechler）是個很有天賦的全能型球員。此外，我們還有兩位後備的大前鋒，迪基・辛普金斯及新秀傑森・卡菲（Jason Caffey）。

要達成我們的天命，必備的一切都要到位——**天賦**、**領導能力**、**態度**，以及出於決心的**團結**。

當我回顧一九九五至一九九六年球季的比賽時，我回想起約翰・派克森發現的另一個寓言，講述統一中國並成為帝國領袖的漢高祖劉邦的故事。在金偉燦以及芮妮・莫伯尼講述的故事版本中，劉邦舉辦了一場盛大的宴會來慶祝他偉大的勝利，並邀請在戰爭期間曾多次出計策幫助他的陳平。陳平帶著三個弟子作為賓客，他們都對於宴會中的某個謎感到困惑。

當陳平希望他們詳細解釋時，他們說皇帝與他的三位功臣坐在中央的桌子：蕭何深諳管理運籌之道；韓信能帶領出色的軍事行動，帶領的戰役每戰必勝；以及張良是外交奇才，能在戰爭開打之前讓對方的領袖投降。但讓弟子們難以理解的是坐在桌子首位的那個人，也就是皇帝本人。他們說：「劉邦又沒有高貴的出身，而且他對運籌、軍事及外交的知識也不如他的三位功臣。為什麼他可以當皇帝呢？」

老師笑了笑，反問他們說：「是什麼決定了馬車車輪的強度呢？」

「不就是堅固的輪輻嗎？」他們回答。

老師又問：「那為什麼由同樣的輪輻組成的兩個輪子，卻有不同的強度呢？要跳脫你們看到的東西去看。不要忘記，輪子並不是只由輪輻組成，還有輪輻之間的空隙。堅固的輪輻如果位置放不好，就會造出強度不夠的輪子。它們是否能夠發揮全部的力量，取決於它們之間的和諧。製造車輪的精髓在於工匠構思及創造空隙的能力，讓它能維持並平衡車輪內的輪輻。你們現在想想看，這裡的工匠是指誰？」

經過一段很長時間的沉默之後，其中一位弟子又問，「但是老師，工匠要怎麼確保輪輻之間的和諧呢？」

「你想想陽光，」老師回答：「太陽藉由送出光，孕育並賦予樹木和花朵生命。但是到最後，它們往哪個方向成長呢？所以要有個像劉邦這樣的工匠大師，把每個人放到對的位置，讓他們能充分發揮出自己的潛能之後，他才能透過他們各自獨特的成就給予獎勵，確保他們之間的和諧。而到最後，就像**樹木和花朵會向著太陽生長**一般，他們每個人也會忠誠地向著劉邦生長。」

劉邦應該可以成為很優秀的籃球教練。他設計作戰策略的方式，其實有點像接下來的三個球季，我帶領公牛隊進入和諧狀態的方式。

一九九五至一九九六年球季的開始讓我想起約書亞（Joshua）在耶利哥城（Jericho）的戰役，城牆就是一直倒塌。每次我們到了一個新城市，對手球隊似乎都會出現一些問題，明星球員會受傷，關鍵的防守球員會在不應該的時間犯規，或是球會在對的時間以對的方式反彈走。但是這並不是全靠運氣，許多對手並不知道該怎麼應付我們的三個長人後衛，而且我們的防守非常擅於在第二節和三節時阻擋對方的進攻。一月底時，我們的戰績為三十九勝三負，球員們開始談論說或許能打破一九七一至一九七二年的湖人隊保持的六十九勝的紀錄。

我很擔心他們會在贏球時喝個大醉，並在打進季後賽之前就耗盡力氣。我考慮過放慢我們的腳步，但是似乎沒有任何事物可以阻擋這股氣勢，就連受傷也無法辦到。丹尼斯在季初時小腿受傷，使他有十二場比賽無法上場，在那段時間我們的戰績是十勝二負。接著在三月史考提因傷缺席了五場比賽，當時丹尼斯又回復到他過去的作風，他因為用頭去頂撞裁判及誹謗籃球委員和官員被禁賽六場，然而在那段期間、我們只輸了一場比賽。

當我們接近七十勝大關時，媒體的宣傳失控了。《ABC新聞》的主播克里斯・華萊士給公牛隊取了個綽號叫「籃球界的披頭四」，並且指定喬丹、史考提、丹尼斯和我是新的披頭四團員。在進行重要比賽當天（對戰公鹿隊），電視直升機在空中一路尾隨我們的球隊巴士到密爾瓦基，群眾聚集在州際高架道路上，高舉加油的牌子。當抵達公鹿隊的球場時，一群球迷聚集在場外，希望能看一眼羅德曼的頭髮。

自然地，我們也得讓比賽更引人注目。在比賽一開始時我們相當緊張，以致於第一節的表現徹底潰散，投二十一球只中五球，僅僅得到十二分，但是在第二節後半開始慢慢回到正軌，最終以八十六比八十分贏球。

當時我們主要感到的情緒就是放鬆。「這真的是一場非常難看的比賽，不過有時候難看卻很漂亮，」喬丹說。他的心已經放在未來了。「我們這季的目標並不是要贏得七十勝，」他補充道：「我們這季的目標是為了贏得總冠軍，這仍然是我們的動力。」

最後，我們以多贏兩場比賽結束球季，哈潑用改編歌名想出了一個新的團隊口號：「如果沒有戒指，就算七十二勝十敗也沒有意義。」為了激勵球員們，我引用詩人華特・惠特曼（Walt Whitman）的話，並在季後賽對戰邁阿密熱火隊的第一場比賽前，把它貼在球員的置物櫃上。「**從現在開始，我們不尋求好運，因為我們自己就是好運。**」每個人都期望球隊能一路手舞足蹈地走向冠軍，而那就是最難贏得的比賽。我想讓球員們知道，儘管我們這季表現得非常出色，但是剩下的路走起來可不輕鬆，他們必須創造自己的好運。

然而，他們做到了。我們在五場比賽橫掃邁阿密熱火隊，輾過紐約尼克隊。而下一隊就是奧蘭多魔術隊。為了讓球員們準備好面對這場系列賽，我剪接了電影《黑色追緝令》（*Pulp Fiction*）裡面的一些片段放到比賽影片中。球員們最喜歡的場景是，由哈維・凱托飾演的老練罪犯指示兩個殺手（山繆・傑克森及約翰・屈伏塔飾演）如何清理一個特別陰森的殺人現場。說到一半時他還諷刺地說：「我們先別高興得太早，一步一步慢慢來吧。」

自從在一九九五年的季後賽被魔術隊羞辱過之後，我們就把目光定睛在下一場。但是第一場比賽有點虎頭蛇尾，我們的防守實在太過強大，丹尼斯守住了霍瑞斯・格蘭特，讓他在比賽的第一節沒得分，只抓到一個籃板球。接著，霍勒斯在與歐尼爾相撞時過度伸展他的手肘，導致在剩下的系列賽中被禁賽。我們也徹底封鎖了前一年把我們傷得很重的其他兩個球員的行動：丹尼斯・史考特得零分及尼克・安德森只得二分，我們最終以一二一比八十三分贏球。

魔術隊在第二場比賽反擊，但是我們在第三節時追平十八分的落後，消滅了他們的士氣並繼續贏球。他們的隊伍也因為安德森的手腕、布萊恩・肖（Brian Shaw）的脖子以及喬恩・考恩凱克（Jon Koncak）的膝蓋受傷而變得殘缺不全。魔術隊球員只剩下俠客．歐尼爾和綽號「一分錢」的安芬利．哈德威會構成得分威脅。但光是只有這樣是不夠的。喬丹在第四場比賽中用閃電般的速度得到四十五分結束，以四場比賽就橫掃了魔術隊。

對於我們能否打敗下一個對手西雅圖超音速隊，贏得總冠軍決賽的賠率為九比一。超音速隊是一支年輕有才能，已經贏得球季六十四勝的隊伍，很可能會用他們的緊迫盯人的卡位防守來讓我們大吃苦頭。關鍵就是要阻止他們的明星球員，控球後衛蓋瑞．裴頓（Gary Payton）和大前鋒尚恩．坎普，讓他們無法建立氣勢甩開我們。我決定要利用盧克．朗利的體型及力量去對付坎普，並下令要哈潑去防守裴頓。

這場系列賽一開始就像很快會結束的拼鬥。我們在芝加哥贏了前兩場比賽，在第二場比賽中，因為我們的防守以及羅德曼的二十個籃板球提振士氣，他還以十一個進攻籃板，締造了NBA的決賽紀錄。但是哈潑的膝蓋在這場比賽中再度受傷，在接下來三場比賽的大半時間他都得坐板凳。幸運的是，超音速隊在第二場比賽後犯了策略上的失誤，在星期五晚上比賽結束後就飛回西雅圖，而不是像我們一樣等到星期六早上。超音速隊在星期天下午看起來還是睡眼惺忪的模樣，因此我們能把他們甩開，以一〇八比八十六贏球。

當時，對於公牛隊是不是史上最厲害球隊的爭辯越演越烈，我並不理會大多數喋喋不休的議論，但是當波特蘭拓荒者隊的前任教練傑克．拉姆塞（Jack Ramsay）說公牛隊的防守「雄視一個時代」時，我真的很開心。在我看來，公牛隊很接近一九七二至一九七三年的紐約尼克隊。

就像公牛隊一樣，尼克隊大部分的成員都是新進球員。球員們都非常的專業，也喜歡玩在一起，然而他們卻沒有花很多時間在球場外聚會。我在年初時就告訴過公牛隊球員，只要他們能保持專業地聚集在一起，我就不會過問他們剩下的時間怎麼利用。這些球員們沒有那麼親密，但是彼此之間的距離也沒有那麼遙遠，最重要的是，他們對彼此都具有很深的尊重。

不幸的是，籃球之神並沒有眷顧我們。由於哈潑受傷，我們更難抵擋超音速隊的攻勢，於是我們輸了接下來的兩場比賽。儘管如此，我們仍然以三比二領先系列賽，我們回到芝加哥，並決定要在第六場結束掉比賽。這場比賽的時間被排定在父親節，這對喬丹來說是個充滿感觸的時刻，讓他的進攻出了些問題，但我們的防守依然讓對手無法突破。哈潑回到場上，成功封鎖了裴頓的行動，喬丹也完美地防守住何塞．霍金斯，使他僅僅只得四分，然而奪走比賽風頭的球員卻是丹尼斯，他抓下了十九個籃板，並補灌進許多射籃失誤的關鍵得分。在接近第四節尾聲的某一刻，丹尼斯傳球給喬丹，讓他從兩邊底線衝往籃下得分，使公牛隊在剩下六分四十分秒時以六十四比四十七分領先。那球投進後，喬丹看到丹尼斯迅速退回半場準備防守，兩個人都大笑了。

當鈴聲響起時，喬丹給了史考提和我一個快速的擁抱，衝到球場中央去搶球，然後回到球員休息室遠離電視攝影機。當我進到休息室時，他蹲在地板上彎著身，把球抱在胸前，眼淚從他臉上流下來。

喬丹將這場比賽獻給他的父親。「這或許是我打籃球比賽中遇過最艱難的時候，」他說：「在我的心中，在我腦海裡，有許多畫面……或許我的心還沒準備好回到過去的狀態。但是我想，在內心深處，我明白對自己來說最重要的事，就是我的家人無法和我父親在這裡看到這些。我真的很開心球隊陪我度過，因為那段時間對我來說，真的很難熬。」

那真是讓人痛苦的時刻。但是當我回頭看這一季時，這並不是在我腦海裡最鮮明的結局，而是一場我們在二月輸給金塊隊，並結束了我們十八連勝的比賽。他們稱那類的比賽為「賭注的夢想」，因為我們剛從洛杉磯飛到丹佛，沒有充裕時間讓我們適應海拔的變化。

金塊隊是一支勝率低於五十%的球隊，但是他們在第一節的射籃命中率有六八%，而且累積驚人的三十一分領先，許多球隊都曾經在這時候被打倒過，但是我們拒絕投降。我們嘗試了一切方法：用長人戰術、用矮個子戰術、傳球、投三分球、加快節奏、放慢節奏、在第四節的中間藉著史考提．皮朋的一記快速轉身灌籃超越了對手。喬丹率領我們進行追分行動，在第三節得了二十二分。但這並不是一個人的獨場秀，這是在隊上的每個人一起堅忍不拔的鼓舞人心的行為。即使在比賽結束前的最後幾秒我們輸了球，終場一〇五比九十九分，但是球員們離開時卻感覺他們學到了一件關於自己很重要的事。他們學到的是，不論情況有多麼可怕，他們還是能夠用某種方式找到勇氣，戰鬥到最後一刻。

那天晚上，**公牛隊找到了他們的核心**。

第 12 章

不停留在過去，或擔心未來

勇於冒險或許會一時失足，卻步不前卻會迷失自我。

——索倫·齊克果（Søren Kierkegaard）

禪學教師路易斯・里奇蒙（Lewis Richmond）說過一個故事，講述他聽到禪宗大師鈴木俊隆用四個字總結佛學的精義。

鈴木剛剛跟一群禪學弟子們對話完，這時聽眾當中有人說：「你們已經花了快一個小時的時間講述佛學，但是你們說的內容我還是完全無法理解。能不能請你說些我可以理解的佛學？」當笑聲停止之後，鈴木平靜地回答：**「世事多變。」**

鈴木說的這幾個字包含了存在的基本真理：**世上的每件事情都會不斷變化**。除非接受這個事實，否則你永遠無法找到真正的平靜。但是這麼做的意思是你得去接受生命原本的樣子，而不是只有你認為的「好的部分」。

「多變的事物，正是你在這世上受苦及變得消沉的原因，」鈴木老師在《事情並非總是如此：禪的真義》（*Not Always So: Practicing the True Spirit of Zen*）一書中寫道：「當你改變了自己的理解以及生活方式，就能完全享受你新生命的每個當下。**事物稍縱即逝的本質，正是你享受生命的理由。**」

籃球比賽就是最好的例子。某部分的我，希望一九九五至一九九六年經歷的偉大旅程可以永遠不要結束，但往往在下個球季開始之前，我就已經感受到空氣中的變化。而我卻不知道，接下來的兩個球季，會讓我學到多少世事無常的慘痛教訓。

九六年的夏天是NBA史上的劇烈動盪時期——簡直就像玩大風吹一樣。將近有兩百位球員轉換隊伍，出現了自由球員潮。幸好傑里・藍斯多夫決定讓公牛隊的選手陣容幾乎維持原班人馬，我們才可以再次競爭總冠軍。我們唯一失去的球員是擔任中鋒的詹姆士・愛德華茲，取代他的是羅伯特・巴里許（Robert Parish）及實習期滿的傑克・哈利（Jack Haley），後者是羅德曼從馬刺隊來的朋友，主要工作是擔任丹尼斯的保鏢。

讓球隊團結在一起的價碼並不便宜，那年公牛隊全隊的薪資超過**五千八百萬美元，是NBA史上最高的紀錄**。當然，其中最大的支出就是麥可・喬丹那要價三千萬美元的薪水。一九八八年喬丹與公牛隊簽了一份為期八年、兩千五百萬美元的合約，這在當時看起來是等相當巨額的薪資，但後來卻有好幾位等級並不高的明星球員，薪資竟也超越了這個數字。喬丹的經紀人向藍斯多夫提出了兩年五千萬美元的合約，但藍斯多夫卻只選擇了一年的合約，而且很快就後悔了。隔年，他不得不將喬丹的薪水提高到三千三百萬美元。藍斯多夫也與我和丹尼斯・羅德曼簽了一年的合約。

我注意到其中一項最大的變化就是，羅德曼對比賽的感興趣有了程度上的轉變。加入公牛隊的第一年期間，他極力想證明（對他自己及其他人）在情緒沒有失控的情況下，他可以把籃球打得很好。但是現在的他似乎對比賽感到興趣缺缺，而且受到了其他娛樂的吸引。根據我非專業的看法，羅德曼患有注意力缺陷過動症（Attention deficit hyperactivity disorder，ADHD），這種症狀會限制他的專注力、使他感到挫敗、並做出無法預測的行為。這就是為什麼他會這麼沉迷於拉斯維加斯，因為那裡是擁有無盡歡樂的避風港。

如今羅德曼已經成了全國知名的明星，媒體世界會提供給他各種誘惑，進一步轉移他對比賽的注意力。除了代言活動和夜店，他也在電影《雙重火力》（*Double Team*）演出，還主持MTV頻道的真人實境節目《羅德曼世界巡演》（*The Rodman World Tour*）。然而，獲得最多注意的事蹟是在他的暢銷書《盡情使壞》（*Bad as I Wanna Be*）的巡迴簽書會上，他穿著婚紗出現，並且宣稱要嫁給自己。

另一個會產生重大影響的變化是，我們球員陣容的年齡層逐漸升高。羅德曼三十五歲了；喬丹在一九九七年二月即將滿三十四歲；而史考提和哈潑也已經是三十出頭的年紀。一般來說，我們的球隊還是處於極佳的狀態，而且可以打出比他們年紀還輕的效果來，但受傷卻開始拖慢我們的行動。盧克和哈潑在非賽季期間進行的手術都還在復原。而在一九九六年夏天的非賽季期間加入夢幻三隊（DreamTeam III）參加亞特蘭大奧運的史考提，則是飽受一碰就痛的腳踝所苦。我實在想不出NBA裡有任何過了三十四歲還能有絕佳表現的頂尖後衛。麥可．喬丹的黃金期又會在什麼時候耗盡呢？

儘管如此，我還是心懷感謝，因為我們球隊並沒有像許多其他隊伍一樣，遭到自由球員大量毀滅。我們可以繼續累積已經達成的成就，並讓彼此的關係更加深厚。我告訴球隊，這也許是我們最後一次一起打球了，所以我們應該要來點不一樣的作法。喬丹也有相同的看法。當記者問他，覺得一年合約可能造成的影響是什麼時，他的回答聽起來就像是個禪僧，「我們一再展現的就是要**為當下打球**，我們出席每場比賽，並把所有比賽都當成最後一場來打。」

球季剛開始的幾個星期，確實是這樣。我們有個有史以來最好的開始：十二比零，包括對戰邁阿密熱火隊時爆發的三十二分。但是羅德曼看起來有點分心，甚至覺得其中幾場比賽很無聊。很快地，他這顆不定時炸彈開始爆發。他經常當面挑戰裁判，並對著媒體發表一些關於裁判負面的激動言論。十二月時，我們因為他對NBA總裁大衛．史騰（David Stern）和其他官員的冒犯言論而被禁賽兩場。羅德曼古怪的行為和他令人失望的表現，已造成了全隊的困擾，更雪上加霜的是，我們的中鋒盧克．朗利受傷了。當時，大夥在星期六抵達洛杉磯，準備參加一場星期日晚上在論壇體育館舉行的特別賽。星期日下午，我接到盧克打來的電話：「教練，我搞砸了。當我在人體衝浪時，一個突如其來的浪頭朝我撲過來，我的左肩就脫臼了。對不起，老兄。」我叫他別在意並要他去接受必要的治療，我們會找人代替他的位置直到他復原。

接著，更糟糕的事情發生了。一月，在明尼亞波利斯舉行的一場比賽中，當羅德曼正與灰狼隊（Timberwolves）的凱文．賈奈特爭搶籃板球時，他撞到場邊的攝影師，還踢中他的鼠蹊部。NBA罰他禁賽十一場，造成的收入損失和罰款，讓他得付出超過一百萬美元的代價。當他歸隊時，喬丹和史考提已經對他失去了耐心。「我只知道羅德曼對大多數的事情都不屑一顧，」史考提說。「我不確定他會因為被停賽學到任何教訓。我從來就不期待他能改變什麼，如果他知道改變的話，就不會是隻小蟲了，這是他獨有的特色。」

公牛隊在羅德曼不能上場時，仍然取得九勝二負的成績，球員們也已經調整好自己的心態，即使沒有他也要爭取總冠軍。喬丹說，「我們知道也許該對羅德曼更好一點，但是我們也知道，沒有羅德曼，球隊一樣能生存，就算沒有他，我們渴望贏球的意志還是一樣強大。」當記者問他會給歸隊的羅德曼什麼建議時，喬丹回答：「我會告訴他要隨時穿著褲子。」

大多數球員都很喜歡羅德曼，因為他是球場上的開心果。在美國原住民文化中，他會被視為「heyoka」，意思是「倒著走的人」。也被稱為魔術師。「heyoka」不只會倒著走，還會倒著騎馬、穿上女人的衣服、逗人們發笑，羅德曼就是有種讓大家在緊張時放鬆的魔力。當隊上有這樣一個瘋瘋顛顛的傢伙，會把自己的頭髮染成一個黃色大笑臉時，誰還能夠壓抑住自己呢？

羅德曼也有他的黑暗面。有一次，在練習時他沒有出現，於是我到他家看看他在做什麼。當我到那裡時，看到他攤在自己的床（其實只是一張放在地板上的床墊）上，呆呆地看著影片。他才剛結束前一晚瘋狂的飲酒作樂，現在幾乎語無倫次了。如果是過去的我可能不會採取任何行動，但現在，我決定得跟他保持更緊密的聯繫，特別是在傑克．哈利離開球隊之後（他總是會在比賽之間密切注意羅德曼）。我建議羅德曼找球隊的心理師聊聊，而他也同意要試試看。但是他拒絕走進心理師的辦公室，所以他們的第一次療程是在大賣場中進行。

其他教練對待羅德的方式，就像對待小孩，並試圖用刻板的教條強迫他服從，但是這個策略最後都悲慘地以失敗告終。我的方法則是，把他當做大人跟他相處，並要他為自己的行為負責，就跟我對待其他球員一樣。他似乎很喜歡這個方法。有一次他告訴記者他喜歡我的一點就是，我「像個男人一樣」地對待他。

在羅德曼球季第三次的禁賽結束後，回到隊上不久，史蒂夫．科爾和雅德．布奇勒跑來找我，問我球員們能不能用一場特別的旅行，歡迎羅德曼的歸隊。他們的計畫是，等三月十二日在費城的比賽結束後租一輛巴士，並在隔天晚上與紐澤西籃網隊的比賽前回來進行輕鬆的練習。我同意他們的計畫，因為我認為這樣有助於讓羅德曼更快融入球隊——更何況，籃網隊是全聯盟中戰績最差的一隊。

於是隔天，羅德曼和快樂戰友們就開著租來的巴士出發了。在巴士上，貼滿了霍華・史坦（Howard Stern）的電影《私密處》（*Private Parts*）的宣傳照片。隔天，當巴士開到我們正前方，將充滿笑聲、玩在一起、大致上享受了一段快樂時光的球員們放下來時，我正與教練團在費城的四季酒店（Four Seasons）吃早餐。當時我心想，這一定會是我們作過最糟糕的一次練習。我猜得沒錯。球員們全都昏沉沉的，甚至連站好都很勉強。所以我在四十分鐘後就取消了練習，要他們為了比賽好好休息，而後來我們以九十九比九十八分輸了比賽。但是我認為這是值得的，因為讓羅德曼再次覺得自己是球隊的一分子，遠比在戰績紀錄本上再添一筆獲勝紀錄重要多了。

在丹尼斯・羅德曼及盧克回到先發陣容之後，公牛隊就開始反撲了。史考提正處於全盛時期，將行動協調安排得很好，以致於喬丹之後稱他為「我心中的最有價值球員」。喬丹也變得比較放鬆，逐漸建立一種比較不會消耗能量的打球風格，使用較多的中程跳投、較少的一對一空中投籃的效果演出。此外大多數球員們看起來都有冠軍的樣子。不論什麼樣的大災難降臨到他們身上，他們都有信心可以找到方法一起解決。我經常引用一位禪師說過的這段話：**「當我開悟前，我伐木挑水。當我開悟後，我伐木挑水。」**重點就在於：保持專注在目前手邊的任務，而不是停留在過去，或是擔心未來。這支球隊越來越擅長這麼做了。

不幸的是，羅德曼的緩刑並沒有持續很久。三月底，他扭傷了左腳的膝蓋，直到例行賽結束前都還在養傷。當時球隊正要出發到東岸進行一段長時間的公路旅行，我擔心要是羅德曼被留下來獨自在芝加哥做復健，他可能又會故態復萌。所以我們為他制定了一個計畫，讓他待在他經紀人位於南加州的房子，並在那裡完成他的復健。

這似乎是個很合理的主意。我們指派一位年輕的助理訓練師威利．布雷斯（Wally Blase）護送羅德曼前往他經紀人位於橘郡（Orange County）的房子，並確保他每天都有做復健。在他們出發之前，我把他們兩人叫到我的辦公室裡，指示他們直接前往加州，不要有任何額外的行程。然後我給了威利一根老鷹的羽毛作為約定的記號，並且開玩笑地跟羅德曼說：「好好照顧威利，並確保他有戴保險套。」羅德曼回答：「沒問題，老兄。」

這是在九一一事件發生之前的事，我們的保安團隊想出了一個方法，讓羅德曼及威利不用通過安檢門就可以登機。所以當他們正繫上安全帶、機長廣播說他們將會在兩小時又二十分鐘後降落在達拉斯—沃斯堡都會區（Dallas-Fort Worth）時，威利心中浮現的第一個念頭是，這不會是一趟例行的旅程。「達拉斯—沃斯堡都會區！天啊！」威利心想。他們甚至還沒離開芝加哥就已經打破第一條規定了。威利問羅德曼這是怎麼回事。他回答說，「不用擔心，兄弟。我跟我經紀人談過，我們得去看看我住在達拉斯的媽媽，參觀一下我剛買給她的房子。」

羅德曼的計畫聽起來很有道理。但是，當他們到達機場的行李提領處時，兩輛載滿衣著暴露女子的加長型轎車，正等在那裡迎接他們。探視完羅德曼的母親之後，他們整晚帶著這些女人們逛遍全達拉斯的夜店，然後回到他們的飯店套房。威利還在沙發上睡著了。

隔天早上羅德曼八點半就叫醒了威利，他說：「快起床！兄弟，你可以等你死了再好好睡。」他們去健身房，丹尼斯在那裡像發瘋似地鍛鍊。在吃早餐時，威利問他說他們什麼時候會飛到加州。「今天不行，兄弟，」羅德曼回答。「你有看過全國運動汽車競賽協會（NASCAR）的比賽嗎？」當天是德州賽車場的盛大開幕典禮，而且有個讓羅德曼深受吸引的模特兒也會出席。所以他們租了一架直升機直接飛往賽車場，好避免塞車。等他們降落之後，羅德曼說，「咱們去看看賽車之王理查．佩蒂（Richard Petty）吧！」並拖著威利到內場的VIP席。

到了第三天，威利就失控了。他告訴羅德曼說，如果他們再不快點到加州去，他就會失去他的工作，但是丹尼斯還沒有打算要離開達拉斯。「別這樣，老兄，」他說。「昨天看的還只是二流的比賽而已，今天才算是真正的比賽。」所以他們再次前往賽車場。一氣之下，威利打電話給他的上司，總訓練師奇普．謝弗爾，向他報告說他們還在達拉斯。「別擔心，」奇普說。「至少他還沒惹出任何麻煩。」

隔天他們終於抵達南加州了。威利以為接下來的行程步調應該會放慢一些，但是他們一下飛機，羅德曼就想看他新買的藍寶堅尼跑車。當他們進到車庫時，羅德曼給了威利他另一輛車的鑰匙——一台黃色的保時捷。他問：「你開過保時捷嗎？」威利搖搖頭。羅德曼繼續說：「不用擔心，沒問題的。」然後他們兩個就發動了車子，穿梭在的街道上，彷彿他們是在德通納五百汽車大賽（Daytona 500）中較勁一樣。

接下來又是一趟接著一趟精采的冒險旅程。有一天他們去看《今夜秀》（*The Tonight Show*）錄影，還和喜劇演員羅德尼・唐格福（Rodney Dangerfield）及不要懷疑樂團合照。另一天，他們則與電影製作人傑瑞・布洛克海默（Jerry Bruckheimer）碰面，討論丹尼斯在電影《世界末日》中可能飾演的角色。還有一天，他們去看了一場安納海姆鴨隊（Anaheim Ducks）的冰球比賽，並和威利的幾位冰球偶像合照。「這就像是電影《大明星小跟班》與《成名在望》的內容全部結合在一起，」威利說道。

旅程結束後，威利和羅德曼的關係變得很緊密，因此我們公路旅行時經常會帶威利去跟羅德曼作伴。隔年，在猶他州舉行的總冠軍決賽的休息時間，羅德曼說他已經厭倦了無聊的鹽湖城，想租台噴射機載他們到拉斯維加斯。但是羅德曼並沒有告訴威利說，他計畫利用這段短程旅行來舉辦他的生日派對，而且羅德曼還邀請了他的許多朋友來參加，包括女演員卡門・伊萊克特拉（Carmen Electra）、創作歌手艾迪・維達（Eddie Vedder）及冰球傳奇人物克里斯・奇利奧斯（Chris Chelios）。「這真是我這一生最棒的一晚，」威利說道。

目前任職亞特蘭大老鷹隊的體能總訓練師的威利，很快就了解羅德曼的個性。威利說：「沒錯，他很會搗亂，也很沒安全感，但是他也是你遇見的所有人之中最善良的一個。」在威利看來，羅德曼最大的成就，就是他創造「專業運動員完美情節」的能力。「他是唯一一個人們會期待和他出去，並帶著脫衣舞孃參加派對的職業運動員。美式足球選手喬・納馬斯（Joe Namath）之前在紐約曾這樣做過，但卻受到嚴厲的懲罰，麥可・喬丹在高爾夫球場賭博被抓到時，大家也不顧一切地痛罵他。但是對羅德曼來說，道德缺陷正是他賣點的一部分，而他也創造了這樣的人格。人們可能會說：『噢，是啊，這很正常啊。』但當你仔細想想，就會覺得他真是天才。」

那或許是真的，但是我認為羅德曼擁有吸引力的祕訣，其實是他反抗系統的調皮方式。這讓他成為一個鼓舞人心的典範；無論老幼，只要他們覺得自己處於社會的邊緣。許多特殊教育老師寫信告訴我，他們患有注意力缺陷過動症的學生都很喜歡羅德曼，因為儘管面臨這樣讓人衰弱的症狀，他的人生依然很成功。對他們而言，他是個真正的冠軍。

這一年真的很奇怪！儘管我們有好幾位明星球員缺席球季的部分比賽，但我們還是以六十九勝十三負的紀錄結束球季，追平一九七一至一九七二年的湖人隊紀錄，成為NBA史上第二好的球隊。但是羅德曼和東尼還在等待復原的傷兵名單中，而球隊也缺少該年較早時候我們曾經共享的凝聚力。唯一的好消息是：在球季的最後幾週，我們網羅到身高二一一公分、後來改名畢森・德勒（Bison Dele）的前鋒／中鋒布萊恩・威廉斯（Brian Williams），補足球隊在內場的體型優勢。威廉斯在整個季後賽期間扮演重要的角色，擔任盧克及羅德曼的替補球員。

前兩輪的比賽都相當平靜。我們以三勝零負的成績橫掃華盛頓巫師隊，並在第二場比賽失去主場優勢後，在五場比賽內擊退亞特蘭大隊，這是兩年來首度有球隊在季後賽在我們的主場打敗我們。

下一輪在東區總決賽對戰邁阿密熱火隊，最後變成兩種截然不同的籃球文化的相互對決。一九九五至一九九六年的球季開始後，帕特・萊利開始接管這支球隊，由阿朗佐・莫寧（Alonzo

Mourning）擔任前鋒，提姆．哈德威（Tim Hardaway）擔任控球後衛，打造出一支典型的萊利式球隊。多年來，外界一直熱烈討論我和帕特．萊利之間的競爭，尤其是在紐約的小報上。但是我們之間主要的差異是在觀念上，而不是私人的部分。萊利在比賽中擅於使用激烈碰撞，這種舊式的方法帶給他許多勝利。就像萊利執掌的尼克隊、熱火隊，球員的體格都很壯碩、具有侵略性，只要他們想擺脫你，就隨時準備在每個環節上對你犯規。相反地，我們的方式則比較自由而開放。我們會密集防守，但會專注在抄球，切斷對手的傳球路線，並且逼迫他們的持球員犯錯。

一開始看起來似乎會輕鬆取勝。我們在第一場比賽輕鬆地擊敗邁阿密隊，以八十四比七十七分贏球，領軍的是麥可，他得下壯觀的三十七分和九個籃板球。比賽的關鍵因素是在半場時所做的防守變化，我們讓哈潑去防守哈德威，讓喬丹去對付善投三分球的沃尚．萊納德（Voshon Lenard）。接著在第二場比賽中，我們在苦戰之下，以七十五比六十八分取得勝利，這是NBA史上季後賽得分最低的比賽。第三場比賽，我們以三角戰術反制邁阿密隊強力的防守，讓熱火隊難以阻擋我們的球路，最後輕鬆以九十八比七十四分拿下勝利。

在球賽中間的休息日，喬丹決定去打四十六洞的高爾夫球，但在第四場比賽，他卻面臨生涯有史以來最糟糕的開始，在外線投了二十一球卻只進了二球，而邁阿密隊卻輕易取得二十一分的領先。雖然在第四節，喬丹讓我們幾乎就要追回比數，他在我們得的二十三分中得了二十分，但是後來卻因為時間不夠而輸球，終場八十七比八十分。最重要的時刻出現在第三節的後半段，當時莫寧用力推了史考提一下，並在他額頭上留下一個跟高爾夫球一樣大的包。喬丹被激怒了，宣布說第五場比賽將是他個人的復仇之戰。他說：「當我隊友的頭被打了一下時，就等於我的頭也被打了一下。」

第五場比賽，喬丹馬上就讓邁阿密隊付出了代價，在第一節得了十五分。但是當史考提因為跟莫寧再次碰撞而扭傷腳、必須下場時，其餘的隊員就得加緊腳步才行。在系列賽初期就一直很努力的東尼，代替了史考提的位置，並在第一節投進六分，拉開比數，使公牛隊大幅領先。我們隊上替補球員的表現讓我感到特別高興，他們的得分超過邁阿密隊的板凳球員，三十三比十二，由得下十分的布萊恩·威廉斯，以及在防守時出現幾個關鍵阻擋的雅德·布奇勒領軍。最後的比數是，公牛隊一〇〇分，熱火隊八十七。

萊利因為輸球而變得謙卑。「公牛王朝隨著他們的年紀增長而變得更好，」他並補充說道，他認為公牛隊是「NBA史上繼塞爾提克隊之後最優秀的球隊，他們在十三年內奪冠十一次」。這是第四度由他帶領的球隊，在季後賽遭到由喬丹帶領的公牛隊逐出季後賽。萊利說：「我們都很不幸，因為跟麥可·喬丹生在同一個時代。」

但猶他爵士隊可不吃這一套。這支隊伍首度晉級總冠軍決賽，爵士隊擁有一些獨特的武器：大前鋒卡爾·馬龍（Karl Malone），他在該年打敗喬丹贏得最有價值球員的殊榮；以及控球後衛約翰·史托克頓，是比賽中最狡猾的持球員之一。爵士隊也有個靈巧的外線射手，傑夫·霍納塞克（Jeff Hornacek），該年他每場比賽的平均得分是十四·五分。我們最擔心就是史托克頓和馬龍的招牌擋切戰術，這在過去經常讓我們感到很頭痛。但是我也想抑制馬龍在內線的表現。

卡爾的外號叫做「郵差」，因為他總是能夠傳遞好球。他很高大、具有侵略性，而且在籃板下很難防守，就算是羅德曼也一樣。所以我在系列賽一開始就派盧克去阻擋他，希望能夠借助他的身材，使馬龍放慢速度。

然而，在第一場比賽中，決定比賽結果的並不是馬龍旺盛的動力，而是他那焦躁不安的心。比賽時間剩下九．二秒、比數被追平到八十二比八十二分時，馬龍因為在籃下要爭奪無主球遭到犯規。當他走到罰球線時，史考提在他耳邊輕聲地說，「郵差星期日是不送件的。」卡爾的第一個罰球沒有進，顯然他很慌亂，第二罰也只碰到籃框邊緣，最後進了喬丹的手中。我原本預期爵士隊會在最後的戰術上讓雙人包夾喬丹，但是他們卻讓前鋒拜倫．羅素（Byron Russell）一對一地去對抗喬丹，這不是個好主意。喬丹用假動作騙過了羅素，並投進一記跳投，以八十四八十二比贏得這場比賽。

第二場比賽我們輕鬆地擊敗爵士隊拿下勝利，但是當他們回到主場進行第三場比賽後，展現十足爆發力，由馬龍領軍率先奪下三十七分、搶下十個籃板球。他的祕訣是什麼？他透露自己選擇走觀光路線到達球場，騎著他的哈雷穿越群山。下一場比賽，我給了羅德曼系列賽期間的第一次機會，讓他去阻擋馬龍這台得分機器。事實上，在比賽前羅德曼嘲笑馬龍說，他正計畫「租台腳踏車騎上山，試著找到上帝或是某個人」。但是這似乎沒什麼效用。馬龍得了二十三分，搶下十個籃板，還在剩下十八秒時投進兩個關鍵的罰球。這時史考提說：「我猜這裡的郵差連星期日也有送件。」後來我才知道在整場比賽中，我們的設備經理不小心讓球員們喝了一種高碳水化合物的含糖飲料，而不是運動飲料開特力（Gatorade），整個球隊在終場前的幾分鐘變得如此反應遲鈍，就是這個原因。根據估計，等於每位球員都吸收了大約二十顆烤馬鈴薯。

下一場比賽，是我所看過最鼓舞人心、最堅持不懈的行為。第五場比賽前，系列賽的比數是二比二平手，但當天早上喬丹起床時，原以為自己有腸胃型感冒的症狀，後來卻證實是食物中毒。他相當虛弱，不僅無法參加早上的投籃訓練，甚至還在床上躺了半天。我們之前看過無數次喬丹抱病上場，但是這卻是最嚴重的一次。史考提說：「我和喬丹打過這麼多球季的比賽，從來不曾看過他病得如此嚴重。都到了這個地步，我想他應該無法上場比賽了。」

喬丹嚴重地脫水，而且看起來似乎隨時都有可能昏倒，但是他卻支撐住了，投出二十七球中進了十三球、得到三十八分，包括時間剩下二十五秒時贏得比賽的一記三分球。這是一個了不起的壯舉，但是在這場比賽，多數人所不了解的是，如果沒有非凡的團隊努力，絕不會有今天這樣的結果。史考提精心地調配防守策略，好確保喬丹能夠不用擔心防守，集中精力得分。但是史考提在比賽結束後對這件事情卻隻字未提。「他付出的努力和帶給我們的成果真的很驚人，」對於喬丹的表現，史考提這樣說，「這正是領導能力，他就是能讓每個人都保有耐心，並且投進一個又一個的關鍵射籃……在我眼中他才是最有價值球員。」

回到芝加哥的下一場比賽也是一場苦戰。我們一開始就失誤，並在大半場比賽中持續落後，但球員們不肯放棄。史考提及喬丹都有非常好的表現，但是這場比賽卻醞釀著要演出一幕最激勵人心的劇本：雅德．布奇勒在第三節快結束時投進一記關鍵的三分球。東尼在因腳痛而步履蹣跚的霍納塞克面前演出一記令人眼花撩亂的拉桿上籃。布萊恩・威廉斯挺身對抗馬龍，逼迫他必須離開他的定點。最美妙的一刻還是史蒂夫・科爾投出的射籃，他努力了一整季，最後以此結束了比賽。

爵士隊在第四節一開始領先了九分，但是時間剩下十一秒時，分數被追成八十六比八十六分平手，當時球在喬丹的手中。爵士隊決定不要再犯他們在第一場比賽中曾犯的錯。所以當喬丹從左側運球遇上拜倫・羅素時，史托克頓移動過去一起包夾喬丹，讓位於罰區的科爾形成空檔。一開始喬丹想要強行穿過防守他的球員，但是當他在空中滯留時，他發現那是行不通的。**「那真是令人難以置信，他竟然可以一直停留在空中，」**霍納塞克在賽後說，「當時史托克頓和拜倫・羅素在防守他，而我在防守庫科奇，接著庫科奇切到籃下，所以我也得跟上去。我不能讓他上籃得分。喬丹一直看著東尼、他也一直停在空中，接著他不知道用什麼方法將球轉而傳給史蒂夫。」

史蒂夫隨即在罰球線後站定位，投出一記完美的跳投追平比數，最後庫科奇補上一記灌籃贏得比賽，也贏得了總冠軍。這真是一趟充滿受傷、禁賽及其他挑戰的艱困旅程。但是球隊在最後一刻展現的完美和諧（以及應變能力）讓這一切都值得了。後來，喬丹因為得了三十九分，而獲得總決賽最有價值球員，但他希望能和史考提分享這個獎項。他說，「我會拿走獎盃，但是車子我要送給史考提。這是他應得的，就和我一樣。」

喬丹利用比賽結束後的記者會，對向來不給媒體明確回答的傑里・藍斯多夫施壓，要他帶著所有球員們一起再參加下一季的比賽。我的一年合約已經快到期了，好幾支球隊都已經展現他們有興趣跟我合作。此外，史考提的合約也即將面臨最後一年，不斷有謠言說他可能會被交易掉。為了加碼，合約也快到期的喬丹說，如果皮朋和我沒有加入，那他也不會再繼續留下。

三天後，數以萬計的球迷們擠進芝加哥市中心內的格蘭特公園為我們的勝利慶祝。慶祝會中最精采的部分是，史蒂夫開玩笑地解釋他那記著名的射籃「其實」是怎麼發生的。

「當我們在終場前二十五秒喊暫停時，」他回憶說，「我們聚在一起，這時菲爾說，『喬丹，我要你負責做最後一擊，』而喬丹說，『我跟你說，菲爾，這種情況我會覺得不舒服，所以或許我們應該試試看找別人。』然後史考提說，『你知道的，菲爾。喬丹在他的廣告中說過，他已經被要求擔任最後一擊卻失手了二十六次。所以何不讓史蒂夫試試看呢？』」

「所以我對我自己說，『我猜我這次又得幫喬丹收拾爛攤子了。我都已經幫他一整年了，又怎麼會差這一次呢？』不管怎樣，這球進了，這就是我的事蹟，這點我很堅持。」

喬丹和史考提忍不住笑了，群眾都很愛這一幕。但是當我環顧周圍的觀眾，我注意到有個坐在史蒂夫正後方的人一點笑容也沒有。這個人就是傑里．克勞斯。

第 13 章

放手，才是真正的覺醒

當模式被打破時，新的世界便會浮現。

——徒利．庫佛伯格（Tuli Kupferberg）

效力於尼克隊的時候，戴夫．德布斯切爾曾教給我寶貴的一課。一九七一至一九七二年時尼克隊網羅到傑里．盧卡斯來替補因為受傷下場的威利斯．瑞德。傑里是個身高二〇三公分、多才多藝的前鋒／中鋒，很擅長搶籃板球，也是個擁有極佳外線投籃能力的傳球員。在傑里來到球隊之前，戴夫對傑里的評價並不好。他認為他是個古怪的個人主義者，比起比賽的輸贏，他似乎更在意他個人每場比賽的平均得分和搶到的籃板球數。但是當盧卡斯加入尼克隊之後，戴夫卻想出了一個可以與他合作的方式。當我問他為什麼可以調整得如此快速時，他回答說：「我不想讓我個人的感覺，阻礙我們達成團隊的目標。」

過去兩年我在公牛隊擔任教練時，這正是我對於傑里．克勞斯的觀感。雖然我與傑里常有意見不合的地方，但我仍然尊敬他在籃球方面的智慧，也很享受與他一起將公牛隊打造成冠軍隊伍的過程。但是自從三年前我們對強尼．巴赫的事看法不同之後，我們的關係就慢慢地變得疏遠。此外，一九九六至一九九七年的球季期間，我和他對於我合約的協商，更惡化成為冷淡而僵持不下的狀態。正如多數關係一樣，我們雙方對關係的崩壞都有責任。我必須不計一切代價維護球隊的隱私及自主權，但是傑里卻拚命地想要奪回對球隊的掌控權。這樣的衝突並不稀奇，但是對我們來說很不幸的是，我們之間的差異卻被搬到大型的公開舞台上演。

回想起來，我認為我和傑里的對抗教會了自己一件事，那是我透過任何方式都不可能學到的。達賴喇嘛稱之為**「敵人的禮物」**。從佛教的觀點來看，與敵人作戰會幫助你培養出對別人更大的同情與寬容。「為了真心地練習並培養耐心，」他說，**「你需要有人來故意傷害你。」**這麼一來，這些人就給予我們真正的機會來練習這些事情。他們是在用一種連大師都無法做到的方法，測試我們內在的力量。

我不會真的把傑里稱為我的「敵人」，但是我們之間的衝突，確實測試了我內在的力量。雖然傑里和我在大部分的籃球議題上都能取得共識，但我們對於如何管理球員的意見卻完全相反。我試圖盡可能地表現開放及透明，而傑里卻傾向於表現封閉及隱密。在某種程度上，他是這套系統的受害者；如果不對分享資訊保持謹慎，在NBA中很難達成好的交易。但是傑里並不擅長溝通，所以當他對球員們談話時，他常會說些不真實的話，或者更糟的是，口是心非的話。我很同情傑里，因為我知道在內心深處，他並不是媒體所形容的那種冷酷無情的權謀政治家。他只是想要向世界證明，他不靠麥可·喬丹也能打造冠軍隊伍，而他也急著想要努力用行動證明。

一九九六至一九九七年球季的中期，公牛隊的老闆傑里·藍斯多夫提議讓克勞斯及我的經紀人陶德·馬斯柏格（Todd Musburger）一起為我擬定一份新合約的基本條款。我們要求加薪，使我的薪水可以媲美其他頂尖教練當時的薪水，例如帕特·萊利及查克·戴利。但是儘管我的紀錄不錯，傑里·克勞斯卻很難看出我的層次，因此商談宣告破裂。難得的是，藍斯多夫意識到我還得留到季後賽對我來說是不公平的（那時候大部分的教練缺額都會被填滿），根本不知道下一季我會不會有工作。所以他同意讓其他球隊與我聯繫，而很快地就有其他幾支球隊對我表示興趣，包括奧蘭多魔術隊。

但是我並不打算放棄公牛隊。在季後賽結束後不久，藍斯多夫飛到蒙大拿州，和我一起商談出一份我們兩個都能接受的一年期合約。他希望帶著所有球員們一起再參加下一季的比賽，努力再贏得一枚戒指。那年夏天不久後，他也和喬丹（三千三百萬美元）和羅德曼（四百五十萬美元，加上高達一千萬美元的獎金）敲定了一年的合約，讓這一年球季的全隊球員薪資（扣掉史考提）提升至五千九百萬美元，現在唯一剩下的問號就是史考提了。

史考提在那年夏天過得並不好。他在季後賽期間弄傷腳，並且需要開刀，這使他有將近二到三個月的時間無法活動。他簽的七年合約也已經到了最後一年，而相較於聯盟中的其他球員，他對於球隊支付給他的低薪也越來越不滿。一九九一年，史考提簽了一份將他的合約延長五年的合約，價碼是一千八百萬美元，當時看起來似乎是個不錯的交易。然而，從那時候開始NBA的薪資就水漲船高；現在已經有一百多名以上的球員薪水超過史考提，包括他自己隊上的五位隊友。所以即使許多人認為他是NBA中除了喬丹以外最好的球員，他還是得再等一年，直到合約到期，才能獲得與他表現相符的薪資。在此同時，也還是有個外部的機會——他可能會被交易掉。

更糟的是，克勞斯還威脅他，如果史考提冒著讓腳傷惡化的風險，參加每年的夏季慈善比賽，就要對他採取法律行動。這番話讓史考提很生氣，他感覺克勞斯只把他當成私人財產。克勞斯要求我介入幫忙勸史考提，但是我不願意讓情況更加惡化。所以史考提還是參加了慈善比賽，而且為了報復克勞斯，延後到訓練營開始時才開刀。

事情的轉變讓我不太開心，喬丹也是。我們整個夏天都為了史考提挺身而出，但是他延後手術的舉動讓整個球季陷入危險之中。史考提在幫助球隊團結上面如此重要，實在很難想像在有一半以上的時間他都不能上場的情況之下，球隊能有多好的表現。

在球季開始前的年度媒體日，傑里．克勞斯決定要對記者發言，卻說出他畢生最大的失言。我猜測克勞斯出現在記者會的原因，是為了要對記者澄清說我的告別是我跟他一起做的決定。但是他在記者會中卻說「贏得冠軍的不是球員跟教練，而是球隊」。隔天他試圖要修正這個錯誤，解釋他想說的其實是「單靠球員和教練無法贏得冠軍」，但是傷害卻已經造成了。喬丹對傑里輕視的言論感到特別生氣，於是把它變成整個球季的戰鬥口號。

那天稍晚，克勞斯把我叫進他的辦公室，對我說：「我才不在乎你會不會贏得八十二場比賽，這已經是你的最後一年了。」終於來了。當藍斯多夫到蒙大拿州拜訪我時，我們曾經談過這會是我的最後一季，但是直到克勞斯說出口，我才真正相信這件事。一開始我感到相當不安，但是等我稍微思考過後，我感到相當釋懷，至少現在我得到明確的答案了。

我把那年的球季稱為「最後一支舞」，因為那就是它給我的感覺。不管發生什麼事，合約快到期的大部分球員（包括喬丹、史考提、丹尼斯、盧克、史帝夫及雅德）明年都無法再穿上公牛隊的球衣了。這個結局讓這個球季產生了一個明確的共鳴，使球隊更緊密地團結在一起。這感覺就像我們要執行一個神聖的任務，而驅使這個任務的力量超越了名譽、榮耀及所有其他戰利品。我們這麼做只為了再一次一起打球的**純粹快樂**。這種感覺實在很神奇。

這並不是在說過程不容易。球隊的年齡又老了一歲。那年羅德曼三十七歲；皮朋三十三歲；

而喬丹和哈潑各自也即將滿三十五歲及三十四歲了。我們需要在例行賽期間節約地使用我們的精力，這樣才能在季後賽開始時保持最佳狀態。但是沒有史考提在場上將會很辛苦。在他回來之前，我們必須想出一個方法來處理這個情況。

沒有史考提來指導場上的行動，球隊將會很難找到自己的節奏，並且面臨一個崎嶇的開始。我們最大的問題是要結束比數接近的比賽，這曾經是我們的強項。十一月底在西雅圖對戰超音速隊的比賽是我們的低潮，當時我們以九十一比九十分輸球，以八勝六敗的紀錄下滑到東區第八名。我們的對手已經開始對我們虎視眈眈了。

我們前往西雅圖的旅途中，史考提的憤怒徹底爆發了。他告訴記者他實在受夠管理階層，以至於他已經不想再替公牛隊打球了。比賽結束後，他在到機場的巴士上喝得酩酊大醉，並對坐在前排的克勞斯說了一番難聽的激烈言論。我試圖制止史考提的爆發行為，指著我手中的啤酒瓶暗示他喝多了。

當我們回到芝加哥之後，我安排史考提去找隊上的心理師，幫助他處理憤怒。不過，我還是很擔心他的心情。他在感恩節的深夜打給我，和我討論他的狀況。他告訴我，他對於被交易這件事情是非常認真的，而我試圖讓他從不同的角度去思考這個問題。我擔心如果那時他的要求太過分，可能會被當成麻煩製造者，在聯盟中遭到排斥，還會危害到他下一季和其中一支頂尖球隊簽約的機會。就生涯的角度來說，我認為對史考提最好的決定就是與公牛隊一起打完這個球季。我勸他不要讓他對管理階層的憤怒毒害他的願望，回來幫助帶領球隊拿下第六座總冠軍。他回答說，他不想再讓管理階層有機會讓他心碎。

我看得出來這會需要時間，最後我決定，最好的辦法就是讓球員們帶史考提去四處走走，就像四年前終場前一．八秒，史考提因為不滿我的指示拒絕上場，在那次事件後他們就是那樣做的。我要求哈潑——史考提在隊上最好的朋友，讓他知道隊友們有多麼需要他的幫助。我也拒絕了讓史考提跟球隊去巡迴比賽的提議，好避免在途中又出現他和克勞斯之間的尷尬衝突。此外，史考提的復原進度比預期的還慢了許多，因為他的肌肉萎縮不少。十二月中旬他的垂直跳躍力從原本的三十吋降到了十七吋，這表示他會需要多一個月的時間來恢復到原來的狀態。這還好，我認為史考提花在和隊友訓練的時間越多，他就越可能接觸之前打球時感受到的喜悅。十二月底時，我看得出來他對回到公牛隊的想法已經逐漸軟化了。

在此同時，球隊也試著自我修正。十二月中旬，在主場以一〇四比八十三分打敗湖人隊之後，我們的戰績是十五勝九敗，但是球隊還是不夠團結，也太過依賴喬丹。在一次影片會議中看完盧克亂七八糟的動作後，我原本打算開個玩笑。我說：「每個人都會犯錯，而我所犯的錯就是今年回來帶領這支球隊。」當時，喬丹用陰沉的語氣說：「我也是。」不久之後，顯然因為我們的評論感到受傷的盧克說：「當批評家還真容易。」當泰斯跳出來並指責他態度不佳時，盧克說：「我又不是在說教練團隊的人。批評我的人是喬丹。」對於這番話喬丹回答：「唯一會讓我不高興的只有輸球的時候。我認為你應該下定決心讓自己下次表現得更好，要有所改變。」

房間裡頓時一片沉默。「都過去了，」喬丹補充。「我們不會再輸掉任何一場比賽了。」

事實上，他並沒有誇大其詞。那之後不久，我們就展開反擊、開啟九勝二負的路程。造成這項巨大轉變的原因，是在對戰擁有長人前鋒的球隊時，將東尼．庫科奇轉成先發球員。這讓他可以扮演第三個後衛，就像史考提之前所做的一樣，並且利用他具有創意的控球能力。東尼是個特立獨行的球員，他總會尋求別人意想不到的戰術，有時候這會發揮相當不錯的效果。不過，東尼沒有堅毅的精神或是體能條件能駕馭NBA比賽崎嶇的八十二場賽程，擔任主要得分球員或是控球球員。但如果沒有東尼坐鎮，我們板凳球員的戰力就會變弱許多。

最大的驚喜是羅德曼。一九九六至一九九七年時他一直苦苦掙扎，而我擔心他會再次對比賽失去興趣。但是在史考提養傷的期間，我們要求他增加、提高球隊的精力，突然之間，他在攻守兩邊都出現MVP級的表現。

喬丹很喜歡說他和羅德曼在這段期間如何團結的故事。關鍵就是他們對雪茄的共同愛好。「史考提受傷之後，隊上的領袖就只剩下我和羅德曼，」喬丹回憶說。「所以我跑去找羅德曼，跟他說，『聽著，我知道你滑稽的動作。我知道你喜歡技術犯規。我知道你想要保護的形象。但是兄弟，我需要你留在比賽中。我不要你被裁判踢下場。史考提並不在場上。這表示你得跳出來領導大家，而不是躲在史考提和我的後面。』」就絕大部分來說羅德曼並沒有辜負這個挑戰。但是在一場比賽中，他因為發怒而被判下場。「我現在生氣了，」喬丹說。「我真的很火大，因為我們已經談過這件事了，而他卻留下我孤軍奮戰。那天晚上他來敲我飯店房間的門，跟我要一根雪茄。我們整晚一直在一起，他從來沒有這樣做過。但是他知道他讓我失望了。那就是他說『對不起』的方式。」

一月十日，對戰金州勇士隊時，史考提回到了球隊的陣容中，於是一夜之間球隊就蛻變了。這就像是看到一個偉大的指揮在放假後歸隊。突然之間，大家都知道該演奏什麼音符，也知道該如何互相協調。從那時開始，我們就開啟了三十八勝九敗的路程，追平猶他爵士隊取得聯盟中的最佳紀錄：六十二勝二十敗。

隨著例行賽逐漸進入尾聲，對我們來說，我認為以「球隊」的身分做一些終結是很重要的。這是一個時代的結束，而我希望我們能花一些時間對我們的成就以及我們連結在一起的力量表示感謝。我的妻子茱恩建議我們可以進行一個儀式，那是她在她工作的收容所中，曾對父母已經過世的孩子用過的儀式。所以我在季後賽開始前安排了一場特別的球隊會議，要每位球員寫下一小段文字，述說這個球季和我們球隊對他們的意義。

我們在部落室碰面。在場的只有球隊內部的核心：球員、教練團隊及訓練人員。只有大約一半的人有事先寫些東西，但是每個人都有發言。史蒂夫．科爾談到他在為球隊效力期間為人父的興奮感，並帶著他四歲大、熱愛籃球的兒子到公牛隊的球員休息室與喬丹、史考提及丹尼斯見面。總訓練員奇普．謝弗爾則引用出自《哥林多前書》（*1 Corinthians*）十三章的著名經文：

我若能說萬人的方言，並天使的話語，卻沒有愛，我就成了鳴的鑼、響的鈸一般。我若有先知講道之能，也明白各樣的奧祕、各樣的知識，而且有全備的信，叫我能夠移山，卻沒有愛，我就算不得什麼。

喬丹為這場會議寫了一首短詩，那真的非常感人。他稱讚每個人的付出，還說他希望我們建立的團結可以持續到永遠。接著他補充：沒有人知道未來會怎樣，但讓我們用正確的方式完成它

聽到一群NBA的硬漢球員，用這樣柔和的方式向彼此透露他們自己的想法，真的很令人感動。在每個人發言完之後，我要大家將自己所寫的紙條放在一個咖啡罐裡。然後我們把燈關掉，放火點燃這些字條。

我永遠都不會忘記那一刻。房間裡安靜的氣氛，黑暗中燃燒的火焰，我們安靜地坐在一起、看著火焰熄滅，所有人感覺到的強烈緊密關係——我們之間的團結從來沒有這麼強烈過。

在例行賽最後的一週，我們輸了兩場比賽，包括在主場對戰溜馬隊的比賽。隨著打進季後賽，這在我的心裡引起了一些疑問，即使我們已經穩占東區的主場優勢。我最擔心的一點是疲勞的問題。喬丹和史考提大部分的時間都會上場，而我不確定我們的板凳球員是否夠強大，讓主力球員在接下來的比賽中有喘息的空間。我們的策略是在開始時執行堅強的防守、節省精力的消耗，等比賽快結束時再由喬丹上場接手。我們的亮點是東尼．庫科奇的重新登場，他在前一年苦於嚴重的足底筋膜炎，但是現在他表現得如此出色，甚至讓山姆．史密斯建議公牛隊的三巨頭（Big Three）現在應該把羅德曼換成東尼。至於羅德曼，我擔心他的反覆無常及缺乏專注力的問題，特別是現在隊上已經沒有布萊恩．威廉斯可以替補他了。為了加強我們的內線防守，我們

把前鋒傑森・卡菲交易掉，換回更高大、更積極進取的球員迪基・辛普金斯（他之前也是公牛隊的球員），希望他可以幫助羅德曼及盧克阻擋對手的進攻。

結束前兩場被《芝加哥論壇報》專欄作家伯尼・林西科姆（Bernie Lincicome）形容為「行屍走肉」的低迷比賽後，在接下來的系列賽中，夏洛特黃蜂隊在第二場比賽給了我們一個驚喜，由我們的前隊友阿姆斯壯領軍，他們在第四節以強力的進攻打敗我們。因為阿姆斯壯的關係激勵了整個球隊、讓我們獲得優勢（特別是喬丹），展現爆發力在五場比賽內終結掉黃蜂隊。

我們的下一個對手溜馬隊可就沒那麼容易屈服了。他們是個強大的競爭對手，由曾是塞爾提克隊偉大球員的教練賴瑞・柏德帶領，最大的特色就是擁有全聯盟最優秀的射手之一雷吉・米勒（Reggie Miller），並與中鋒里克・施密茨（Rik Smits）一起組成堅強的前場防線。喬丹、史考提和哈潑在「早餐俱樂部」的某次鍛鍊時間中，想出了一個有創意的防守策略，可以讓溜馬隊的後場變得無用武之地。他們建議讓史考提去防守馬克・傑克遜（Mark Jackson），因為在之前的比賽他防守他時表現得很好，並讓哈潑去對付米勒，因為他很擅長突破對手的掩護。而喬丹則去輪流防守小前鋒——不是傑倫・羅斯（Jalen Rose），就是克里斯・穆林（Chris Mullin），這可以讓他避免在追逐防守雷吉・米勒時消耗太多的精力。

我同意讓他們在場上實施這個計畫，果然奏效，逼得溜馬隊在前兩場比賽就發生了四十六次失誤，也讓我們在系列賽中以兩勝暫時領先。但在第二場比賽後，賴瑞向媒體抱怨史考提打球時的小動作。結果，等我們下次相會時，史考提在比賽開始不久就陷入了犯規的麻煩。接著，賴瑞又利用以速度更快的特拉維斯・貝斯特（Travis Best）代替傑克遜上場來破解我們的防守戰術。因此，我們必須改變我們的計畫，讓哈潑（或是科爾）去對付貝斯特，讓喬丹去對付米勒。第四節米勒透過隊友的足夠掩護而獲得更多活動空間、一路進攻得了十三分，終場以一〇三比一〇五分贏球。

第四場比賽終場前的幾秒，讓我想起一九七二年奧運會的總決賽，就是徹底地亂七八糟。當史考提遭到對手犯規、兩罰不中時，比賽時間還剩下四・七秒，我們以九十四比九十三分暫時領先。後來，哈潑和米勒陷入了爭執，而羅德曼把雷吉拉下場，在我們的板凳區開始打他。這兩名球員之後都被罰款，而羅斯則因為跳進去加入混戰而被禁賽一場（我也被罰款，因為我把裁判比喻成一九七二年奧運時用糟糕的判決讓美國隊的贏球無效的裁判）。當這一切終於平靜下來後，米勒用他的雙手用力推開喬丹、抓住回傳的球，並在時間剩下〇・七秒時投進一記三分球、贏了這場比賽。

第五場比賽我們拿出了致命武器（防守），並在芝加哥以一〇六比八十七分阻止溜馬隊繼續贏球，讓系列賽的成績推進到三勝二敗暫時領先。「今晚真是意想不到的突出。」喬丹說道。「當每個人都專注在打好自己的比賽時，我們就可以打一場真正的籃球比賽了。」到目前為止都還算不錯。但是兩天後在印第安納波利斯，溜馬隊又追平了系列賽的戰績，另一場比賽，則因為裁判猶豫不決的判決而遭到破壞。時間剩下一分二十七秒時，史考提的老剋星休・霍林斯判了他防守犯規，這個技術犯規讓米勒得以將比數追平到八十七比八十七。然後，在終場前溜馬隊還領先兩分的情況下，喬丹迅速衝到籃下並跌倒。對我們來說那看起來像是絆人犯規，但是裁判卻不這麼認為。比賽就這樣結束了。

這會是公牛王朝的結局嗎？打到第七場比賽時，我一直都很小心。任何事情都可能發生，而且根據往常的經驗，總會發生一些事。如果我們輸了，這也可能代表著這會是喬丹的最後一場比賽了。在比賽前我跟球員們談過輸球的可能性。我說，我們可以輸掉這場比賽，但是重要的是要以正確的努力去打球，**不要被輸球的恐懼打倒**。喬丹明白這點。對他而言，輸球並不在選項之中。在一次球隊的集合時間中，他帶著冷酷、堅決的眼神說：「我們絕對不會輸掉這場比賽。」

這場比賽可說是到處碰壁。喬丹一路掙扎，從外線投出的二十五球只有命中九球。但是當他的跳投不管用時，他藉著穿越其他球員，衝到籃框下引人犯規來替我們製造得分機會。最後他拿到得來不易的二十八分，其中十分是靠罰球得到的。他也搶下了九個籃板球並製造八次助攻。

喬丹的行動是有感染力的，特別是對板凳球員。東尼得了二十一分，科爾得了十一分；而雅德．布奇勒在十一分鐘內搶下五個籃板球。事實上，我們在籃板球上的成績正是這場比賽的關鍵。那晚我們在外線射籃的命中率只有三八．二%，但是我們搶到的籃板球數，以五十比三十四大勝溜馬隊，這給了我們許多二次得分的機會。而當晚不甚順利的羅德曼，則只貢獻了其中六個籃板球。

第四節的中間，球隊連續錯失了十分，以七十七比七十四暫時落後，當時我想，我們或許要走入歷史了。但是後來整個球隊開始發揮創造力，極力搶球，尋找任何可以打破比賽僵局的機會。喬丹猛力傳球給朗利，而當晚在進攻上表現不理想的史考提搶下盧克沒接好的球，在比賽時間剩下不到五分鐘時命中一記跳投，使我們以八十一比七十九分確定超前。後來，我們以八十八比八十三分贏球。

「這都是因為全心投入，我想你在籃球場上會看到許多的全心投入，」賽後疲憊不堪的喬丹說道。「這真的是一場很棒的奮戰。就設法找出獲勝的方法並努力實踐這方面來說，這是一支真正的冠軍隊伍。」

下一場對戰猶他爵士隊的總冠軍決賽，也不會是夢幻的度假過程。首先，我們沒有獲得主場優勢，例行賽時爵士隊就曾橫掃過我們。這代表我們得先在客場對戰他們時贏得兩場比賽，除非我們在主場連續贏得三場比賽，但這在之前的季後賽中從來沒有發生過。擊敗爵士隊的關鍵就是，透過對他們的控球後衛約翰・史托克頓和霍華德・埃斯利（Howard Eisley）施壓，來破壞他們極佳的擋切戰術。卡爾・馬龍是台進攻機器，但他不像喬丹一樣擅長替自己創造投籃機會。馬龍會依賴控球後衛幫他製造機會，如果我們能夠切斷控球後衛的行動，我們就有機會可以壓制住馬龍。

我在第一場比賽後期把哈潑換下場，因為他似乎在進攻上有所猶豫。而科爾也無法在終場前守住史托克頓，所以後來我們在延長賽時以八十八比八十五分輸球。第二場比賽我們以九十三比八十八分拿下了爵士隊，並回到芝加哥創造歷史。第三場比賽我們決定在史托克頓運球通過半場時，讓史考提雙人包夾他，而史考提的身形及他寬闊的雙臂，讓史托克頓很難發動攻勢。我們以九十六比五十四分贏球，爵士隊則創下季後賽單場得分最低的紀錄。爵士隊經驗豐富的教練傑里．斯隆（Jerry Sloan）說：「我當教練這麼久以來，從來沒有看過防守這麼好的球隊。」

我們在主場贏得接下來的兩場比賽，使系列賽的比數以三勝一敗領先。史考提在第四場比賽取得極佳的優勢地位，使得山姆．史密斯呼籲將他提名為決賽的MVP取代喬丹。但是首先我們得贏球才行，而之後證實那比我們想像得還難。芝加哥有許多媒體大肆宣傳第五場比賽，說這可能會是喬丹的壓軸比賽，因此讓球員們很難專心在比賽上，最後我們以八十一比八十三分輸球。

接著，在猶他州舉行的第六場比賽。事實上，當比賽時間剩下十八．八秒時，出現了籃球史上最戲劇性的一刻。我不想再打第七場比賽，尤其是在爵士隊的主場達美航空中心（Delta Center），因為那裡瘋狂的主場球迷在大型比賽中，對裁判有相當大的影響力。但當我們到達第六場比賽的球場時，事情看起來並不樂觀。史考提的背部嚴重抽搐，可能有好幾場比賽無法上場。哈潑則得了腸胃型感冒。朗利能上場的時間有限，因為他處於犯規麻煩。羅德曼在這系列賽中每場平均只搶到六．七五個籃板球，遠低於他例行賽的平均十五．〇個。東尼和科爾都表現得不錯，但是我不認為他們有辦法填補史考提留下的空缺。在比賽開始前我問喬丹他能不能打完整場四十八分鐘的比賽。他說：「如果有需要，我當然可以。」

史考提在比賽開始七分鐘後就痛苦地下場，而且上半場剩下的時間都無法上場。不知怎麼地，我們一起撐了過去，上半場結束時只落後五分。史考提在中場休息過後又回到場上打了十九分鐘，主要擔任進攻時的誘餌。在第四節的一開始，猶他隊還以六十六比六十一分領先，但是卻慢慢被公牛隊搶走了優勢，最後我們在剩下五分鐘時將比數追平到七十七比七十七分。

但是我們有個問題：喬丹的腿已經很疲憊了，他所以不能再做任何的跳投。我要他直接衝到籃下，因為爵士隊並沒有中鋒在場上可以擋住中場。如果他被迫要使用跳投，那我建議他必須確保自己有完成投籃後的結束動作，這是他一直沒有做到的。剩下四十一．九秒時，約翰．史托克頓於距離籃框七．三公尺處跳投得分，讓爵士隊以八十六比八十三分領先。我叫了暫停，要球員們利用我最喜歡的戰術之一進行變化，包括替喬丹在球場清出一側活動空間，使他能夠自己創造投籃機會。史考提在半場傳球給喬丹，而喬丹在右側通過拜倫．羅素，投進一球又高又遠的上籃，讓比數變成八十六比八十五分。

正如預期的一樣，爵士隊並沒有叫出暫停，並且開始發動他們的其中一套標準戰術。喬丹預料到球會往哪裡傳，並且偷偷溜過去，從卡爾手中抄走了球。

這時候，感覺一切都開始變慢了。喬丹常對場上發生的狀況有一種超俗的感受，他帶著球移動到前場，並評估當下的情況。科爾和東尼都還在球場上，所以爵士隊不能冒險對喬丹使用雙人包夾防守。他們讓羅素自己一個人防守喬丹，當他冷靜地讓時間慢慢流逝時，就像是一隻大貓在研究他的獵物一般。然後羅素想要伸手去抄球，而喬丹卻直直地往前衝，好像要切到籃下；接著喬丹順勢輕推了羅素一下後，突然停下來，讓羅素重心不穩、幾乎要滑倒在場上。時間在那幾秒內流逝得好慢，喬丹站好定位，以一記漂亮的射籃贏得這場比賽。

後來，喬丹回憶了比賽快結束時他心裡在想什麼。那聽起來，像是一首有關冥想的詩。

「當我抄到球時，那一刻成了永恆，卡爾根本沒有看到我接近，因此我才可以把球抄走。

當羅素靠近的時候，我滿懷自信的利用了那一刻。這是場差距二分、三分的比賽，我們的比數一直很接近。當我拿到球時，我抬頭一看，發現還剩下十八．八秒。**我讓時間一秒一秒地過，直到球場上的狀況正合我意**。約翰．史托克頓正在防守史蒂夫．科爾，所以他不能冒險離開。而等羅素一靠過來，我就有了很大的活動空間，我知道，我們可以再拖延五．二秒。」

我真不敢相信剛剛發生的事情。我還以為，一年前喬丹重感冒仍然上場的那場著名比賽，就已經讓我見證過他的偉大時刻，但是這次完全是不同的等級。彷彿整件事情的劇本早就已經寫好了。儘管喬丹多年後會回到籃球界，為華盛頓巫師隊（Washington Wizards）效力，這次卻是大家公認屬於他的最後一擊。一個不折不扣的完美結局。

等所有的慶祝活動結束後，喬丹邀請了球隊的成員、以及他們的親朋好友們，到他在芝加哥開的餐廳舉辦派對。晚餐結束後，隊員們到吸菸室裡面抽著菸，並且回憶我們在公牛隊的時光，話題的涵蓋範圍天南地北，然後球隊中的每個人都向隊上的另一位成員敬酒。我向羅恩．哈潑無私的行為致敬，他從進攻的明星轉變成防守專家，進而締造我們的第二度三連霸；史考提向他的夥伴兼對等領導者喬丹敬最後一杯酒，「如果沒有你，這一切絕不可能會發生。」

總決賽結束後，外界對於公牛隊接下來的變動有許多猜測。藍斯多夫會再試著把球隊聚在一起爭取再一次的三連霸嗎？要讓這發生唯一可能的方法就是喬丹拿到某種奇蹟般、足以媲美他最後一次射籃的合約。但是在我心中，我已經離開了。我也告訴喬丹說，他不應該把他的決定跟我連在一起。

在慶祝奪冠的派對上，我又與藍斯多夫見了一次面。他給我一個機會留在公牛隊，但是他並不保證會把喬丹和史考提找回來。他和克勞斯決定要重組球隊，這是一個我不感興趣的過程。此外，我當時亟需休息。茱恩和我打算搬到紐約的胡士托，在我加入公牛隊之前，我們曾住過的地方。所以我委婉地拒絕了他。喬丹等到一九九一年一月停賽結束後，就正式宣布他要離開。

最後一天，當我走出貝爾托中心時，有一些記者等在外面。我和他們簡短地聊了一下，然後就跨上我的機車揚長而去。這真是苦樂參半的一刻，我感覺到一種極大的放鬆感，把過去一年所有的一切拋到腦後。但是我也知道這將會是個挑戰，要放掉我對這支給過我許多回憶的球隊深刻的依戀。

佛學大師佩瑪·丘卓說過，**放手，才是真正覺醒的機會**。她最喜歡的其中一句格言是：「只有到達反覆讓自己暴露在毀滅之中的地步，才能在我們內心找到不滅的自己。」

這就是我在尋找的，我也知道這並不容易。但是當一個新的未來在我面前展開時，我明白放手是必要的，**就算有時候會心痛，那才是通往真正改變的途徑**。

丘卓寫道：「事物的瓦解是一種考驗，也是一種治療，我們以為重點是要通過考驗或是克服問題，事實上，事情並不會被解決。他們會再次發生，並且再次瓦解，就只是這樣。治癒是來自讓這所有事情都發生的空間：悲傷的空間、放鬆的空間、痛苦的空間，以及喜悅的空間。」

我待在芝加哥的最後一年當中，這些感受我全部都經歷過了。不久之後，我就會啟程踏上另一段狂野的旅程，那將會給我更多的考驗。

第 14 章

個體可以獨特，但心只有一顆

感覺就像天空的雲一樣，來了又走。
覺知的呼吸是我穩定的錨。

——釋一行禪師（Thich Nhat Hanh）

聽到這個消息時，我正在一個不知名的地方（阿拉斯加州伊利亞姆納湖旁的某個小村莊）。我的兒子班和查理我在一起，我們正在一個僻靜的荒野地區釣魚，但是進行得不太順利。因此那天下午我們很早就收工，搭船到伊利亞姆納河去看瀑布。當我們回到村莊時，一大群小孩圍住我們。

「你是菲爾．傑克森嗎？」其中一個小孩問。

我回答：「是啊，怎麼了嗎？」

「我聽說你接下了湖人隊的工作。」

「什麼？你怎麼知道？」

「我們家有第四台，我在ESPN看到的。」

我的冒險旅程就是這樣開始的。事實上，這並沒有讓我覺得很驚訝。到阿拉斯加之前，經紀人托德就已經和我討論過這件事了。我事先就允許他跟湖人隊協商，因為打電話可能找不到我。只不過，在一個距離洛杉磯這麼遙遠的荒郊野外，甚至遠到超乎我想像的地方，從一個愛斯基摩原住民小男孩口中聽到這個消息，對我來說還是有點震驚。

這對我來說，這並不是個簡單的變動。一九九七至一九九八年的球季結束後，茱恩和我搬到紐約的胡士托，一個我們之前曾經住過的小鎮。我們一直希望婚姻能恢復活力，過去一年在公牛隊充滿壓力，我們的婚姻也受到影響了，茱恩已經厭倦了擔任NBA妻子的角色。我們所有的孩子都離家在外，她期待能建立一個全新、更充實的生活，我也是——或者我是這麼以為的。

因此，我起了轉行的念頭。我探索了其他可能的興趣，包括針對領導方法的主題演講，或是幫助我朋友比爾．布萊德利的總統競選活動。最後，我根本找不到任何事情，可以像帶領年輕球員在籃球場上奔馳贏球一樣，那麼吸引我。

一九九八至一九九九年的球季結束後，我開始接到有興趣找我談的球隊來電，也曾和紐澤西籃網隊及紐約尼克隊會面過。這些對話最終都沒有結果，但卻勾起了我想重回比賽的渴望。不用說，這並不是茱恩所期待的反應。她以為我已經準備好將籃球拋到腦後，投入某個沒那麼吃力的領域。但我卻不是這麼打算，於是夏天過後，我們就決定分開。

我搬回蒙大拿州（那是我真正的避難所）不久之後，湖人隊就打來了。這支球隊裡有許多人才，包括明日之星俠客．歐尼爾和柯比．布萊恩，還有聯盟中最佳的兩個外線射手格倫．萊斯和勞勃．霍瑞。但是湖人隊季後賽依然打得很吃力，因為他們的團隊氣氛薄弱，而且球員們也缺少能打完重大比賽的堅毅精神。

我在考慮是否接下這份工作的過程中，想起某次旅程，在旅館裡看到的電視轉播，湖人隊在西區準決賽中，遭到聖安東尼奧馬刺隊所橫掃。這場比賽讓我看得很痛苦。馬刺隊的長人球員提姆．鄧肯和大衛．羅賓森一直逼迫歐尼爾使出不平衡的後仰跳投，封鎖他在中場有力的進攻；接著他們在前場就擊敗歐尼爾，突破了湖人隊的防守。看這比賽的過程中，我發現自己會想像破解馬刺隊戰術的策略，以及想著如何讓湖人隊成為發揮它應有水準的隊伍。

這想法，是我想在就任湖人隊總教練的記者會上說的話。記者會在比佛利希爾頓飯店舉行，當我正為我的發言做準備時，柯比在我的休息室短暫停留，帶著一本我寫的書《公牛王朝傳奇》（*Sacred Hoops*）。他請我在書上簽名，並說能跟我一起合作讓他感到相當興奮，因為他是公牛隊的頭號球迷。這真是個好兆頭。

那天，我告訴記者：「這是一支有才能、年輕，而且差一點就能贏得冠軍的球隊。它跟冠軍一直差那麼一點，但是還沒達到顛峰。十年前的公牛隊也曾經有過類似的情況，我們希望也能和公牛隊取得同樣的成功。」

我說，關鍵就在於讓湖人隊的球員們對彼此有足夠的信任，才能有效率地合作，並且要從我的隊伍，轉變成我們的隊伍，就像在一九九〇年代初期建立公牛隊的方式。我解釋說：「當你們有一套進攻系統時，你就不能是一個只會拿球並試圖得分的人。你必須把球傳出去，因為你必須和每個隊友分享這個球。當你這樣做時，就代表你懂得分享比賽，那結果就會很不一樣。」

記者會結束後，傑瑞．威斯特載我到威斯特徹斯特（Westchester），拜訪傑里．巴斯（Jerry Buss）新買的西班牙風格宮殿，座落在眺望大海的懸崖上。巴斯博士擁有物理化學的博士學位，一九七〇年代他在投資房地產發了財，在一九七九年幸運地買下湖人隊（包括論壇體育館和冰球隊伍洛杉磯國王隊），魔術強森就是在那年加入球隊，並帶領他們在接下來的十年內贏得五次冠軍。那之後，球隊就再也不曾實踐他們當初的承諾了。

巴斯博士很聰明，但很低調，他穿著牛仔褲，一件普通的襯衫，還有他的招牌球鞋。他說，過去湖人隊獲得的偉大勝利讓他感到很自豪，但是他還想再贏得一座冠軍。

我說：「我認為你可以再贏個三座或四座冠軍。」

「真的嗎？」他驚訝地回答。

我的大膽言論讓他感到印象深刻。後來他告訴我說，他從來沒有聽過任何教練敢在球季開始前為自己設定這麼高的標準。但事實上，我並不是在虛張聲勢。

那是個奇怪的夏天。和湖人隊的管理階層碰面過後，我回到蒙大拿州，不久之後，我的女兒雀兒喜帶著她的男朋友來拜訪我，卻因為一場越野摩托車意外讓她摔碎了腳踝，需要打石膏固定八個星期。因為行動很困難，所以她決定請假，並且在蒙大拿州養傷，我和我的兒子班可以照顧她。茱恩也到那邊住上幾個星期幫忙。

有天，歐尼爾沒有通知就出現在我們家。他冒險來到蒙大拿州，為了要參與一場在鄰近的卡利斯佩爾（Kalispell）舉行的音樂會。他到的時候我並不在家，所以茱恩請他先進到屋子裡面等。當我回到家時，歐尼爾正在湖邊的一張彈簧床上跳來跳去，在鄰居之間造成了很大的轟動。忽然之間，有十幾艘載滿好奇旁觀者的小船開進我們家附近的海灣，目瞪口呆地看著這個大個子跳到空中。歐尼爾沒有讓人失望，在表演完跳彈簧床之後，他開始在船塢邊做起滑稽的後空翻，接著狂妄地騎上水上摩托車遊覽巡迴海灣。

因為歐尼爾身上已經弄溼了，我就請他幫忙，搬動一棵在最近一場暴風雪期間倒進我們院子裡的大樹。看著他工作真是讓人印象很深刻，當我們完成之後，他說：「我們之後會玩得很痛快的，教練。」歐尼爾就是這樣，很有趣。

收拾行李前往洛杉磯的時候，我開始對新生活感到不安。自己成了單親爸爸，還要搬到一個陌生、不熟悉的城市裡，我的孩子不曉得會怎麼樣。為了緩和這個過渡期，我的女兒雀兒喜和布魯克做了一卷綜合錄音帶送我，裡面全是與重新開始有關的歌。距離我上次開車經過加州的公路算起，已經過了二十五年以上。當我穿過內華達山脈（Sierra Nevada）時，腦海中浮現歌手威利．尼爾森唱的深情版《奇異恩典》（*Amazing Grace*），因為情感上承受不住，於是我將車子開到一邊，停好車，開始哭了起來。望著陽光照射的加州山峰，我感覺彷彿正把人生中黑暗的部分都拋到腦後，準備朝向某個光明而嶄新的方向直奔。我的孩子們也都能體會，這就是他們所說的：「向前走吧，老爸。**好好過生活，不要把你自己封閉起來**。」

令我感到相當不可思議的是，在洛杉磯的最初幾天。有個朋友替我找到了位於普拉雅戴爾瑞海灘上一間漂亮又通風的房子，距離機場和湖人隊未來的訓練設備中心也不遠。新家有很多間客房，讓我開心的是，剛剛從科羅拉多大學畢業的布魯克，幾個星期後搬了過來，幫我安頓好一切，也決定留下來繼續攻讀心理學碩士學位。而在我搬到城裡的第一個星期，一位曾介紹我聽死之華樂團的作曲家朋友布魯斯．霍恩斯比，邀請我去聽一場在格里斐斯公園裡的希臘劇場舉行的音樂會，他在那裡和琳達．朗絲黛、傑克遜．布朗和其他音樂界的偶像們同台演出。那是一個溫暖的九月夜晚，群眾們都很友善且隨和。與加州非常類似，我感覺就像在家一樣。

我最初的任務之一就是出席在溫哥華舉行的NBA年度業務會議。在那裡，我終於見到了巴斯博士的女兒珍妮，她是球隊負責業務營運的執行副總裁，也為了湖人隊的高層人員舉辦了一場晚宴。她很聰明又有魅力，有雙漂亮的眼睛和俏皮的幽默感。第二天我在機場碰到她，她正打算回家和她的朋友一起慶祝生日，但是班機被延誤了，所以後來我們就在休息室聊天。她告訴我一九九九年丹尼斯．羅德曼悲慘且短暫效力於湖人隊時的一些趣事，那聽起來就像是淪為荒謬劇場，一齣糟糕的真人實境節目。

我在情感上仍然相當不成熟，也不確定我是不是已經準備好展開一段新的關係，但它就這樣發生了。隔天我進到辦公室，發現珍妮放了一片生日蛋糕在我桌上，當我順道經過她辦公室去答謝她時，她滿臉通紅，而我感覺到這個禮物並不只是同事間的表示。所以那晚我邀請她共進晚餐，事情很明顯地漸入佳境。

當我們聚集在聖塔芭芭拉大學參加訓練營時，我看出湖人隊是一支處於第三階段的隊伍，擁有堅定的**「我最棒，你不棒」**的觀點。球隊最大的優勢之一就是歐尼爾在中鋒中的突出地位，三角戰術就是設計給可以占住空檔、有效進入禁區得分、以及藉由犀利的傳球幫助進攻的強力中鋒。歐尼爾不只可以做得比過去在芝加哥隊的中鋒還要好，還可以做到這所有的事情，而且他還是個具有爆發力的得分手，常常會引來兩人甚至三人的包夾防守，這點替我們開創了許多的可能性。《洛杉磯時報》的專欄作家馬克．海斯勒曾寫道，歐尼爾代表著一個不斷進步的步驟：NBA史上第一個體重一三六公斤、身高二一三公分，卻不胖的球員。夏天過後，歐尼爾的體重增加到了一五九公斤，但是當他保持身材的時候，他會更有力量、更快速，也比聯盟中的其他中鋒都還有機動性。他也非常擅長進行快攻。不過，他就像我預期的一樣，並不擅長搶籃板或是防守，而我注意到他也不願意擺脫防守他的敵隊球員，去幫忙掩護隊友，這使得他容易遭受擅長擋切的球隊攻擊，例如爵士隊、馬刺隊及拓荒者隊。

柯比是我看過的最有創意的得分後衛之一，他能夠做出令人眼花撩亂的動作，在許多方面都能媲美他的偶像麥可・喬丹。我很佩服柯比對贏球的強烈渴望，但是對於團隊合作及自我犧牲的精神，他還有許多要學習的地方。雖然他很擅長傳球，但是他的本能卻是利用運球穿梭自如、越過任何擋住他的球員灌籃。就像許多年輕球員一樣，他會試圖靠蠻力行動，而不是讓比賽自然發展。我並沒有很認真考慮讓他擔任控球後衛，但是我很懷疑，他是否有能力克制自己，好掌握三角戰術的系統。

萊斯是另一個很有天賦的球員。之前是全明星隊的小前鋒、效力於夏洛特黃蜂隊。他的跳投也相當精準，一度讓史考提・皮朋差點抓狂。在他的生涯早期，萊斯也曾是個速度快，具有侵略性的防守球員，但是自從他加入湖人隊之後就不再練習了。球員的陣容也包括霍瑞，一個身材瘦長、身高二〇五公分的大前鋒，因為擅長在關鍵時刻射籃贏下比賽，後來被取了個外號叫做「關鍵先生勞勃」。勞勃之前就已經在休士頓隊贏得了兩枚戒指，後來他被交易到鳳凰城隊，接著又被交易到洛杉磯隊。他的每場平均得分有逐漸下降的趨勢，而我也擔心他或許沒有足夠的力量和體型，能迎戰聯盟中體型較壯碩的大前鋒。

球隊裡面也有一些前景可期的替補球員，包括里克・福克斯和德瑞克・費雪，他們兩個日後都會成為重要的領導者。里克曾經是北卡羅來納大學的明星球員，他的身材夠高大、機動性也十足，不管擔任小前鋒或大前鋒的位置都沒問題。一開始他被波士頓隊選走，但是在後賴瑞・柏德時代期間卻被冷落了好幾年。里克最著名的就是會犯愚蠢的錯誤，球員們都稱之為「里克球」，但是他也是個能在關鍵時刻得分的射手、強大的防守球員，更是個無私的團隊球員。而身高一八五公分、體重九十一公斤的費雪，這位畢業於阿肯色大學小岩城分校的控球後衛，他聰明、有衝勁、多才多藝、擅長外線射籃、更具有天生的領導能力。

我們最大的弱點就是控球後衛和大前鋒。我們很努力想和休士頓隊達成協議換回史考提・皮朋，但是卻輸給了當年我們在西區最強勁的對手：波特蘭拓荒者隊。幸運的是，我們網羅到羅恩・哈潑，他和公牛隊的合約已經到期了，還有A・C・格林（A.C. Green），他是一位經驗豐富的大前鋒，不只在防守方面很強大，也非常擅長三角戰術，曾經效力於達拉斯小牛隊（Dallas Mavericks），接受前公牛隊教練吉姆・克萊蒙斯的指導。我們也選到了後備中鋒約翰・薩利，他在公牛隊及活塞隊時都曾贏過冠軍戒指。

我們之所以要招募這麼多經驗豐富的球員，就是為了扭轉湖人隊令人遺憾的歷史，因為不成熟又缺乏紀律而在壓力下崩盤。一九九八年，湖人隊在最初投出的十八球中有十五球沒進，最後面臨他們球隊史上最難堪的一場敗仗，在西區總決賽的第一場以一一二比七十七慘敗給爵士隊。霍瑞說這場比賽讓他想起《綠野仙蹤》，因為球隊打球的方式「沒有心、沒有大腦、沒有勇氣」。對此教練德爾・哈里斯補充：「也沒有巫師。」

我也聚集了一群經驗豐富的教練團隊，主要由我在公牛隊曾經共事過的老戰友們組成，包括克萊蒙斯、法蘭克．漢伯倫（Frank Hamblen）、泰斯．溫特（真是讓傑里．克勞斯失望了），我還保留了湖人隊的助理教練比爾．伯特卡（Bill Bertka）。

在訓練營的第一天，當我要球員們在球場中間圍成一個圈時，我從公牛隊帶過來的運動健護教練奇普．謝弗爾說，這讓他想起年代久遠的愛德華．胡頓公司的電視廣告。奇普回憶：「大家都小心翼翼地說出每個字，就連經驗豐富的球員也一樣。大家都表現出『噓，我得聽清這個人要說的每件事情。』」

稍後在練習當中，奇普注意到里克．福克斯笑得合不攏嘴。奇普說：「福克斯在笑，『我感覺就像又回到國中時代。』但是那聽起來不像是，『我的天啊！我又回到國中時代了。』他當時笑容滿面。討籃球球員歡心的原理，不是表面上看來那麼簡單。」

費雪提出了較整體方面的看法：「我們已經經歷了好幾年讓人沮喪的季後賽了，雖然我們隊上有許多的人才，但還沒有找出可以讓我們發揮最大潛力的方法。所以當菲爾及團隊成員被雇用時，這吸引了每個人的注意力，讓球隊以一種在我們一起打球的前三年中我不曾看過的方式保持專注。不論菲爾說什麼、不論他要我們做什麼、怎麼做，每個人似乎都有那種容易受到影響的幼稚園兒童精神。這使我們變成一台精密儀器、一個有效率的團體，讓我們足以媲美歷史上一些最優秀的球隊。」

而我第一天的感受卻有些不一樣。雖然我對於球員們學習的熱忱感到開心，但是球員們能保持注意力的時間這麼短，卻讓我感到苦惱。在訓練營開始前，我寄給他們每個人一封三頁長的信，說明三角戰術、正念冥想，以及其他我打算在訓練營期間討論的主題。但是當我開始發表我的第一次嚴肅談話時，他們卻很難專注在我所說的話上面。他們望著天花板、坐立難安、亂動腳。這是我在公牛隊時從來沒有遇過的問題。

為了解決這個問題，心理學家喬治・蒙福特和我為球員們設計了一套每天的冥想練習課程，慢慢地增加每次上課的時間，從三分鐘到十分鐘。我也把瑜伽、太極以及其他東方的身心技巧引進來，幫助他們平衡身心靈。在芝加哥隊時我們主要是用冥想來加強我們在球場上的警覺性，但是對於湖人隊我們的目標卻是讓球員們團結在一起，這樣他們才能夠體會到我們所謂的**「呼吸同調、同心一致」**。

佛教思想的其中一個基本原則就是，將「每個自我都是不同個體」的傳統觀念，視為一種錯覺。就粗淺的層面來說，我們所認為的自我，看起來或許各自獨立且有所區別，畢竟我們每個人看起來都不一樣、個性也截然不同，就更深的層面來說，**我們都是屬於某個環環相扣的整體**。

馬丁・路德・金恩曾經很有說服力地談論過這個現象。「在真正的意義上，所有生命都是密切相關的。」他說，「所有的人都被籠罩在一種無可避免的相互關係網絡中，繫在同一件命運的衣服上。任何直接影響某個人的事物也都會間接影響到全部的人。除非你成為你應該成為的人，否則我永遠無法成為我應該成為的人；而**除非我成為我應該成為的人，否則你也永遠無法成為你應該成為的人**。這就是現實的相互關聯結構。」

十三世紀的日本佛教大師日蓮（Nichiren）則抱持一種更務實的態度。他在寫給遭到封建政權迫害的弟子的信中寫到，他們誦經的方式應該是，「用**身體有許多，但心只有一顆**的精神，超越群體當中所有的差異，變得像魚和牠們優游其中的水一樣密不可分」。日蓮提倡的團結並不是從外部施加的機械式統一，而是**注重每個個體獨特特質的連結**。「若是身體有許多、但心只有一顆的精神可以在人們當中廣為流傳，」他補充說：「那每個人都能達成他們所有的目標；反之若是身體就一個、但卻其心各異，那他們就無法達成任何偉業。」

這就是我想對湖人隊培養的「團結」，我並不期望能把球員們都變成大師，但我認為透過冥想練習，可以幫助他們打破以自我為中心的觀念，讓他們一窺一種與其他人及他們周遭的世界連結的不同方式。

當我開始帶領公牛隊時，他們就已經開始將自己轉變成為一支同心導向的球隊了。拉科塔族戰士的典範很吸引他們，因為他們已經經歷過與他們最大的對手底特律活塞隊之間的許多場戰役。但是這個作法在湖人隊中並沒有產生一樣大的共鳴。他們有很多敵人，不只一個，而在我看來，其中**最麻煩的就是餵養他們的文化**。

在許多未來的NBA球員還在念中學時，他們就已經沉浸在一個會強化自我中心行為的宇宙中。隨著他們年紀增長並持續獲勝之後，他們會被經紀人、經銷商、球迷及其他拍馬屁的人包圍，這些人會不斷告訴他們說他們很「厲害」。要不了多久他們就會開始相信這是事實。更重要的是，洛杉磯是個全心頌揚吹捧自我的地方。湖人隊所到的每個地方（不只是超級巨星，連其他球員也一樣），大家都會把他們當成英雄一樣迎接，還會提供他們永無止境，而且通常有利可圖的機會，讓他們沉緬在美好的感覺中。

我的打算是要提供他們一個安全、能夠支持他們的避難所，讓他們遠離那些狂熱的人群，讓他們接觸自己內心深處（儘管還沒發展成熟）對真實連結的渴望。要讓球隊在未來能成功，全取決於這關鍵的第一步。

第 15 章

沒有追隨者，
你不可能成為領導者

偉大是一種精神境界。

——馬修．阿諾德（Matthew Arnold）

里克・福克斯把我帶領球隊的方法形容成一部三幕劇：

每一季的前二、三十場比賽中，**我都會坐著，讓球員展現自己的特質**，里克解釋：「大多數教練在新球季來臨時，都會想要有一番作為，而且會把自己的想法加諸到球員身上。但是我總覺得，菲爾是帶著一顆開放的心而來。『讓我們看看每個人會怎麼表現自己，這個團隊遇到危機時會有什麼反應，是否能夠解決問題。』那時，他看起來不太關心球隊、不感到恐慌、也不會深入評估任何事，因為他認為那樣的作法很不成熟。」

第二幕則會發生在球季中的二、三十場比賽，大約在全明星賽的前後，里克補充：「這時他會開始培養球隊，這也是球員們開始覺得無聊的時候。那時菲爾會**花更多的時間和每個人相處**，他會送我們每人一本書，我總覺得那是他把我們逼得最緊的時候。」

然後，在最後二、三十場比賽、直到季後賽，就會開始第三幕。根據里克所說，我的整體行為都會改變：**看人、說話，還有走動的方式**，我彷彿在說「**現在是我的時間**」。等到季後賽快開始時，我通常會限制媒體不得接近球員，並在提升球隊素質上扮演更果斷的角色。

里克說：「菲爾會**給我們全新的自信**，以及賦予我們以前不曾擁有的身分。但他也會將我們身上的壓力，轉嫁到他自己身上。他會讓自己成為整座城市的箭靶，大家都衝著他去，也就不會想到我們。他就像是在對大家說『看看我幹了什麼好事啊』，這樣球員們就能專注把球打好，媒體不會一直聚焦在我們身上。」

正如球員們過去常有的說法——「聽起來不錯」，當然，事情不會總是那麼順利。

在我任教湖人隊的第一個球季開始前，我與俠客、哈潑、柯比會面，我告訴他們，這將會是俠客的球隊，三角戰術會透過他來執行。但是我補充，柯比將會是場上的領導者，不會像之前賈霸與魔術強森之間的關係。我不認為柯比已經準備好當副隊長了，所以我讓羅恩負責這個位置，並請他擔任柯比學習當領導者的顧問。我想在一開始就將一切說明清楚，避免任何不清楚的角色定位——特別是柯比。

我們沒有機會嘗試這個組合，因為柯比在第一場熱身賽中弄傷了右手，要等到十二月才能再上場。於是，我們選了布萊恩·肖，一個高大、多才多藝、剛結束實習的後衛，彌補柯比不能上場的空缺。球隊開始團結起來，在第一個月得到了十二勝四敗的戰績。我們第一場敗仗是輸給拓荒者隊，他們很擅長引誘我們的後衛、破壞我們的進攻，而且當俠客一拿到球時，就不停引誘他犯規。後來，我問了正效力於拓荒者隊的史考提，對我們球隊有什麼看法？他挖苦地說：「我覺得你們的三角戰術，看起來比較像正方形。」

當月下旬，在一場對戰籃網隊的比賽中，我在場邊大叫要球員進行「全壘打」戰術，但是霍瑞發生了失誤，於是戰術就瓦解了。當我問霍瑞「發生什麼事」，他解釋是因為沒聽到我的聲音。因為霍瑞來自一個宗教家庭，我引述了聖經中的句子為例，「我的羊聽我的聲音，重點是要認出主人的聲音、並回應他的呼召。」薩利問我，這句牛頭不對馬嘴的話是什麼意思？我告訴他，這是一個比喻，在說羊會認得牧羊人的聲音，耶穌用此比喻，說明他的門徒了解神的旨意。在這件插曲過後幾週，球員們還會拿來開我玩笑，當我在練習開始前叫他們圍成一圈時，他們會回答

「是的，主人」。

柯比在十二月一日回到隊上，而球隊繼續連勝到一月。但是三角戰術並不像之前進行得一樣順利。柯比很難融入三角戰術，而且還經常不聽指揮、自作主張，這讓他的隊友很惱火。好幾個隊員告訴我，他們不喜歡和柯比一起打球，因為他並不尊重這套方法。過去在喬丹身上，我也遇過這個問題，但是最近才剛滿二十一歲的柯比，並不像麥可．喬丹一樣有成熟的開闊心胸。

如果說子女注定要完成父母未竟的夢想，那柯比就是一個最標準的例子。他的父親，綽號「軟糖」的喬．布萊恩，是個身高二〇六公分的前鋒，效力於一九七〇年代極為著名的費城七六人隊。老布萊恩曾宣稱他和魔術強森的打法相同，但是NBA還沒有準備好接受他遊樂場式的風格。在短暫地為其他兩支球隊效命後，他移居到義大利並結束職業生涯，那裡就是柯比成長的地方。

身分三個孩子中的么子、獨子，柯比在家中備受寵愛，不管做什麼都是對的。他是個聰明、有天分、成就超乎預期的人，而且天生就有打籃球的天賦。他花了很長的時間，研究親戚從美國寄來的錄影帶，練習、模仿喬丹和其他球員的動作。柯比十三歲時舉家遷回費城，很快就成為勞爾梅里恩高中的明星球員。

當時的七六人隊總教練約翰．盧卡斯，在那年夏天邀請柯比參加球隊的混戰，這位年輕球員的勇氣和高超的技巧讓他感到震驚。不久之後，柯比決定要放棄大學，直接進入職業籃球界，即使他的美國大學入學考試（SAT）成績高到足以讓他挑選自己想念的學校。湖人隊的總經理傑瑞．威斯特說，柯比選秀前的特訓表現是他看過的球員中最棒的，儘管他才十七歲。傑瑞後來與黃蜂隊達成交易，在一九九六年以第十三順位選中柯比——同一年他也以七年一億二千萬美元的價格簽下離開奧蘭多隊的自由球員俠客。

柯比懷有雄心壯志。我開始執掌湖人隊後不久，傑瑞把我叫進他的辦公室，說了柯比之前曾問他「如何和艾爾金．貝勒（Elgin Baylor）一樣，每場都得三十分以上？」柯比打定主意要超越麥可．喬丹，成為NBA最厲害的球員。他對於喬丹的偏執相當驚人，他不只掌握了喬丹的許多動作，也學會很多他特有的行為舉止。

那一季，當我們在芝加哥比完賽後，我安排這兩位明星球員見面，認為或許喬丹會有助於改變柯比的態度，轉而接受無私的團隊合作。等他們握手後，從柯比嘴裡說出的第一句話卻是：「告訴你，要是一對一，我一定能給你好看。」

我很欣賞柯比的野心，但是我也覺得，如果他想達成向隊友宣稱要不顧一切贏得十枚戒指的目標，那他就必須突破自己的保護繭。顯而易見，籃球並不是個人運動，**要達到卓越的境界，你必須要倚賴他人的幫忙**。但是柯比還沒辦法真心與隊友互動或試著了解他們。比起在賽後花時間與隊友相處，他通常會回到自己的飯店房間研究錄影帶，或是與他高中的朋友講電話。

柯比也是一個倔強、頑固的學習者，他對自己的能力相當有自信，你不能只是指出他的錯誤，就期望他會改正自己的行為，他非得要直接嘗到挫敗，反抗心才會瓦解。這對柯比和牽涉其中的每個人來說，常常是個非常痛苦的過程，然後他就會突然頓悟，並且想出方法改變。

二月初就發生了一次這樣的痛苦經歷，當時球隊正被一種難以理解的不安籠罩著。在一場低於水準表現的比賽結束後，我把休息室鎖上，除了球員以外不讓任何人進入，並詢問大家，到底是什麼原因讓他們忽然間停止了團隊合作？

我並不期望立刻就有答案，但是我讓他們知道，隔天練習後我們會再討論。我們聚在洛杉磯西南社區學院的一間小放映室裡，那是我們的臨時練習場地。裡面有每排五張、總共四排的椅子，第一排坐著俠客、福克斯、費雪、哈潑、肖。柯比坐在最後一排，用連帽外套蓋住頭。我複習完三角戰術對每位球隊成員的要求之後，下了這樣的結論：「你不能懷著自私的心態，還要用這套戰術為球隊得勝。」

我開放讓球員發言，現場一片寂靜。正當我要宣布會議結束時，俠客一開口就切中要點：「我認為，柯比打球的方式太自私，所以我們才無法贏球。」這句話讓所有人都激動了起來，其中一些球員點頭支持俠客，包括里克．福克斯。他說：「這樣的情況已經發生多少次了？」房間裡面沒有人要替柯比說話。我問他有沒有什麼話想說？柯比終於開口，他平靜、輕聲的說，他在乎隊上的每個人，而他只是想替球隊贏球盡一分力。

對於這次會議，我並不滿意。我擔心每個人直接說出自己的不滿，卻沒有任何解決方法，這會對球隊的和諧產生負面影響。接下來的幾天，我們在五場比賽中輸了四場，包括在阿拉莫圓頂體育館舉行的比賽中，以一〇五比八十一分慘遭馬刺隊屠殺。那週的某天晚上我做了個夢，在夢中，我打了柯比的屁股，還甩了俠客一巴掌。我在日誌上寫道：**「俠客是需要，而柯比是想要，**

這就是湖人隊的謎。」

落敗的局勢讓球員們開始互相指責，於是我領悟到，我必須解決當前的騷動。首先，我在早餐時段和俠客見了一面，與他討論何謂當個領導者。我先提到在一九八九年的季後賽中，對戰克里夫蘭騎士隊非贏不可的第五戰前，喬丹如何利用他對自己和隊友的信心激勵公牛隊：騎士隊剛剛在我們的主場擊敗我們，追平系列賽的戰績，而且喬丹當晚不甚順利。不過，他並沒有因此膽怯。他堅定的信念激勵了球隊。毫不意外地，靠著最後幾秒喬丹投出一記奇蹟似的射籃，我們贏得了最後一場比賽。

我告訴俠客，他需要找到自己的方式來激勵湖人隊。他需要表達自己對比賽的信心，及油然而生的喜悅，好讓他的隊友——特別是柯比——感覺到，如果他們能夠和俠客團結一致，就能達成任何事情。我向他解釋，一個團隊領導者的頭號任務是結合他的隊友，而不是拆散他們。俠客可能之前就已經聽過類以的高談闊論了，但是這次我想會奏效。

對於柯比，我則採取了不同的策略。我試著直接並公開在其他球員面前讓他明白，自私的心態不僅錯誤，還會傷害球隊。在一次影片會議中，我說：「現在我知道，為什麼大家都不喜歡和你一起打球了，你得要用團隊合作的方式打球。」我還向柯比表示，如果他不願意和其他隊友分享手上的球，那我會很樂意把他交易掉。在這樣的情況下，我不覺得扮黑臉有什麼不對，我知道哈潑之後就會緩和局面，只要用比較不刺耳的方式，和柯比說明如何更無私地打球、又不用犧牲他在球場上的創新。

我也跟柯比談過成為一個領導者需要的條件，有一次我告訴他：「我想有一天等你年紀大一點，大概二十五歲左右，你就可能成為球隊的隊長。」他則說希望明天就能當上隊長。對此我回答：「**如果沒有人願意跟隨你，你也不可能成為隊長。**」

這番話他終於聽進去了，從那天起，柯比就開始想辦法讓自己融入這套方法、並用更有團隊精神的方式打球。他也下了一番功夫，更常與隊友們交際，特別是當我們前往客場比賽時。

而在全明星賽結束後，球隊氣氛開始變得更加團結。我們進入了二十七勝一敗的連勝，並以隊史最佳的六十七勝十五敗紀錄結束球季。能夠解決一個過去三年來一直困擾球隊的問題，球員們似乎都鬆了口氣。就像里克．福克斯所說：「柯比那種一切以自我為優先的態度，是個瀕臨爆炸的地雷。我們都知道有個人得踩上去，但是沒有人願意去做。菲爾踩爆了這地雷，使我們走起路來變得自在許多。」

在為季後賽做準備的過程中，我認為讓球員們進修「**無私籃球**」的課題，對他們來說可能會很有用，但是這次要從不同的角度，也就是「佛陀」的角度。所以我利用一次練習時間談論佛教思想，以及如何把這種思想應用在籃球上。初期有些球員或許不願聽，但是這些討論也會讓他們遠離即將到來的季後賽壓力。

佛陀教導大家：「**人生，就是在受苦**」。而我們會受苦的主要原因，就是事物的本質不符合我們的期望。有時候在某些時刻，事情可能會照著我們的方式進行，但是下一秒就會改變。當我們試圖延長快樂或拒絕痛苦時，我們就會受苦。

就好的方面來說，佛陀也制定了一套很實際的方法，只要遵行八正道（Noble Eightfold Path），就可以消除欲望和不快樂。這八個步驟就是：**正見**、**正思惟**、**正語**、**正業**、**正命**、**正精進**、**正念**、**正定**。

我認為八正道的教導，或許有助於說明我們試圖讓球隊達到的境界：

1. **正見**（Right View）：把比賽視為一個整體，以團隊身分合作，就像一隻手上的五根手指頭一樣。
2. **正思惟**（Right Thinking）：把自己視為系統的一部分，而不是一個單人樂隊。意味著每場比賽上場時，人人都必須準備應對與整個球隊遭遇的狀況，因為你和隊上的每個人整體上是相互連結的。
3. **正語**（Right Speech）：包含兩個要素，其一是在整場比賽中，對自己說「正面的話」，不要迷失在無意義的回嘴：「我討厭那個裁判」、「我要報復那個混蛋」……。其二是，當你在跟別人說話，特別是自己的隊友時，要控制自己的用語，專注於給予他們正面的回饋。
4. **正業**（Right Action）：你的行動要配合場上的狀況，而不是一再地炫耀、或是做出會破壞球隊和諧的舉動。
5. **正命**（Right Livelihood）：尊敬你目前的工作，並讓它對社會有益，而不是獨善其身。

謙虛一點，想著有人付你一大筆錢，去做一些其實很簡單而且很有趣的事情。

6. **正精進**（Right Effort）：無私、花剛好的氣力完成工作。泰斯．溫特說：「積極」不可取代，而我的補充則是：如果你不積極，你就只能坐冷板凳。

7. **正念**（Right Mindfulness）：每次上場時，都要清楚進攻計畫，包含期望對手有什麼表現。這也意味著要精確地打球，在對的時間做對的行動，整場比賽都要不斷保持警覺，不論是上場或是坐板凳。

8. **正定**（Right Concentration）：無論任何時刻，都要專注在你所做的事情上，不要擔心過去曾經犯的錯、或是未來可能會發生的壞事。

我擔心這支球隊被過去季後賽的陰影籠罩，球員們有一種習慣，當壓力開始累積、他們無法只靠才華天賦克服時，就會失去耐心並感到恐慌。正如我認識的一位佛教老師所說，當比賽開始趨於劣勢時，他們就會更陷入這種恐慌狀態。換句話說，他們會讓自己陷入恐懼或憤怒的情緒，無法專注在自己手上的任務。

要帶領湖人隊，我發現自己必須要成為一個冷靜以及耐心的模範，這遠遠勝過我帶領公牛隊的時候。我必須用行動證明，**內心平靜是關鍵**，就是相信萬物在本質上的互相連結，呼吸同調、同心一致，這就是在混亂中帶給你力量以及能量的來源。

季後賽對戰沙加緬度國王隊的首輪比賽，是一次發人深省的經驗。國王隊是一支快速、具有爆發力，又能靈巧傳球進攻的年輕球隊，很難擋下他們全面移動的球員。我最擔心的球員是克里斯·韋伯（Chris Webber），對我們的大前鋒二人組格林及勞勃·霍瑞來說，他太強壯、動作太快。這意味著他可以輕易從防守中脫身，並幫助弗拉德·迪瓦茨對付俠客。國王隊的候補球員也讓我印象深刻，由普雷德拉格·史托亞柯維奇（Predrag Stojakovic）領軍，他是個令人不寒而慄的外線射手。我認為最好的辦法，就是放慢比賽的步調，破解國王隊的快攻。

這個方法在前兩場比賽中見效，我們贏得很輕鬆，但是當系列賽第五戰移師到沙加緬度隊喧鬧的圓筒形主場時，國王隊利用裁判某些寬厚的判決，以及俠客破綻百出的防守，把系列賽的戰績追平到二勝二敗。

第三戰結束後，一位沙加緬度隊的記者問我，這是不是我看過最有活力的球迷？我說不是，「我曾經在波多黎各當過籃球教練，在當地，如果你在客場贏球的話，你的輪胎會被劃破，球迷可能會追著你出城，還用石頭打破你的車窗。但是在這裡，是半文明的沙加緬度，這些球迷只是正好趕上流行的鄉巴佬。」

我說這段話時帶著玩笑的意味，但是這番話卻在沙加緬度引發激烈的反彈，還困擾了我們好幾年。

在史坦波中心非贏不可的最後一場比賽，對年輕的湖人隊球員來說是一場嚴酷的試煉。我告訴球員們：「如果你們這場比賽沒有贏，那你們就沒有資格進到下一輪比賽。你們上場是為了要贏球，而不是只為了避免輸球。」於是球員們決定要奮力一搏。

裁判終於吹了韋伯對俠客採取區域防守犯規，這解放了俠客，讓他拿回比賽的主導權，在外線進攻投八中七，最後得到三十二分並搶下十八個籃板，讓我們以一一三比八十六分連勝。

俠客說：「我們知道如果沒有打出最佳水準的比賽，今晚我們就會成為歷史，而我們並不想要成為那樣的歷史。」

接下來的系列賽，我們輕易地以三勝〇敗的成績領先鳳凰城太陽隊，但是我們在第四戰崩盤，讓太陽隊在上半場就得到了讓我們難堪的七十一分。

換場休息時間，我並沒有第一時間去跟球員們說話；我讓他們生氣、彼此爭吵，直到比賽開始前的兩分鐘，我衝進球員休息室，把一罐開特力用力丟到牆壁上，引起他們的注意。我很少發表激烈的長篇大論，但是他們需要聽聽我對於他們步調不一致以及缺少紀律的感想，尤其在一個他們沒時間表現散漫的時刻。

我們以一一七比九十八分輸球。比賽結束後，我發表了一場意義深遠的演講。

「你們大夥都有點厭倦彼此，也不想以團隊的身分一起努力。這一切在漫長球季中的這個階段，都是可以理解的。但是想贏得冠軍，你們就得找到能夠配合彼此能量、還能夠配合對手能量的方法。過了今晚的比賽，你們得想出要贏得一場又一場比賽，需要付出什麼樣的代價。我們就從這場比賽中學習，不要再讓這樣的情況發生。」兩天後，太陽隊的進攻就再也無法奏效，而我們輕易地以八十七比六十五分贏球。

我從一開始就知道，湖人隊必須在季後賽打敗西區總決賽的對手：波特蘭拓荒者隊。

他們有全聯盟最昂貴的球員名單（七億三千九百萬美元），包括中鋒阿維達斯・薩博尼斯（Arvydas Sabonis），他的身高二二一公分，體重一三二公斤，體型比俠客還高大；鬥志高昂的大前鋒拉席德・華勒斯（Rasheed Wallace），左撇子控球後衛戴蒙・斯塔德邁爾（Damon Stoudamire），多才多藝的定點射手史蒂夫・史密斯（Steve Smith）、以及能打任何位置的史考提・皮朋。他們還有一群強而有力的候補球員，包含扮演重要角色的後衛邦奇・威爾斯（Bonzi Wells）和格雷格・安東尼（Greg Anthony），以及身高二〇八公分的搖擺人德特夫・史倫夫（Detlef Schrempf）。為了刺激他們，我笑稱拓荒者隊是「用錢能買到的最好球隊」。

當然，我最擔心的球員就是史考提。他對三角戰術的了解堪稱博士級，而且知道所有能夠擾亂它的方法。為了避免史考提干擾後衛，我把身高二〇六公分的霍瑞放到後場，並讓哈潑擔任小前鋒，在球場前半部來回穿梭。我們也試著讓柯比擔任傳統的控球後衛，這樣才能利用我們的高大後衛與波特蘭隊一七八公分的斯塔德邁爾之間的差距，這兩個策略的效果都比我預期的還要好。不過，我們最大的優勢還是在中鋒。儘管薩博尼斯身高很高，但是他的行動並沒有靈活到足以守住俠客，因此拓荒者隊得要用三人包夾防守他，並在比賽後半使出駭客戰術（hack-a-Shaq）。柯比說，拓荒者隊或許比我們高大，也比我們強壯，但是「俠客一人就能抵他們四個」。

第一場比賽就像是散步一樣輕鬆，我們的候補球員在第二節大顯身手，而俠客也大爆發，得了四十一分，使我們以一〇九比九十四分輕取勝利。但是第二戰開始，史考提就開始壓制格倫・萊斯並且穿透我們的防守，在他跌倒且兩根手指頭脫臼之前，光在上半場就得了十七分，帶領拓荒者隊以兩位數領先。不可思議的是，我們在中場時只有落後三分，但是接著我們的進攻在第三節時徹底瓦解，只得了八分，也是季後賽中最低的成績。這場比賽對我來說是個警訊，我試圖讓球員們自己想出找到內在決心、逆轉崩盤的方法，但並沒有成功。但是我的確知道一件事：必須阻止史考提那種無設限的進攻。比賽結束後我告訴柯比，他必須防守史考提。

我們贏了接下來在波特蘭舉行的兩場比賽，以三勝一敗在系列賽取得領先。第一場比賽是一次振奮人心的逆轉勝，最大的賣點就是哈潑在時間剩下二十九．九秒時反敗為勝的跳投。而第二戰勝利的高潮，則是俠客罰九中九的完美表現，這也是他在季後賽中最好的表現。

但是在那之後，當每個人腦中開始浮現贏得戒指的夢想時，拓荒者隊連續兩天在比賽中痛宰我們，將系列賽追平到三勝三敗。

什麼戰術都沒用。第六戰才比到一半，我們已經落後了十五分，福克斯也因此勃然大怒。「又來了！」他指的是湖人隊在季後賽中崩盤的歷史。「每個人的表情都一片茫然。那我們該怎麼做？就這樣讓裁判支配比賽嗎？就這樣消極被動，然後再被踢出去一次嗎？還是我們要靠自己的力量站起來？我們到底要不要互相幫忙？」

泰斯對我說：「你最好叫他閉嘴。」

我則回答：「不，總得有人說這些話。」我指的是由球員來說，而不是教練。

我有說過自己多討厭第七場比賽嗎？告訴你，這場比賽特別具有挑戰性。拓荒者隊勢如破竹，而我們只能努力地壓制他們。到了第三節時他們徹底爆發，在七次進攻中得了十八分，突然之間，湖人隊就落後了十六分，並在後面苦苦追趕。老實說，我覺得我們已經溺死在水裡了。我叫了暫停，試圖在茫然又困惑的球隊身上注入一些活力。

接著美妙的事情發生了：**球隊突然間找到了自己**。拓荒者隊透過精密的擋切戰術痛宰我們，因為俠客不願意走出他的舒適區，落入追逐斯塔德邁爾或史密斯的窘境。在像這樣的情況中，俠客已經瀕臨落入自我拆台、持續走下坡的危機，過去在大型比賽中這會嚴重削弱他的戰力。當下就是他陷入危機最好的例子，所以我毫不含糊地告訴他說，這是屬於他的時刻，不論什麼樣的擋切，他都需要跳出去、瓦解它們，俠客點了點頭表示同意。

另外我們必須要做的，就是不要再傳球給俠客了，他周圍擠滿了防守球員，在前三節中僅僅只有得到二分。我們有許多球員有空檔，而拓荒者隊認為我們無法把握射籃機會。我開始下指令：「別管俠客了，有四個人包圍著他，就射籃吧！儘管射籃就對了。」

球員從各個角度發起進攻：替補哈潑的布萊恩．肖爆發了，投進幾個關鍵的三分球，替俠客得到重要的分數，並和布萊恩．格蘭特搏鬥爭搶一個重要的籃板球，柯比則發動我們為他精心策劃的戰術。至於我們的防守，由煥然一新、勇敢的俠客帶領，壓制住拓荒者隊的頂尖射手。在比賽中，湖人隊一度打出二十五比四的得分，超過了拓荒者隊。

接著，時間剩下不到一分鐘。當時湖人隊領先四分，柯比快速地衝到籃下，讓大家驚訝的是，他漂亮地傳球給高過籃框兩呎多的俠客，俠客抓到了球並灌籃。

這真是令人欣慰的一刻，看到這兩個人能合作打出一套完美協調的戰術，讓比數拉開到無法追回的差距。從那次冬天一片混亂、球員們還在互相碰撞的球隊會議之後，這個傳球象徵了柯比和俠客巨大的進步。在那之後，兩人想出了一種雙方都能接受的合作方式，並以這次戲劇性的終場射籃告終，這一刻對我們的新球隊來說，是個很重要的轉捩點。

對戰印第安納溜馬隊的總冠軍決賽，不像我們對戰拓荒者隊時一樣充滿變化。但是這場比賽也有其他的危機，因為溜馬隊是全聯盟最擅長射籃的球隊，而且有許多方法能讓我們在比賽時艱苦奮戰。

其中最大的威脅是得分後衛雷吉．米勒，他最著名的技巧是穿越敵人的擋切戰術、投進贏得比賽的跳投，除此之外，溜馬隊還有一對一的專家：小前鋒傑倫．羅斯，令人印象深刻的跳投射手：中鋒里克．施密茨，很擅長切入禁區的控球後衛馬克．傑克遜，多才多藝的大前鋒戴爾．戴維斯（Dale Davis）和奧斯丁．克羅希爾（Austin Croshere），以及強大的候補球員們，包括三分球高手山姆．佩肯斯以及擁有超快速度的後衛特拉維斯．貝斯特。此外，溜馬隊還有NBA中最強的教練團隊陣容，包括防守大師迪克．哈特，進攻專家瑞克．卡萊爾，以及總教練賴瑞．柏德。

我們有個很好的開始，在洛杉磯舉行的第一戰，俠客個人攻下四十三分、搶下十九個籃板球，壓過溜馬隊，而米勒的表現平平，出手十六次只中一次，比賽的結果很早就確定了。兩天之後，我們重演比賽的結局，靠著俠客的另一次精湛表現，以及萊斯與哈潑當晚各得了二十一分，又一次擊敗溜馬隊。但柯比在第二戰的第一節扭傷了腳踝，情況看來對我們不利，他可能得錯過接下來的兩場比賽。

溜馬隊在印第安納波利斯反撲，並贏得第三戰，但是那還不是最大的新聞。格倫的妻子克莉絲汀在比賽結束後向媒體抱怨，我讓格倫上場的時間太短，於是媒體爭相報導這段發言。她告訴《洛杉磯時報》的專欄作家比爾．普雷希克：「如果是我的話，我早就當第二個拉崔爾了。」她指的是勇士明星隊當時的明星球員拉崔爾．史普利威爾，因為不滿而對球隊教練卡勒西莫使出鎖喉攻擊。這真是讓人吃驚的評論，不過格倫和我已經討論過，會在特定的情況下限制他上場的時間，於是他承擔起責任，巧妙地應付媒體、支持他的妻子，但沒有公開為她的指控辯護。

此外，我還有更急迫的事情需要擔心：柯比的腳踝。第三戰開始前，就算腳踝痛得要命，柯比還是懇求我讓他上場。但是我看到他在休息室外的走廊，痛苦地想靠著腳趾站立，因此認為讓他上場的風險實在太大了，所以第三戰沒讓他上場。

三天後的第四戰前，柯比的腳踝還是很痛，但是他堅持自己能夠撐過去，結果證實那晚成了他的大日子。比賽有大半的時間雙方緊咬比數，因此打到延長賽，但是俠客在延長賽的第一分鐘就因為犯規被判出場，柯比接手，隊上的十六分有八分是他得到的，並讓我們以一二〇比一一八分贏球。比賽結束後，俠客衝到場上擁抱柯比，他稱柯比是「偉大的小老弟」。

柯比的表現讓我印象很深刻，這是我第一次看到他這麼不為所動地忍受痛苦，不讓任何事情阻擋他。那天晚上的柯比，讓我想起了麥可．喬丹。

接著和往常一樣，我們戲劇性地在下一場比賽落敗，還整整落後三十三分，這也是本季中輸得最慘的一次。這場比賽如此徹底慘敗，讓我不禁開始懷疑這支球隊是否擁有贏得冠軍必備的條件。但里克對這場比賽有比較樂觀的說法，「當你像我們今天一樣被輸得亂七八糟時，下一場的反擊就會很精采。」

重新看過比賽影片之後，我們決定要改變防守策略，讓哈潑去防守米勒、柯比去防守傑克遜、萊斯防守羅斯。我們也把格林調去迎戰施密茨，因為里克在抄截高過防守球員頭上的球有困難。正如預期的，施密茨的表現不佳，在外線投出八球只命中一球。但他們隊上其他球員在史坦波中心射籃的表現，就彷彿是在主場打球一樣。直到第四節時（溜馬隊以八十四比七十九暫時領先），比賽才開始有了變化。

我們在場上實施得最好的戰術之一，是讓兩位球員在球場側邊組成擋切隊形，另一位球員則守住底線。這套戰術的美妙之處在於能夠吸引溜馬隊的三個球員離開禁區，去防守擋切以及底線的射手。這會迫使他們做出抉擇，不是讓一位球員一對一防守俠客，就是讓在底線的射手投出空檔很大的三分球，第一種方法是天大的錯誤，第二種方法則更是下策。

我們在第四節成功執行了六次這套戰術，突破對手的防守。我們的一些其他戰術也成功奏效，包括被大家戲稱為「肖與俠客的補救」戰術，主要特色是由布萊恩．肖把高過籃板的吊高球傳給俠客。柯比也復活了，投中射籃、搶下籃板，最重要的是傳球給俠客，帶領球隊在該節一開始就以十五比四領先。

時間剩下三分〇二秒時，我們以一一〇比一〇三分領先，這時柏德終於使出了駭客戰術的策略。在接下來的二十一秒內，他們對俠客犯了兩次規，而他在四次罰球中只中了一球。所以我決定把他換下場，直到剩下兩分鐘的關卡再上場，那時溜馬隊如果故意對他犯規就會被判技術犯規。不過在此同時，溜馬隊也努力追回比數，在時間剩下一分三十二秒時將比數拉近到一一〇比一〇九分。

那是他們取得最接近的比數。剩下十三秒時，柯比兩罰全中，以一一六比一一一分確定贏球。當他走下球場時，他指著自己的無名指，並在空中揮動他的食指，彷彿在說這只是許多冠軍戒指中的第一枚。

比賽結束後，巴斯博士嘲笑我缺乏耐性。他開玩笑說：「為什麼你一定要在第一年就拿下冠軍，還讓整件事看起來這麼容易？這讓我們這些之前沒有做到的人顯得很蠢。」

老實說，我從來沒有指望能這麼快贏得第一枚戒指，我以為球員們至少得花兩年的時間學會這套系統，並且凝聚成一支團結的球隊，沒想到這支球隊很快就踏上通往榮耀的道路。看到我們在公牛隊研發出來的基本原則，能如此有效地將一支截然不同的球隊轉變成冠軍，真是令人欣慰。很顯然，俠客的帶領，以及柯比堅持不懈的創造力，是我們球隊能夠獲勝的關鍵因素。當兩位頂尖球員意識到需要彼此的力量，才能達到唯一重要的目標時，他們在球季後半展現的互相配合，令我感到相當欣慰。

我在這個球季也有些個人突破。我學會了克服對未知的恐懼，在一個新的城市建立新的生活，同時保有我最愛的一切。對我來說，這是個與孩子們建立全新且更深層關係的時刻，不只是和我住在一起的布魯克，還包括會定期來看我的其他孩子們。對我來說，這也是持續擴張心靈境界的時刻。當我斷絕過去，讓自己投入全新的生活，面臨隨之而來的所有不確定以及自我懷疑，「冥想」幫助我度過那些難受的日子。讓我感覺自己比過去幾年都還要有活力。

不過，最讓我高興的，還是看到這群有天分，只是缺乏訓練的球員們，將自己塑造成一股不容忽視的力量。雖然還有很多進步空間，但是他們能如此迅速從一支處於**「只注重個人成就」**的隊伍，轉變成**「看重團隊榮耀」**的隊伍，讓我印象很深刻。他們慢慢地建立起自己的信心，從逆境中崛起，深入他們從來不曾經歷過的內在力量來源，並且毫不退縮，勇敢面對自己的心魔。

第 16 章

無為的樂趣

安靜地坐著，什麼都別做，

春天到來時，草就會自己長出來。

——禪宗諺語

每次填個人資料表格的時候，我常會在職業欄上填入「魔術師」。這並不是惡作劇，只是當我想到NBA教練必須**讓不同的個體取得平衡**，對這項工作最適合的形容詞，或許就是「變魔術」。

「變魔術」用來形容二〇〇〇年的秋天非常貼切，我們在洛杉磯重新集合，迎接新的球季，**贏得冠軍後的下一年，永遠會是最辛苦的一年**。那一年，每個人的腦中都會只想著自己，而球隊在幾個月前才剛感受過的神奇氣氛，則會瞬間化為稀薄的空氣。

里克・福克斯把贏得NBA冠軍比喻成贏得人生第一座奧斯卡獎：「那會定義你是誰，並在你接下來的人生中代表某種意義。」但是，那也會改變你的期望。里克接著補充：「球員們贏得冠軍之後，全都會離開整個賽程，享受好幾個月的讚美，然後等待新的球季開始。你會告訴自己，『這就是我希望發生的事』。」

大多數球員都會試著隱藏個人想法，但是他們並不難看穿，尤其是當大家開始一起打球的時候。三角戰術的其中一個美妙之處，就是球員們無須多言，看執行戰術時的表現，就可以透露出每個人的心思。

我注意到的第一件事情，就是大家喪失了幹勁。球員們之前一心一意都放在贏得冠軍上，好幾個球員甚至還在調整自己的步調，於是我決定在球季一開始不要把他們逼得太緊。我告訴他們，既然已經是冠軍了，是該讓他們自己找到解決問題方法的時候了。

不過，我們還是失去了一些人：格倫・萊斯離開，到紐約成為自由球員；格林被邁阿密隊選走，而約翰・薩利則退休了。為了填補這些空缺，我們網羅了一些可靠的球員，包括兩位前公牛隊的球員：前鋒霍瑞斯・格蘭特以及中鋒格雷格・福斯特（Greg Foster），還有得分後衛J・R・萊德（J.R. Rider），如果他能保持專注，就能在單場比賽得二十分以上。我也說服了羅恩・哈潑，讓他延後一年再退休，並讓里克・福克斯除了擔任先發小前鋒以外兼任副隊長。但是當我們步履艱難地走過球季的前兩個月，輸掉比我預期中還要多場比賽後，我可以感覺到，這將會是一個情緒起伏很大的球季，球隊已經失去了上一季的團隊精神。

最不難看透的球員就是柯比・布萊恩。他整個夏天都很努力練習，宣稱自己每天投籃兩千次，並在表現上有很大的突破。球迷們很愛他華麗的新動作，他的人氣也跟著飆升，就連最重要的、印上他名字的球衣銷售量，都可望超過俠客・歐尼爾。

柯比帶來了令人振奮的開始，在外線得分以及將近五〇%的投籃命中率領先全聯盟。十二月初一場在多倫多擊敗暴龍隊的比賽中，他以四十比三十一超過他的對手文斯・卡特，當地的主播表示：「湖人隊在去年被稱為『俠客的球隊』，現在再也不是了。」

柯比為了建立自己的漂亮履歷，犧牲了隊上其他球員。在球季初期，我曾要求他繼續用前一年的方式打球，透過俠客來執行三角戰術，並且堅守這套戰術直到比賽的最後幾分鐘。柯比的回應卻是加倍每場比賽的個人投籃次數，毫無規律的傳球，或是根本不傳球。這樣的作法激怒了他的隊友，尤其是俠客。柯比的自私及難以捉摸的個性使其他隊員情緒低落，認為他不再信任他們了，因此更進一步削弱了球隊的和諧。

前一年，柯比願意接受三角戰術，是因為他迫不及待地想要嘗試，能讓喬丹及公牛隊變成冠軍的方法。但是在這個球季開始時，他卻告訴我，他覺得這套方法很無趣，也太過簡單，而且無法讓他充分發揮。我明白柯比的意思，但是我告訴他，必須以最少的失誤來贏得最多的比賽，還要考慮到受傷及季末疲倦等問題，我覺得他並沒有聽進去。

對我來說，接下這份工作的其中一個挑戰，就是湖人隊和公牛隊完全不同。在芝加哥隊，並沒有一位像歐尼爾一樣有優勢的中鋒，所以我們特別調整了戰術，讓進攻方式配合喬丹的打法。在公牛隊，我們有個很厲害的場上領導者：史考提．皮朋，我總說，這個男人是讓喬丹之所以能成為麥可．喬丹的原因。照理說，湖人隊協調者的角色會落在柯比身上，但是他並沒有興趣成為俠客的皮朋，他只想要為自己抓住射籃的機會。

里克．福克斯形容這段時間的柯比「很任性又頑固，動不動就闖禍」。他第一年加入湖人隊時，里克常和柯比互爭上場的時間。他說：「柯比很強勢，他看這世界的眼神，就像是在說『你懂什麼』，如果你擋了他的路，他會一直推、一直推，直到你讓步為止。如果你不讓步，他會把你生吞活剝。」

里克比較柯比和麥可．喬丹的競爭動力，當他還是大學生時，曾在喬丹的籃球營與他一起打過球。里克說：「在我認識的人當中，沒有任何人會像他們那樣打球。對他們而言，不計一切代價贏球才是最重要的。而且他們會要求自己身邊的人比照辦理，不管他們能力所及與否。他們說，『找到你身上任何還有進步空間的地方，這就是我每週、每天、每分每秒都在做的』。他們無法容忍自己比人差一點，連一點都不行。」

但是里克也注意到喬丹與柯比之間的差別，他回憶：「喬丹每件事都要贏，就連從教堂山開車到威明頓，他都會讓這趟路程變成一場比賽，不論你想不想參加，他就是要跟你比。但是我覺得，柯比更喜歡跟自己競爭。他會為自己設立障礙及挑戰，只是剛好需要別人跟他一起行動。**他穿著團隊的制服，打的卻是個人的運動**，而且占有優勢。但是一旦他走下球場，他就沒興趣在穿著或是開車方面和你比較。他只熱衷於追求他在十五歲就為自己訂下的目標。」

這正是指導柯比會這麼困難的原因，他早就把全部的事情都規畫好了，目標就是成為有史以來最偉大的籃球選手。而且他也很確定該做什麼才能達到目標。他為什麼要聽從別人的指示？如果他聽從我的建議，減少個人得分，他就無法達到最終的目標。

我該怎麼做，才能和這個小子溝通呢？

所有球員中，俠客最常被柯比的自私作風激怒。季後賽結束後，我告訴俠客，在夏天好好的玩，帶著一顆放鬆的心回來並準備繼續努力，他只接收到前半段訊息。不幸的是，他對於「準備繼續努力」的理解有些問題，當他抵達訓練營時體重超重，且狀況不佳，他花了將近半個球季的時間才恢復到戰鬥的身材。歐尼爾看起來相當疲憊，彷彿他還在努力從上一季甦醒，那時他是聯盟的得分王，並且蟬聯三屆最有價值球員。

他的投籃命中率直線下降，而他從未好過的罰球手感也跟著消失。十二月初對戰西雅圖隊時，俠客以罰十一中零的成績打破了威爾特．張伯倫在罰球線毫無貢獻的紀錄。他的表現差到球迷開始寄護身符和水晶給我，以求為他帶來好運，甚至連他三歲大的女兒都開始暗示他。泰斯・溫特試圖要幫俠客特訓，但是他兩天後就放棄了，說歐尼爾「罰球無藥可救」。俠客的經紀人找來艾德・帕魯賓斯卡斯，是一位澳洲籍罰球冠軍，他進行的訓練很順利，因為到了球季尾聲時，俠客在罰球線的命中率就從原本的三七・二%進步到六五・一%。

十二月底，在一場對戰太陽隊的比賽中，柯比得了三十八分，而俠客努力得到十八分。後來歐尼爾向我和球隊總經理米契・庫普切克提出他想被交易的要求。傑瑞・威斯特夏天時無預警請辭後，庫普切克便接任總經理的位置，但他並沒有很認真地看待這個請求。米契認為，俠客只是因為柯比企圖控制三角戰術而單純表達他的無奈。

這是俠客與柯比之間全面鬥爭的開始，為了爭奪誰是球隊的領導者；很明顯的，去年他們所形成的聯盟已經分崩離析。

我曾經鼓勵他們要更深入了解彼此，希望能藉此強化他們的團結力。但是柯比根本不想跟俠客太親近，大個子俠客把他視為「小兄弟」的想法更讓柯比感到無法接受。就像柯比解釋的，他們來自不同的文化，也幾乎沒有共通點。俠客是來自紐澤西州紐華克、是南方的軍人子弟，而柯比則來自義大利、是費城的前NBA球員之子。

他們的個性也截然不同，俠客性格慷慨、喜歡有趣的東西，比起拿到得分王的頭銜，他更感興趣的是怎麼說笑話逗得你哈哈大笑。他無法了解，為什麼柯比總是想把每件事情弄得那麼複雜。福克斯說：「那就是俠客讓柯比抓狂的一點，就算是在最嚴肅的情況下，俠客還是要從中找樂子。如果沒有樂子，他就會想走人。」

另一方面，柯比則冷靜又內向，犀利且尖酸刻薄。儘管他比俠客小六歲，但是他顯得較年長、也比較成熟。正如湖人隊前任教練德爾．哈里斯說：「你問我柯比哪裡像小孩？事實就是，他從來就不是小孩。」但是我認為，柯比的世故及專注的熱切很容易被誤認為是成熟。而在我看來，他還有許多需要成長的地方——而且因為他的本性，這段成長的過程不會太輕鬆。

在俠客提出並非真心的交易請求後不久，《ESPN》雜誌登出一則里克．布徹撰寫的封面故事，裡面提到柯比暗示自己有興趣轉到別的球隊。這篇文章指的是季初時我和他的某次對話，要求他在比賽中收斂一點。在雜誌的訪談中，柯比的回應是：收斂一點？我還想更拼一點呢！我已經有改進了，你還想怎麼限制我？我看我還是到別的地方打球好了。他還把話題扯到俠客身上、對他開砲，「如果俠客罰球的命中率能達到七〇%，那事情就會簡單多了，我們得要知道自己的優勢與劣勢。我當然信任球隊，只是我更信任我自己。沒錯，我們去年是靠著俠客發動的三角戰術才得到冠軍，但是比起要打到第五戰甚至第七戰才贏，今年我們要橫掃對手。」

想想看，其他隊友聽到這些話會有多激憤。柯比在文章登出之前就事先讓他們知道內容，試圖減輕對隊友的打擊，但是這並不能阻止俠客發飆。在我們的下一次練習後，俠客告訴記者：「我不知道怎麼會有人為了一己之私才想改變，去年我們打出六十七勝十五敗的狂熱戰績，整個城市都開心得天翻地覆，我們舉辦了遊行以及一切的慶祝活動。而目前，我們的戰績是二十三勝十一敗，你懂我意思了吧？」接著他發表讓人震撼的言論：「很明顯的，如果這套戰術沒有透過我來執行，球隊就像是沒有警衛看守的房子一樣。」

我很想插手這場紛爭，這正是大多數媒體專家認為總教練該做的，但**我很小心的避免讓這場幼稚的爭吵，升級成正格的糾紛**。這種情況我之前在芝加哥隊看過很多次，傑里．克勞斯總是在情緒不穩之下口出惡言，最後讓事情變得更糟。我通常比較參考芝加哥隊另一位傑里（就是傑里．藍斯多夫）的意見，他曾經說過，處理大多數怒氣最好的辦法，就是先睡一覺、留到第二天再解決。**重點就是要避免在憤怒之下採取行動，以免製造更難處理的混亂局面**。而且如果夠幸運的話，問題或許就會自己解決。

我並不反對當情勢所需時得採取直接行動，但是就像藍斯多夫所說，我發現可以用老子所說的「無為」解決許多困難。這種方法常會被誤解成消極被動，但是事實上正好相反。**「無為」包含順應團隊面臨的狀況，並適時做出反應，或是按兵不動**。史蒂芬．米契爾在改編老子《道德經》的前言中，把無為比喻為運動表現：「一個好的運動員會進入一種身體意識狀態，脈搏或行動會自然無誤、毫不費力、沒有任何知覺意識的干擾。這就是無為的典範：最純粹且最有效的行動方式。比賽會自己進行；詩篇會自己構成；舞蹈和舞者密不可分。」或者如同老子所說：

> 損之又損，以至於無為。
> 無為而無不為。

對於俠客與柯比的問題，我決定不要強行介入處理。比起用強制手段要他們言歸於好，我選擇在接下來的幾週內放任他們的衝突自行演變。我認為不值得讓他們的爭吵加劇，讓球隊無法注意到我所認為的真正問題：**讓球員們重新找回贏得第一次冠軍時的專注和自律**。

《ESPN》雜誌的文章登出的隔天，我要求媒體把那篇文章刪除。「這是球隊內部的事情，不是你們的事情。」當然，我知道就算這樣說也沒用，畢竟我們是在洛杉磯，全世界編故事的大本營。記者怎麼可能會放過這個有關兩位年輕明星球員互爭領袖的故事？

同時，我並沒有試圖要把這個故事壓下來，或是當作它不存在。正如布萊恩・肖說的，我會讓問題自己「顯明」。布萊恩說：「菲爾允許俠客做他自己，也允許柯比做他自己，但是同時他也讓大家知道，他才是掌控局面的人。**所以當情況不對了，他就會把事情導回正軌**。但是只要我們還在正軌上，他就會讓我們盡情去做我們想做的事。」

接下來的幾週內，俠客和柯比之間的肥皂劇越演越烈。如果柯比發現俠客悄悄走近某位記者，他就會拒絕跟那位記者說話，然後答應會給其他記者獨家消息；而如果俠客看到某位訓練師幫柯比的腳纏上繃帶，他就會堅持要讓別的教練來幫他的腳纏繃帶——簡直沒完沒了。

其他球員處理這個情況的方式讓我印象深刻，大部分的人都不想選邊站。勞勃・霍瑞對整起事件開了個玩笑，把它稱為「兩個大熱狗之間的不和」；曾在奧蘭多隊與歐尼爾一起打過球的布萊恩・肖，則說這讓他想起俠客與明日之星安芬利・哈德威的衝突，只不過安芬利願意扮演俠客蝙蝠俠的羅賓，但是柯比不想。布萊恩很喜歡說湖人隊並不是俠客或是柯比的球隊，他們是巴斯博士的球隊──因為他才是開支票付錢的人。

里克・福克斯說俠客與柯比的分裂，讓他想起九〇年代初期加入塞爾提克隊時，賴瑞・柏德與凱文・麥克海爾（Kevin McHale）之間的對峙。賴瑞對任何事情都很認真看待，而凱文對比賽則抱持一種遊戲的態度。而且他總是會在練習時開玩笑，常在上籃線投出誇張的射籃，這讓賴瑞很受不了。隊上的每個人都被要求得在賴瑞和凱文之間選邊站，那真是個惡夢。

幸運的是，俠客與柯比的分裂並沒有惡化到這種程度。等到接近二月中全明星賽開打時，兩位球員都厭倦了彼此相互叫陣，向記者宣告他們要重新開始。歐尼爾說：「我已經打算要停止回答這些蠢問題了。」同時柯比發表了許多隊友都共有的看法：「凡是殺不死你的，都會讓你變得更強壯。」

現在柯比已經成熟許多，而且有了兩個任性的女兒，對於自己在那個瘋狂的球季中有多難搞，他一笑置之。他說：「我的兩個女兒都已經到了認為自己是萬事通的年齡，這讓我想起了自己。我可以想像曾經帶給菲爾多大的困擾。」但是他接著補充：「雖然有時候我看起來很不受教，但實際上我學到不少。」

從柯比的角度來看，我利用他與俠客之間的裂痕讓團隊變得更加團結。現在柯比說：「菲爾手上有兩個強勢的領袖，他得要讓他們目標一致，而最好的辦法就是對我吹毛求疵，因為菲爾知道，這樣才能讓俠客達到他的期待。我可以接受，但是不要以為我對此一無所知。」

從這個角度來看，柯比說得沒錯。那季我把他逼得很緊，因為他的適應能力比俠客還要強。

事實上，連對麥可．喬丹評價最嚴苛的泰斯，都認為我應該要放寬對柯比的要求。但是我認為，柯比如果想更成熟及有所成長，需要強硬的指示。柯比擁有各種武器，他可以傳球、射籃、運球進攻，但是如果他沒有學會用正確的方式和俠客合作，並利用他那強大的力量，球隊就會輸球。

儘管我知道，這會對柯比隨心所欲的風格有所限制，我還是認為，對球隊而言最好的策略就是把球傳給大個子俠客，並瓦解敵人在他周圍的防守。這有點像美式足球，你得先建立好自己在地面的比賽，才能展開空中的比賽。在籃球比賽中，你得先切入禁區，之後才能投籃或是切入籃下輕鬆得分。

柯比明白這點，但還有其他力量在驅使他。他反省自己：「對菲爾來說，我很難駕馭，因為我天生就是第一名。我必須要對抗自己的天性，去當第二名。我知道我可以帶領球隊，但是這對我來說還是個挑戰，因為我從來沒有聽過第二名的球員能投身領導的角色，同時還能贏球。」

但是柯比說，最後他重新思考過這個問題：「我把自己看成是海豹部隊，安靜地前進並做好份內的工作，我沒有得到應得的榮譽，但是真正的籃球教徒會知道我所做的貢獻。」

全明星賽結束後，我們展開一段漫長的公路旅行，我希望這趟旅程能幫助球隊變得更團結。我每年都會送每位球員一本書，那年我送給俠客一本《流浪者之歌》，是赫曼．赫賽所著，有關佛陀一生的虛構記述，我認為這本書或許能夠激發俠客重新檢視他對於物質所有物的依戀。故事中年輕的王子悉達多放棄了他奢華的生活去尋求頓悟，我希望俠客明白的重點是，**每個人都必須找到屬於自己的心靈道路**，而累積更多的外在物質，並不是達到那裡的途徑。這是我促使他去探索自己內在平靜的方法，透過平靜他的心靈，專注在他的物質欲望以外的事物，對自己的隊友更具有同情心——特別是柯比，他也有一些屬於自己的情感問題要處理。

幾週後，俠客交來的閱讀心得報告讓我笑了，大意是：這本書講述的是一個擁有權力、財富，還有女人的年輕人（跟我好像），他放棄了全部，轉而追求聖潔的生活（這跟我就不一樣了）。如果俠客讀完這本書之後，忽然開始去尋找他的頓悟，我會感到相當訝異，但是我認為書中關於同情、關懷的內容會對他有所影響，因為他有一個寬厚的靈魂。

柯比則是個完全不同的故事，我選給他的書是《戰地情人》（*Corelli's Mandolin*），這本小說的背景是二次大戰時一個被義大利軍隊占領的希臘小島，故事發展過程中，島上的居民必須接受事實，他們再也不能掌握自己的命運，必須團結在一起並適應新的現實狀況。在故事的最後，他們靠著失敗而獲勝。我希望柯比能夠對這個訊息產生共鳴，並察覺這個故事和他與湖人隊其他球員之間爭鬥的相似處。不幸的是，柯比絲毫不感興趣。

不過，生**活自有一套方法，教會我們必須知道的道理**。在球季的後半段，柯比受了好幾次傷：右腳踝扭傷、右臀部疼痛、右肩膀痠痛，還有右手小指發炎，使得他必須正視自己的弱點。雖然球季較早的時候，柯比因為一番「隊上有太多老屁股」的發言，激怒了一些資深球員，但三月時他非常努力，還向布萊恩．肖透露，他最認同的球員是這些老前輩們：哈潑、格蘭特和布萊恩．肖。伊麗莎白．凱依寫了一本描述湖人隊的著作：《湖人王朝傳奇》（*Ain't No Tomorrow*），探討柯比的傷如何軟化了他對隊友和對自己的態度：「在球場上，柯比首次無法單靠自己的力量克服一切。他告訴肖，『以前我可以一一越過的許多裂痕和漏洞，現在對我來說卻很吃力。我無法提升到自己想要的境界。』

肖告訴柯比：『這就是我每天的感受，所以現在就是你該成長的時候。而這時你也該說，好吧，我應該少動手，多動腦。』」

幸運的是，並不是所有球員都在下半季因傷所苦。因為腳部壓迫性骨折錯過六十二場比賽後，德瑞克・費雪回到場上，鬥志高昂並重新找回滿滿自信。他上場的時機再好不過，因為當時正值哈潑受傷、柯比感冒，我們需要有人能激起球隊的進攻氣勢，帶領大家脫離球季中期的低潮。

費雪充電完畢、回歸的第一場比賽，是在主場對戰波士頓塞爾提克隊，我可以看得出來，這是個嶄新的德瑞克。他一出場就大爆發，得到生涯最高的單場二十六分，加上八次助攻和六次抄球。不只如此，他在攻守兩端的表現也激勵了球隊，這就是這季的轉捩點。

但是我們還有一些障礙必須克服，接下來的那週，在密爾瓦基舉行的一場比賽前夕，《芝加哥太陽報》登出一篇專欄作家黎克・特蘭德寫的報導。報導中提到，我曾經聽過一個有關柯比的謠言，有關他念高中時會故意妨礙自己球隊的比賽，這樣他就能在比賽最後演出戲劇性的逆轉，並大出鋒頭。這不只是一則不負責任、信口胡謅的報導，後來也證實的確是一派胡言。

柯比非常不悅，而湖人隊很快就接到他的律師來電，揚言要控告我毀謗。我親自向柯比道歉，後來還在整個球隊面前再跟他道歉一次。不過，我知道自己已經跨過了一條界線，但我不知道的是，後來要花上好幾年的時間才能完全贏回柯比的信任。

更糟的是，在密爾瓦基的比賽中，柯比的腳踝狀況不穩定，再次扭傷了，於是接下來九場比賽都必須缺席。在離季後賽這麼接近的時間，這真是個很大的打擊。但是當他暫時離開球隊時，球隊就進入到下一個層次。四月初，我們以八連勝結束例行賽。當連勝到一半時，柯比回來參加一場在主場對戰鳳凰城隊的比賽，很顯然，當晚他的出場就像是「海豹部隊」一樣。他花了大半場比賽的時間，幫太陽隊上了「如何正當打球」的一課；他經常傳球給隊友們，即使隊友們投籃失誤，或是做出帶有挑釁意味的防守，後來我們以一〇六比八十分獲得壓倒性勝利。對柯比的標準來說，以個人僅得二十分結束比賽後，他告訴記者：**「重點不在得分，而在阻擋對手。」**

籃球比賽往往會以奇特的方式展開，就許多層面來說，這是我生涯中遇過最艱難的一季，甚至比我在芝加哥隊的最後一場比賽還要辛苦。誰會猜到這支似乎隨時都會爆炸的球隊，竟然能在球季尾聲時團結在一起，還能不斷連勝、足以媲美那些史上最優秀的球隊呢？

儘管有許多的風波，**這支球隊知道自己注定會成就大事，只要他們能夠走出自己的路**。在紛爭最激烈的期間，我講述了很多有關共同體的力量。在洛杉磯很難用傳統的方法建立共同感，因為球員們彼此住得相當遠，而且城市本身也充滿誘惑、容易使人分心，但是這季發生的所有困難，都讓我們得以再次團結。

金妮．懷特洛在她的著作《十招練出領導力》（*The Zen Leader*）中，提到當人們因為強烈的連結意識而聚集在一起時，會產生多大的快樂：「這種快樂可能會比『雀躍』來得微妙，感覺像是充分投入我們所做的事，一種安靜的滿足會油然而生。像是不斷自我更新的能量，就像我們從遢鞦韆中得到的能量，似乎比擺動鞦韆時所花的能量來得多。」

這種**快樂會傳染，而且不可能作假**。心靈大師艾克哈特．托勒（Eckhart Tolle）指出：「**懷抱熱情，就會發現不需要事必躬親**。事實上，能靠自己做的事情大多沒什麼意義，持續的熱情會產生一股創造力的浪潮，而你要做的就只是乘著這股浪潮而行。」

隨著季後賽開始，湖人隊也乘著浪潮向前。跟去年相比，在終場前球員們表現得如此放鬆、泰然自若，讓我感到相當驚訝，似乎沒有什麼事情會讓他們驚惶失措。

費雪告訴《洛杉磯時報》記者提姆．布朗：「人們開始注意到球隊的變化，就是我們有多淡定。我們不會失控地打球，我們不會大肆顛覆籃球的規則。我認為這是菲爾和整個教練團隊的特色，這就是他們的作風。」不論俠客與柯比之間的爭端怎麼演變，教練團隊還是能一絲不苟地讓球隊準備好參加每場比賽，讓費雪印象深刻。

很明顯，球員們已經開始將教練團隊「伐木挑水」的態度內化了。關鍵時刻發生在西區總決賽對戰聖安東尼奧馬刺隊的第二戰，我因為侵犯到裁判的空間，被認為妨礙他執行職務，因而在第二場比賽的第三節被驅逐出場。在過去，球隊在這時會失去方向，並開始走下坡，但是這次球員們加強防守，並以一波十三比五分的攻勢結束比賽，終場八十八比八十一分贏球。後來福克斯說：「就算菲爾不在，我們已經成熟到能夠保持鎮定了。」

在第一輪橫掃波特蘭拓荒者隊後，我們對戰沙加緬度國王隊，他們嘗試了好幾種不同的戰術要阻止俠客，但是沒幾個成功。第一場比賽由弗拉德．迪瓦茨直接去防守他，而俠客得了四十四分，搶下二十一個籃板。然後在第二戰中，大半的時間他們讓斯科特・波拉德去防守他，但是這只讓俠客的成績各減少一分和一個籃板而已。最後在他們主場舉行的第三場比賽，國王隊的壓力更大，在第四節他們向俠客蜂擁而上，並且無情地對付他。令人開心的是，這樣反而替其他球員創造了許多機會，特別是柯比，他個人獨得了三十六分，我們也以三勝〇敗在系列賽取得領先。

那晚稍後柯比就飛回洛杉磯去陪他的妻子凡妮莎，她因為無法忍受的疼痛而住院。他一直陪著她直到情況穩定，然後又飛回沙加緬度進行第四場比賽，這次他徹底爆發，得了四十八分並搶下十六個籃板，帶領球隊再次橫掃敵人。他狂野的熱情激勵了隊友。柯比說：「我願意做任何事，並全力衝刺到精疲力竭為止。」

等到我們到達聖安東尼奧進行西區總決賽時，我們已經連續贏了十五場比賽（包括例行賽），而專家也已經預測，我們會成為季後賽第一支橫掃對手的球隊，儘管要打敗聖安東尼奧隊並沒有那麼容易。他們擁有聯盟中最厲害的兩個長人球員：大衛・羅賓森和提姆・鄧肯，以及該季聯盟中最好的戰績：五十八勝二十四敗。上次交手時，他們在我們的主場獲勝。但是那是在三月分、費雪歸隊前，早已經是久遠的歷史了。

羅賓森和鄧肯守住了俠客，讓他只得了二十八分，令人十分敬佩。但是馬刺隊似乎沒有人知道要怎麼對付柯比——他得了四十五分，是季後賽史上馬刺隊對手拿下的最高總分。興高采烈的俠客在比賽結束後與柯比擊掌，並滔滔不絕地對柯比說「你是我的偶像」，稍後，俠客告訴記者：「我認為他是聯盟中最好的球員——至少到目前為止。當他像這樣打球、得分，讓每個人都參與其中，並發揮出色的防守，我實在沒有什麼好挑剔的了，這正是我這整年度下來希望他到達的境界。」

當我第一次開始帶領柯比時，就試圖要勸他別這麼拚命，讓比賽自然地發展。當時他還會反抗，但是現在就不一樣了。柯比在比賽結束後說：「就我個人而言，只是試著傳球給隊友——那就是我改進的一種方式：學習怎麼藉由隊友創造自己的機會，只要穩扎穩打，並讓比賽和機會自動接近我。」他說話的口氣越來越像我了。

回到洛杉磯的第三場比賽，我們以一一一比七十二分輕易取勝，這場比賽中，柯比與俠客加起來總共得到七十一分，只比馬刺隊全隊的總分少一分。接著兩天後，我們就結束了這次系列賽。這次的英雄是費雪，他投出的七顆三分球進了六球，還得到生涯最高二十八分。

雖然我們試圖這樣繼續打下去，但是卻很難忽略某件大事正在發生。里克在第三場比賽贏球之後，說了自己的感想：「偉大的程度已經超越俠客，而且也超越柯比，比一、兩個球員付出的任何努力還要偉大。這種事前所未見，就像是我們正要開始變成早該成為的球隊。」

這些創造歷史紀錄的發言絲毫沒有嚇到費城七六人隊，我們在總冠軍決賽和他們交手。他們是一支強壯、熱血的球隊，由後衛艾倫·艾佛森（Allen Iverson）領軍，那年他身高一百八十三公分、體重七十五公斤，成為NBA史上贏得最有價值球員中身材最矮小的一個。艾佛森並不理會那番橫掃的言論，指著他的心臟部位宣告「想贏冠軍，要靠『這裡』」。

在史坦波中心的第一場比賽，艾佛森旋風般的表現似乎證明他沒說錯。他得了四十八分，七六人隊在延長賽中以五分之差終結我們，也中止了我們的十九連勝。當媒體對連勝的騷動平息時，我其實鬆了一口氣，現在我們可以心無旁騖地專心在打敗七六人隊上面了。

在下場比賽開始前，艾佛森向記者預告七六人隊將會「擴大戰爭」，希望藉此威嚇柯比和隊上其他的球員們。但是當艾佛森的嘲弄轉變成中場時的叫囂，柯比並沒有退縮。他靠著得到三十一分、搶下八個籃板、讓我們以九十八比八十九分贏球，成功讓艾佛森閉嘴。

這還只是開始而已。在費城舉行的第三場比賽又是另一場街頭混戰，但是這次俠客和費雪在剩下兩分多鐘時因為犯規而退場，這時湖人隊領先二分。沒有問題，在終場前幾分鐘，柯比和里克還在堅持奮戰，這時霍瑞不知道從哪裡出現，投進他的招牌三分球和四次罰球，讓我們確定穩贏比賽。布萊恩・肖說：「七六人隊有心，但是那又怎樣？你們有心，但是卻輸掉了比賽。我們不只有心，還有傷兵！但是我們就是能克服低潮，繼續比賽。」

系列賽剩下的比賽飛逝而過，正如艾佛森所說，我們靠著「很多的俠客・歐尼爾」贏得第四戰。接著在兩天後，我們在一場不能稱之為藝術的比賽中贏得冠軍頭銜。一如往常，霍瑞替這一刻做了個完美的總結：「結束了，」他指的是這次艱辛的球季。「那麼多的騷動、那麼多的問題。有許多人在談論我們打算怎麼做——結論就是：結束了。」

當這次瘋狂的球季終於結束時，我鬆了一口氣。然而當我回想起那個球季的一切，我突然意識到，那年我學會了重要的一課：將衝突轉變成癒合。甘地曾經說過：「愉快忍耐的苦難將不再是受苦，並會轉變成為難以言喻的喜樂。」如果我們試圖壓抑衝突，而不是讓它自然地發展，這支年輕、正在成長的球隊可能就永遠無法以他們最後做到的方式團結在一起。**如果沒有過程中經歷這一切的痛苦，湖人隊就無法找到他們的靈魂。**

第 17 章

領導是一種受控制的「即興行為」

被人信任是比被人喜愛更大的恭維。

——喬治・麥克唐納（George Macdonald）

二〇〇二年球季初期的某一天，里克・福克斯告訴我，他再也感受不到興奮的感覺，這讓他快被逼瘋了。他說的並不是吸毒的感覺，而是贏得冠軍的興奮感。里克在巴哈馬群島的一個五旬節教派家庭中長大，所以當我談到籃球是一種心靈上的運動時，他馬上就能夠理解。他說當每個人都齊心打球時，這種美好的經驗帶給他的感受，比任何事情都來得興奮。而忽然之間，這種感覺就像作夢一樣消散了，他很渴望能把它找回來。

我知道他在說什麼，我自己也曾經體會過。里克所描述的感覺，有人稱為**「心靈成癮」**：一種非常強大、非常快樂的連結感，會讓你希望它永遠不要停止。麻煩的是，**你越是試圖抓住這種感覺，它就會變得越難以捉摸**。我試著向里克解釋，他在上一季的經驗雖然很深刻，但也只是一瞬間而已；想要重建當時的感覺不過是徒勞，因為包括里克自己，一切都已經改變了。

有時候籃球會像兜風一樣輕鬆，而有時候卻會是一段漫長又辛苦的苦差事。但是如果你把每季的比賽都看作是一場冒險，它就會自己顯露出美好的地方。

我從第一天就知道這季不會那麼順利，三連霸從來就不是件容易的事。**而好消息是，柯比和俠客開始處得來了**，他們不再任意抨擊彼此，而且我常看到他們在練習時和比賽結束後在一起大笑。在一場到費城比賽的旅途中，俠客和其他幾位球員們參加了在勞爾梅里恩高中為柯比舉行的球衣退休典禮，而之後俠客還在台上擁抱柯比。

並非所有的改變都這麼容易讓人接受，球隊又再次處於變動的狀態。大體上來說，湖人隊的球員流動率比公牛隊的還要大得多。在珍妮的辦公室裡有一幅團體肖像畫，畫中是我第一次擔任湖人隊教練時曾全程參與三度總冠軍的球員，只包含了七位：歐尼爾、布萊恩、霍瑞、福克斯、費雪、肖及德文・喬治（Devean George）。而其餘的名單是一群充滿變數的球員循環，有些人扮演了重要的角色，其他人則迷惘於自己的定位。**這種大風吹的環境，對於球隊的向心力能否從本球季延續到下季，是非常具挑戰性的**。

在非賽季期間，我們失去了隊上最後兩位前公牛隊的球員：羅恩・哈潑終於實現他被延後很久的退休夢，霍瑞斯・格蘭特則轉到奧蘭多魔術隊打球。我們用兩位可靠的球員來取代他們：曾經六度參與全明星賽的後衛米奇・里奇蒙德（Mitch Richmond），以及曾效力於聖安東尼奧馬刺隊、前景可期的大前鋒薩馬基・沃克（Samaki Walker）。但是要取代哈潑和霍瑞斯的冠軍經驗及對球隊穩固的影響，卻是很難辦到的。

如果說第二季讓人時不時感覺像一部肥皂劇的話，那第三季則會讓人想起一本俄國小說《奧勃洛莫夫》（*Oblomov*），講述一位缺乏意志力的年輕人，花了他大半的時間躺在床上。我們最大的問題就是球員們**厭倦的情緒**，那很符合許多冠軍球隊的情況，而對湖人隊來說更是明顯。這支球隊成功得太過快速，以致於球員們開始相信，每當他們想要的時候，只要扳動開關，就會自動上升到另一層——這就是我們前一年的作法。

對於當時發生的情況，里克有個有趣的理論。他認為球員們的自我意識在球季一開始太過高漲，以致於他們認為自己比教練更懂得該如何才能再贏得一枚戒指。正如他所說的：「第一年我們都只是盲從。第二年我們歡喜地貢獻己力，到了第三年，我們就想要自己掌舵了。」里克還記得那年，大家對於教練決策過程的爭論比往年更多，他補充：「我不會稱之為無政府狀態，但是我開始看到大家更不受控制、更常表達自己的意見，而且想用自己的方法執行三角戰術。」後果就是，球隊的行動經常無法同步。

我並不意外，早在公牛隊拿到第一次三連霸時，我就看過這樣的情況。在我看來，湖人隊正逐漸蛻變成為一支較為成熟的球隊，我讓球員自己思考，而不是依賴教練團隊提供一切答案，這是必然的結果。我一直都很歡迎「爭論」，即使那會暫時破壞球隊的和諧，**因為「爭論」，就代表球員們投入在「解決問題」**。其中最大的危險，是一大群主力球員們偏離球隊奠基的無私原則；這時候，混亂就會接踵而來。

冠軍隊伍最常犯的錯誤，就是試圖重複他們贏得冠軍的模式。但是這鮮少見效，因為早在下個球季開始前，你的對手就已經看過所有的錄影帶，研究出如何對付你所做的每個動作；保持勝利的關鍵，就是要繼續以團隊的身分成長。**贏球的重點是要進入未知的領域、創造些新的東西**。在印第安那・瓊斯電影首部曲中有一幕，有人問瓊斯，接下來他要做什麼，而瓊斯回答：「我不知道，咱們邊走、我邊想。」這就是我對領導的看法。**領導是一種受到控制的即興行為**，一種塞隆尼斯・孟克所謂的「手指運動」，不斷往前邁進的歷程。

但是故步自封和龐大的自我意識，並不是這支球隊唯一的問題。

我最擔心的是俠客的健康狀況，在夏天他要離開度假前，他答應會回到選秀時的體重、也就是一百三十二公斤。結果正好相反，當他再次現身時，體重超過了一百五十公斤，左手小指的手術還在復原中，而且腳趾還有嚴重的問題。

對於俠客，就像對其他的球員一樣，我需要找出最有效的溝通方式。幸運的是從一開始，我和俠客無須太多廢話就能夠和彼此溝通，有時候我會相當直接。比如說，在二〇〇一年總決賽的第二戰開始前，我告訴他，當艾倫．艾佛森衝到籃下的時候，不要害怕、跟上去。我暗指他害怕艾佛森的這番話，讓俠客相當吃驚，以致於他忘記帶領球隊喊出「一、二、三——湖人隊」的賽前口號。不過就在那晚，他擋下了艾佛森的八次出手，有效地消除了艾佛森的威脅。

其他時候，我則會透過媒體間接激勵他。在季中低潮時，我故意告訴記者，所有球員當中，唯二全力以赴的球員就是柯比和福克斯，想藉這樣的激將法刺激俠客更加努力。這番話讓俠客覺得相當刺耳，但是在那之後，他在球場上就變得更加積極。

俠客非常尊敬男性權威角色，因為他的繼父菲爾就是這樣養育他的，他是個職業軍人，俠客稱他為「長官」。事實上，在我帶領球隊的第一年，俠客就開始把我當作是他的「白人父親」，他敬畏權威的想法非常根深蒂固，以致於當他不想做我交待他的某些事情時，常需要透過第三者來告訴我。

在第一季，我要求他一場比賽打滿四十八分鐘，而不是他平常的四十分鐘。俠客嘗試了一、兩個禮拜，好幾場比賽都照我的要求打，但是接下來，他決定自己需要更多休息，但不是他自己來和我討論，而是指派約翰．薩利當他的信差。還有一次，俠客派了其中一位訓練師來告訴我，他那天不會到場練習。當我問起原因，那位訓練師說，俠客一直在受訓，想成為警察，因此他整夜都忙著巡邏整個城市，尋找登記在洛杉磯警察局失竊車輛清單上的車子。在內心深處，這個大個子一直夢想能夠成為現實生活中的克拉克・肯特。

湖人隊的工作人員稱俠客為「大怒神」（Big Moody），因為當他苦於傷勢陷入苦戰、或是對自己的比賽表現失望時，都會變得脾氣暴躁，他有許多挫折感都是直接衝著我來的。二〇〇一至二〇〇二年的球季初，當他女兒出生時，俠客原本說好請一天假，卻擅自延長為兩天，我為此祭出罰款。對此俠客告訴記者：「那個混蛋知道他能用那筆罰款做什麼。」不過，在下一場對戰休士頓隊的比賽，他得了三十分，並搶下十三個籃板。

俠客在媒體面前譁眾取寵還不算什麼，真正讓我困擾的，是他在賽中對隊友發飆。二〇〇三年季後賽，對戰聖安東尼奧馬刺隊的一場比賽中，俠客很氣德文・喬治在終場前的失誤，這個失誤讓馬利克・羅斯（Malik Rose）得以搶下一個進攻籃板，並投出了致勝的一記射籃。比賽結束後，俠客在球員休息室裡追趕德文，但是被布萊恩・肖擋了下來。

布萊恩常在隊上扮演直言不諱的角色，他很擅長解讀隊上帶刺的人際動態，而我會鼓勵他說出想法。他說：「我媽總是說，等我長大，總有一天會禍從口出，因為我無法看到某件事情不對勁，卻還閉口不語。我不覺得說出事實算是惹事，因為你不能對事實生氣。」

當布萊恩看到俠客攻擊德文時，他對俠客大叫：「如果你能用這些力氣在籃下阻擋對手，那你一定可以搶到籃板，我們或許就會贏球了。所以與其把氣出在德文身上，你何不為你自己沒做好的地方負責呢？」當下，俠客放過德文，並轉而追趕布萊恩。布萊恩試圖制服俠客，但是最後反被他拖著繞了休息室幾圈，直到他的膝蓋開始流血為止，其他球員把俠客拉開。

布萊恩說：「俠客很氣我，因為我傷了他的心，但是幾天之後，他走到我面前，『你知道嗎？你說得沒錯。那是我的問題，我不應該那麼衝動。』」

柯比在那季也經歷了一場艱難的轉折，前一年的春天，他為了要和與凡妮莎・萊茵結婚，而跟他的家人爭吵冷戰，凡妮莎當時才十八歲、剛從高中畢業。柯比的父母——喬和潘，一直和他同住在布倫特伍德，認為他要結婚還太早了，但是柯比渴望能開始他新的人生。他告訴記者：「不管做什麼，都有人說我還太年輕。」

向來是湖人隊比賽常客的喬和潘回到費城，但卻沒有出席那年在家鄉舉行的總冠軍決賽，直到兩年後，柯比和他的父母才重歸於好。在這期間他和凡妮莎則搬進了新房，跟岳母在紐波特比奇的住處只離一個街區，而且有了第一個孩子納塔莉雅。

柯比急著進入NBA，因此錯過唸大學以及第一次出社會受挫的成長經驗。他和父母分開之後，開始建立自己是一個男人的身分，有時候他的作法令人驚訝。柯比一直以來都極力避免與其他球員發生衝突，但有時候他會變得相當好鬥。一次在搭乘球隊巴士的旅途中，他與薩馬基・沃克吵了起來，然後忽然間就作勢要揍他。薩馬基笑著躲開說：「看到你這麼有精神真好。」不久之後，一場在史坦波中心舉行的比賽中，柯比相當激烈地回應雷吉・米勒的垃圾話攻勢，在場邊掄起拳頭追著米勒滿場跑，直到他們撞上記分台——柯比因此被禁賽兩場。

柯比內心有許多壓抑以久的憤怒，我很擔心有一天他可能會做出一些讓自己後悔莫及的事。

但是成為柯比的知己兼心靈導師的布萊恩，認為這些衝突都是一種跡象，顯示柯比「正要進入成年期，並建立他自己的處事形象」。看著那年被我任命為副隊長的柯比經歷這些成長痛，布萊恩說：「你可以看得出來，柯比正在顯著地成長，變得成更好的隊友，更像團隊的一分子。有時候，他還是會暴躁地發飆，但是在大部分的情況下，他可以更自在地跟自己相處，也對於做自己更有自信。」

「隨機應變」是讓我們度過這球季的唯一方法，所有事情的發展都超出我的經歷和認知。我們展開了十六勝一敗的戰績，是球隊史上最好的開始，於是媒體們開始謠傳，看來我們應該能打破公牛隊曾寫下七十二勝十敗的例行賽紀錄——但這波氣勢並沒有持續很久。到了十二月，我們陷入了令人不解的無力表現，一直持續到二月中旬。

即使在面對最難纏的對手時表現得還算好，那段期間我們還是輸給墊底的球隊六次——包括兩度輸給重建中的公牛隊。在那之後我們稍微恢復平穩，但卻再也無法扭轉大家都在談論的「錯覺開關」。

我知道這支球隊的實力還能更好，訣竅就是要努力讓身體、心靈及精神保持合一，直到進入季後賽。其中最讓我沮喪的一點，是在找出如何讓米奇．里奇蒙德發揮最大潛力的方法。

米奇是個很優秀的得分球員，他進入本季時已經取得每場平均得二十二．一分的成績，但是他卻很難適應三角戰術。他也無法適應在比賽中突然被換上或換下場，因為他需要很多時間熱身，讓他的雙腿靈活。幸運的是，布萊恩可以填補米奇的位置，在球季尾聲擔任第三個後衛。因為我們的候補球員不夠強，必須大力倚靠先發球員上場更多的時間，於是缺口就開始出現了。為了避免先發球員太早精疲力竭，在例行賽最後階段，我決定**要球隊放輕鬆**。結果湖人隊以西區第二名的成績進入季後賽，但還在尋找我們的魔力咒語。

我們在第一輪橫掃波特蘭隊，但是整體表現平平。直到西區準決賽的第二場，在自家主場輸給馬刺隊，系列賽被追平到一勝一敗，我們才突然覺醒，開始拿出冠軍隊伍的氣勢打球。

俠客苦於傷勢，除了腳趾，他射籃慣用手的食指在第一戰中被削到，還在第二場比賽扭傷了左腳踝，不過我還是告訴他，應該要更積極。當在聖安東尼奧舉行的第三場比賽前，記者向我問起俠客的狀況，我說：「我們進行了一場討論比賽積極度的熱切對話，要更加投入比賽、追著球跑……而俠客說，基本上，他的腳趾很痛。」那個星期俠客一直迴避媒體，但是當一位記者訪問他的意見時，他說：「去問菲爾吧！他什麼見鬼的事都知道。」

但是俠客在比賽中的表現正是我所期待的，儘管他的手指裂傷，他仍然得了二十二分，儘管他苦於腳傷，卻仍然搶下了十五個籃板球。他還幫忙壓制住馬刺隊最大的威脅：提姆．鄧肯，讓他在外線投出二十六球，卻有十七球沒進。

儘管俠客重新振作了，柯比仍大放異彩。當時間剩下六分二十八秒、湖人隊以八十一比八十領先時，在接下來連得十一分，取得一波十一比二的領先中，柯比就占了七分，並奠定我們的勝利，後來柯比的發言聽起來就像剛從禪修中心回來一樣：「以前我比較以自我為中心、而且會把注意力分散到周遭的一切事物上。**如果讓太多的情緒混雜在比賽中，就會忽略掉很小的細節**。你必須要置身圈外才行。」

那場比賽到了第四節，這支球隊讓我看到他們能表現得多出色。在第四場比賽，時間剩下四分五十五秒，我們還落後十分，而這時柯比又再次活躍起來，投進兩記三分球，接著在最後五·一秒時搶下一個籃板、並將它補進，讓比賽以八十七比八十五分確定贏球。兩天後，我們在最後幾分鐘打出一波十比四的表現，以四勝一敗贏得系列賽。這支球隊終於找到了他們的定位，成為NBA史上偉大的終結者隊伍之一，這一刻來得剛剛好。

沙加緬度是我們西區總決賽對手的主場，他們的球迷都很討厭湖人隊。自從我在幾年前開玩笑說這個加州首府是半文明的鄉下之後，當地的球迷就一直在找機會還以顏色，他們會在我們的板凳區後方搖牛鈴並大叫下流的話，搭配其他讓我們分散注意力的手段。當然這些方法一點用也沒有，過去兩年我們都把國王隊從季後賽淘汰掉。

但是這次國王隊的忠實支持者有理由感到樂觀，他們的球員以聯盟最好的成績（六十一勝二十一敗）結束了例行賽，而且在季後賽還有主場優勢，國王隊是我見過最擅長投籃的球隊之一。除了曾參與全明星賽的大前鋒克里斯·韋伯，還有能多點開花的射手陣容，包括弗拉德·迪瓦茨、普雷德拉格·史托亞柯維奇、道格·克里斯蒂（Doug Christie）、希度·特克魯（Hedo Turkoglu），外加一位行動快速的控球後衛麥克·畢比（Mike Bibby），他能毫無畏懼地穿過防守，並投出關鍵射籃。

我們贏了在沙加緬度舉行的第一場比賽，寫下季後賽在客場連續獲勝（十二場）的紀錄。

但是柯比剛從食物中毒中恢復，國王隊利用這點，在第二場比賽展開反擊。最大驚喜則是在第三戰出現，國王隊靠著畢比和韋伯合計得到五十分，輕鬆贏球，**但是柯比沒有受到影響，還在比賽結束後跟記者開玩笑，「哈，現在（比賽）有趣多了。」**

奇蹟似的射籃出現在第四戰，上半場看來有點黯淡，當時我們落後二十分，又無法讓三角戰術發揮效用。但是到了下半場，我們扭轉了氣勢，拖慢他們飛快的進攻步調，並逐漸追上領先的差距。在剩下十一秒時我們將比數差距縮小到只剩二分，這時柯比衝到籃下，但是球沒進；俠客搶到籃板，但是也沒有進球——國王隊的中鋒弗拉德．迪瓦茨將球拍掉，結果卻進了勞勃．霍瑞手裡，當時他一個人站在三分線上。一切彷彿早已寫好的劇本，勞勃擺正姿勢、射籃出手，看著球完美地落入籃框，同時鈴聲也剛好響起——湖人隊一百，國王隊九十九分。

這就是老手勞勃．霍瑞，這就是年輕球員夢寐以求的得分方式。但是在我們能讓牛鈴安靜之前，還有一段很長的路要走。國王隊在第五戰反撲、並在他們的主場拿下勝利，在七場的系列賽中以三勝二敗領先，但是湖人隊並沒有驚慌失措。

在第六戰當天早上二點三十分，柯比打電話給他新交的摯友俠客：「老哥，明天需要你，我們要創造歷史。」當然，俠客當時還醒著，正在仔細思考這場即將來臨的比賽，他們還彼此激勵。柯比後來告訴記者：「面對淘汰，這對我們來說根本不算什麼，而俠客和我有同感。」

那晚俠客的表現無人能擋，他得了四十一分、搶下十七個籃板，完全支配禁區。國王隊派了他們能想到的所有球員防守他，而在終場前幾分鐘，狄瓦茨和史考特．波拉德（Scott Pollard）

雙雙因犯規而退場，於是國王隊只剩下後備中鋒勞倫斯．方德伯克，他對於俠客的內線行動完全束手無策。俠客後來說：「**你得要對我犯規才能阻擋我，就是這樣**。」柯比手感同樣火熱，得了三十一分，包括最後幾秒奠定勝利的四次關鍵罰球，終場一〇六比一百。

下個禮拜天，當我們的巴士抵達阿科球館（Arco Arena）進行第七戰時，一群國王隊的球迷用裸露的屁股迎接我們，球員們都笑了。別的不說，這場惡作劇有助於減輕球員對這場比賽的壓力，而這可能是他們所面對最艱辛的比賽。我們球隊在客場的表現一向很出色，但是在對手的主場打第七戰，可真是場極具挑戰的考驗。上次我陷入這種困境是在一九七三年，當時我還是尼克隊的球員，我們得在第七戰中於波士頓打敗塞爾提克隊，才能贏得東區總決賽。那是我職業生涯中，最不安也最興奮的時刻之一。

湖人隊非常冷靜，當天稍早我們在飯店一起冥想，當我走進房間時，看到大家都已經各就各位、做好準備，我由衷地感到既開心又驚訝。當我們安靜圍坐時，我可以感受到，球員們彼此已經緊緊相繫，準備好迎接雙方的對決。這些球員們已經一起經歷過許多，本能地知道隨著壓力在比賽期間升高，他們與彼此的連結將會是消除焦慮的力量。

而球員們是對的，這並不只是一場籃球比賽，還是一場持續超過三小時的艱辛馬拉松。但是到最後，**贏得當天比賽的關鍵，是湖人隊全體球員展現出的沉著**。這場比賽兩隊互相領先十七次；畢比投進兩記罰球、將比數追平到一〇〇分，俠客在鈴聲響起時投出的四．七公尺跳投沒進，比賽進入延長賽。這是場意志的殘酷考驗，而且正如同費雪告訴記者比爾．普雷希克，我們必須要挖掘出「前所未有、更深層的潛力」。

那天，我比平常更活躍，因為我想讓球員們保持專注。柯比說他認為國王隊的技巧更好，但是我們更加努力奮戰，終於在比賽終場前幾分鐘獲得了回報。里克搶下十四個籃板，寫下他在季後賽的生涯紀錄，而霍瑞也多搶下十二個籃板球。同時，國王隊也明顯地動搖了。一向頭腦冷靜的他們，全隊三十次罰球，卻有十四球沒進，而我們投出三十三球、只失誤六球。在延長賽最後的兩分鐘，對手因為連續五次射籃沒進及兩次失誤，浪費掉領先的兩分。

最後的結果有賴全隊的努力：俠客投進一記跳投，接著兩罰全中，而費雪和柯比分別在罰球線上投進兩球，讓比數拉開到無法追回的差距。後來球員們因為筋疲力竭，幾乎沒力氣慶祝，但是他們對於最後的結果並不意外。霍瑞說：「我們已經一起打球五年了，如果我們還不了解現在要做什麼，那一定是哪裡有問題。」

整整上場打了五十一分鐘，俠客疲累不堪，看起來不像平常比賽結束後那麼有活力。但是當我們的巴士準備駛離停車場時，他指向一群正在咒罵我們的沙加緬度隊球迷，脫下他的褲子，決定用沙加緬度式的風格跟他們好好說再見——一位隊上球員說這是「滿月昇起」。

在我心中，這場比賽其實等同於冠軍賽了，但是我們還有總冠軍決賽要打。我們的對手紐澤西籃網隊，擁有全聯盟最優秀的控球後衛之一：傑森·基德（Jason Kidd），還有一位令人印象深刻的大前鋒肯揚·馬丁（Kenyon Martin），但是他們一樣想不出對付俠客的辦法。他們試圖讓傑森·科林斯（Jason Collins）來對付他，但是俠客輕易地通過他的防守，每場平均得到三十六分，讓他成功三度蟬連季後賽最有價值球員獎。站在俠客這個巨人的肩膀上，我們橫掃了籃網隊。湖人隊自一九六〇年代初期從明尼亞波利斯搬遷到洛杉磯以來，終於首度獲得三連霸的殊榮。現在，我們可以理直氣壯地說自己是「湖人王朝」了。

因為這次勝利，我追平了紅衣主教奧拜克贏得最多次總冠軍的紀錄：九次。媒體在這點上大肆報導，奧拜克也發表了他的看法，「很難把菲爾當作偉大的教練，因為他從來不曾建立過球隊或訓練過年輕的球員」，而媒體在這番發言之後報導更烈。我把勝利獻給恩師里德．霍爾茲曼，如果他還活著的話，一定很高興看到我能追平他的成就。

不過對我來說，更重要的是球隊發生的改變。當我開始帶領湖人隊時，我認為只要讓球員們夠信任彼此、能夠投入某樣比他們自己還要偉大的事物，我們就可以達成偉大的目標。在這次漫長、艱辛的球季途中，當我們被曼非斯灰熊隊打得落花流水時，我實在不敢百分之百肯定我們有機會創造歷史。但是在最後，當事態嚴重時，**球員們卻能發掘自己的潛力，成為一支建立在信任上的冠軍隊伍**。

令人驚訝的是，球員之中最明白這點的就是柯比．布萊恩。在不久之前，他還會嘲笑這樣的想法。但是現在他已經成長了，因此球隊也跟著他一起成長。他說：「我們一起經歷過那麼多的戰役，信任自然會增長。你們一起經歷越多戰役，你就會越了解跟你一起打仗的人。」

呼吸同調，同心一致，上下一心。

第 18 章

發怒的智慧

久怒不消就如同緊握著燒燙的煤炭，

本想要丟向別人，先被灼傷的卻是你自己。

——佛陀（the Buddha）

那本該是個平靜的夏天。我騎著摩托車穿過洛磯山脈時，開心地將上一季的球賽拋到腦後。那是很辛苦的一年，許多球員帶傷上陣，從俠客的腳趾到柯比的膝蓋，甚至里克．福克斯的腳。我們費力地擠進季後賽，很勉強地挺過第一輪對戰灰狼隊的系列賽。

對我來說，受傷潮的巔峰是在對戰聖安東尼奧馬刺隊的準決賽期間。當時我獲悉自己其中一條冠狀動脈已經有九〇%堵塞，必須進行緊急的血管擴張手術。事實證明，心臟手術的結局，比對戰馬刺隊的結果來得完美快樂。我在湖人隊四年來，這是第一次沒有打進西區總決賽，更不用說再拿到一枚冠軍戒指了。

是的，我已經準備好要放棄這一季了。動完手術之後，我的感覺比過去幾年都還要好，而且我很開心有機會在橫越山脈的途中思考接下來的方向。雖然在非賽季期間，勞勃．霍瑞離開我們、加入馬刺隊，但是我們網羅到蓋瑞．裴頓，以及未來入選籃球名人堂的球員卡爾．馬龍。馬龍是個模範大前鋒，平均每場能得二十分以上、搶下八到十個籃板，還能以他龐大的身型守住禁區。而裴頓不只是聯盟中最優秀的控球後衛之一，也是個頑強的防守球員，也因此他有個綽號叫「手套」，我希望他減慢聯盟中一些後衛的速度，特別是嬌小型的後衛，他們特別麻煩。我有點擔心該如何讓這些大個子能與俠客和柯比一起合作，又不會傷害到他們彼此的自我意識。不過，這是個很好的問題，而且我覺得很有挑戰性。

我悠閒地開著BMW從洛杉磯穿過亞利桑那州，經過位於美國四個州交界點的四角落，進入科羅拉多州的杜蘭戈。跨越險峻的山脈到了烏雷之後，我的下一站是科羅拉多州的伊格爾，一個位於韋爾附近的小鎮。我到那裡去接一位從高中就認識的好友，一起要去參加在北達科他州的威利斯頓舉行的第四十屆同學會。

離開時，我還不知道幾天後伊格爾會登上頭條新聞，並將我捲入一場充滿痛苦和錯誤消息的夢魘。我與高中好友才剛住進老家鄉威利斯頓的一家汽車旅館，就接到了電話。

那是米契・庫普切克打來的，他告訴我，柯比在伊格爾因涉嫌性侵而被逮捕。柯比沒有通知我或其他任何一位球隊工作人員，自己安排了韋爾的一位專門醫師幫他進行膝蓋手術。看起來應該是，手術前一晚他找了一位十九歲的女子到愛德華茲附近的飯店房間，發生了柯比宣稱「你情我願」的性行為。但過幾天後，那名女子就報警，聲稱遭到強姦。

看著這件事在接下來幾個星期的發展，實在很難斷定實際上到底發生什麼事。我很難相信柯比竟然會做出這種事，而且證據看起來充其量只是單方的說法。七月十八日，他正式被起訴的那天，柯比與他的妻子凡妮莎一起召開記者會。柯比極力否認強姦的指控，但是含淚承認有與該女子發生性接觸。

聽到消息之後，我並沒有對柯比不聞不問，我試過跟他聯絡，但沒有成功。對一個剛滿二十四歲的年輕人，特別是他常在隊友面前吹噓說他打算終身堅守一夫一妻制，這次事件有許多問題需要處理。現在他被指控犯罪，可能會讓他被關進監獄好幾年。而且，柯比一直以來都很小心地維護他的公眾形象，但忽然之間，他卻成了小報媒體的飼料及深夜的喜劇演員。

對我來說，這次事件揭開了一個從未完全痊癒的舊傷。好幾年前，女兒布魯克還在讀大學時，她也曾在和一位校園運動員的約會中成為性侵的受害者。我從來沒有正面表達我的回應，布魯克期待我會動怒，讓她覺得受到保護與支持。但我反而壓抑住憤怒的情緒——正如我從小就一直習慣的做法。事實上，對於這次事件我能做的也不多，案情在警方的掌握中，如果我插手，只可能會弊大於利。只不過，我埋藏憤怒並在表面上維持一貫的冷靜，沒有給予布魯克任何安慰；這樣的反應讓她感到很受傷。最後，跟警方做完筆錄之後，布魯克選擇不提出正式控告。

柯比的性侵事件引發了我內心所有未經處理的憤怒，也玷汙了我對他的觀感。當時，我和珍妮討論我內心的情感爭戰，她對這件事相當務實的反應讓我感到很驚訝。在她看來，這是一場法律的戰爭，而柯比是我們的其中一位明星員工。我們必須盡可能地提供他最好的支持，幫助他打贏這一仗。

對我而言，前方的道路並沒有這麼明確。雖然我知道幫助柯比度過這個考驗，是我的職責，但是因為布魯克曾經經歷的遭遇，我實在很難壓下怒氣。

與憤怒和解的掙扎過程，讓我想起一個古老的禪學故事：

一個下著雨的晚上，有兩位和尚正要走回他們的寺廟，這時看見岸邊有一位美麗的女子正愁無法過河。老和尚二話不說，就背起女子過河，抵達了對岸。

當天晚上稍晚的時候，小和尚走到老和尚面前說：「師父，我們出家人是不可以近女色的。」

「是啊，你說的沒錯。」老和尚回答。

「那師父，為什麼你卻背那個女子過河呢？」

老和尚笑著回答：「我背著她過河後，早就將她放下了，但你到現在還一直背著她呢！」

就像那個小和尚一樣，我腦中也有個揮之不去的念頭，整個球季期間扭曲了我對柯比的觀感。無論我做什麼想消滅這個念頭，憤怒就是一直在暗中鬱積悶燒。不幸的是，這為接下來許多離奇的發展定調了。

當然，那年柯比被指控的罪名，以及我對這次事件的反應，並不只是那年唯一牽涉其中的因素。當我在九月回到洛杉磯時，隊上有一股完美的風暴正在醞釀。我們不只得處理柯比的法律問題，他也即將在季末成為自由球員，將會迫使巴斯博士做出一些有關球隊未來的艱難決定。早期的跡象顯示，柯比想要換到另一支他可以擔任主角、不必跟俠客爭奪殊榮的球隊。他看起來最感興趣的隊伍，是我們的競爭對手洛杉磯快艇隊。在季初他試圖與快艇隊的教練麥克·鄧利維（Mike Dunleavy）討論他未來的動向，這個舉動真是令人尷尬，而且也違反NBA的規定。難得的是，麥克沒有讓對話有太大的進展。

同時，俠客也沒有感受到球隊對他的愛。他來到訓練營，要求將他即將在二〇〇六年到期的合約延長為兩年六千萬美元。對於一個已經開始失去某些優勢的明星球員來說，這是個很高的價碼。向來對俠客很慷慨的巴斯博士，這次卻斷然拒絕。於是俠客做出了他的獨家回應，在一場在夏威夷對戰金州勇士隊的表演賽中灌籃得分，並對坐在場邊的巴斯博士大喊：「現在你肯付我薪水了吧？」

這股慢慢凝聚的風暴中，還包含我的合約將在那年到期。巴斯博士在球季開始前和我見面討論過合約大致的方向，並且同意稍後敲定細節。我其實有點想要離開籃球界，休息一段時間，整理思緒並專心發展其他興趣。柯比和俠客協商後的結果，會大大影響我的決定。如果湖人隊必須要在這兩位明星球員之間做出選擇的話，我會比較偏好留下俠客，因為打造一支以俠客為中心的冠軍球隊會比較容易。但是，隨著球季的展開，顯然巴斯博士並不贊同我的看法。

在訓練營開始之前，我和柯比見面了，並試著觀察他當時近況如何。他瘦了一些，看起來疲倦又憔悴，我從沒見過他這種樣子。我向他保證，我會盡可能讓他輕鬆地打完這季的比賽。當我問柯比感覺如何時，他並沒有特別回答什麼；他處理壓力的方式，就是緊閉自己的內心。不過，在我們的對話結束前，他以堅定的眼神告訴我：「我再也不想忍受俠客所說的任何廢話了。」

這番宣言是認真的。柯比在最近一場表演賽中表現不穩，而賽後俠客建議他需要修正比賽方式，要多依靠他的隊友，直到他的腿變得比較強壯為止。柯比反駁俠客，他應該要擔心的是自己的位置，而不是後衛。但是俠客並沒有就此罷手，他說：「去問問卡爾和蓋瑞，他們為何而來？一個人，而不是兩個，是一個人。他說得沒錯，我不是要告訴他該怎麼打好他的位置，我是要告訴他，**該如何打團隊的籃球**。」俠客還說，如果柯比不喜歡他的意見，他明年可以退出球隊，因為「我又不是沒地方可去」。

幾天後，柯比在ESPN接受吉姆．格雷（Jim Gray）採訪時做出反擊，嚴厲地批評俠客的領導能力。柯比說，如果這會成為俠客的球隊，他就應該要樹立一個榜樣。他是指不要以暴肥的走樣身材來到訓練營，以及不要將球隊的失敗怪罪在別人身上。柯比說：「『我的隊伍』的意義，並不是只有在贏球的時候，真正的意義是**在承受失敗的重擔時，要像拿著冠軍獎盃一樣地優雅**。」柯比還說如果他決定要在季末離開湖人隊，主要的原因會是「俠客孩子氣的自私和忌妒」。

俠客氣得告訴米契·庫普切克，下次看到柯比的時候一定要讓他好看。於是米契和我決定，在他們隔天到達訓練中心時將兩人分開，以免他們其中之一做出愚蠢的舉動。我帶走俠客，米契帶走柯比。稍後我跟柯比談話時，他透露真正讓他不爽俠客的一點，是他決定動腳趾手術的時機太接近上一季比賽開始的時間，柯比認為這件事危及到我們贏得第四枚戒指的機會，之前我從來沒聽過柯比提起這件事。

幸運的是，經過上一輪的激烈交戰之後，事情暫時平息了一陣子。卡爾和蓋瑞對這種幼稚的較勁，只能勉強忍受，甚至可以說是毫無耐性，隊上能有像這種資深球員實在是很大的幫助。而這也幫助我們取得輝煌的開始：十九勝五敗。只可惜，我們的勝利相當短暫。十二月，卡爾在主場對戰太陽隊的比賽中弄傷了右膝蓋，接下來大半的球季都無法上場。我們沒有強大的替補球員可以代替卡爾，因此我們進入了一段無力的低潮時期，直到在季末恢復實力。

我給柯比許多空間的對策似乎沒有奏效，**我給他越多自由，他就變得越好鬥**，他有許多的憤怒不滿都是衝著我來。過去當他不想做到我的要求時，只會消極抗議，而現在卻積極挑釁。他在練習中會一直開諷刺的玩笑，還在其他球員面前挑戰我的權威。

我請教過心理醫生，他建議對待像柯比這樣的人最好的方法有三種：一、**回應他的批評**，並且給予他許多正面的回饋；二、不要做任何有可能讓他在隊友面前覺得尷尬的舉動；三、讓他把「我希望他去做的事情」，**當成是自己的想法**。我嘗試了其中的一些策略，多少有點幫助。但是柯比當時正開啟強大的生存模式，當無法承受壓力時，他的本能反應就是反擊。

我領悟到要改變他的行為，能做的其實不多。但是我能做的，**是改變我對他發怒時的應對方式**，這對我來說是很重要的一課。**「憤怒管理」**是每位教練最困難的課題，這需要極大的耐心及技巧，因為介於贏得比賽必需的侵略性強度，和具有破壞力的憤怒之間的界線，往往極其細微。

在一些美國原住民部落中，長者通常會找出村中最憤怒的勇士，教導他們**把自己身上狂野、未受控制的精力，轉變成創造力及力量的來源**，這些勇士往往會成為部落中最有效率的領導者。那就是我一直嘗試在隊上的年輕球員身上所做的。

在西方文化之中，我們傾向把憤怒視為一種應該被去除的缺陷，我就是在這種認知下長大的。身為虔誠的基督徒，我的父母認為憤怒是一種罪，應該被消除，但總是徒勞無功。你越是想**去壓抑它**，它之後越有可能用一種**更劇烈的形式爆發**。比較好的方法，是盡可能了解並接納憤怒對你的心靈和身體帶來的影響，以便將**潛藏在憤怒之下的能量**，**轉變成為某些事情的動力**。正如同佛教學者羅伯特．舒曼（Robert Thurman）寫道：「我們的目標肯定是要征服憤怒，而不是要消滅那股被憤怒霸占的火焰。我們將會憑著智慧運用那股火焰，並將它轉向具有創造力的一端。」

事實上，最近在《實驗社會心理學期刊》發表的兩項研究證實了**憤怒**與**創造力**之間的關聯。在其中一項研究中，研究員發現，憤怒的感覺最初會增強實驗參與者腦力激盪的創意能力。在另一項研究中，同一組研究員發現，受到刺激感、感覺憤怒的受試者所產生的創意想法，會多過那些經歷悲傷或是無特別情緒狀態的受試者。結論：**憤怒是一種提供能量的情緒，它可以增強解決問題所需的持續性專注力，並導向更有彈性的**「大局」思考。

無疑地，**憤怒會讓心靈變得專注**。它是一套預警系統，可以提醒我們注意到對安樂的威脅。從這個角度來看，憤怒可以是一種帶來正向改變的強大力量。但是要面對這樣不舒服的感覺、又不會被它壓垮，這需要練習，還需要不小的勇氣。

當憤**怒的情緒出現**時，我慣常的作法是**坐下來冥想**。觀察怒氣來了又消、來了又消。隨著時間過去，我慢慢的學到，如果我可以與常顯示為焦慮的憤怒共處，並忍住自己壓抑怒氣的制約反應，這種感覺的強度就會減弱，而我就能夠聽到它要透露的智慧了。

與憤怒共處，並不代表消極。它的意義是讓你更能察覺內在的體驗，並與它變得更親密，如此一來，你的行動就會比盛怒當下更用心、更具同理心。

這實在很不容易，但是花心思的行動會是建立強力互信關係的關鍵，特別是當你扮演領導者的角色時。佛教冥想老師希薇雅·布爾斯坦（Sylvia Boorstein）說：「未被表達的憤怒，會在關係中出現，再多微笑都無法跨越的缺口。它是個祕密，是個謊言。『**關懷**』是讓連結保持活躍的方式，它需要具實以告。而說真話可能也很困難，尤其是當你的心因為憤怒而激動的時候。」

從柯比被逮捕的那一刻起，那年我有許多機會練習處理我的憤怒，而柯比就是我主要的老師。一月底，他手上纏著繃帶出現在訓練中心，宣布說他必須缺席當天晚上的比賽。他似乎是在自家車庫搬動箱子時不小心打破玻璃窗，食指得縫上十針。我要求他在練習期間做些跑步訓練，他答應了，但卻一直沒去做。後來我問他，為什麼要對我說謊，他說他是在嘲笑我。我實在笑不出來，這傢伙到底在玩什麼幼稚的青春期遊戲？不管是什麼，那都不是我想要的。

練習結束後，我走上樓告訴米契．庫普切克，我們必須在最後期限前，談談交易柯比的事。「我帶不動柯比，他不聽任何人的話，我沒辦法和他溝通。」但這個請求只是白費功夫，柯比是巴斯博士心裡的神童，他不可能會把他交易掉，就算這可能危及我們贏得另一枚戒指的機會。

幾天後，巴斯博士擔心這位年輕明星球員可能會跳槽到其他球隊，於是到紐波特比奇去拜訪柯比，並試圖說服他留在湖人隊。很顯然地，這次會面我並沒有受邀，但是不久之後，當我們搭球隊巴士前往客場比賽時，柯比卻告訴德瑞克．費雪：「你們老大明年不會回來了。」他說的「老大」，就是我。

當下我整個人都傻了，很明顯地，巴斯博士沒先跟我商量，就與柯比分享關於球隊的消息——以及我的未來。這是個殘酷的打擊，而柯比似乎很享受。在我內心深處，這次事件急轉直下，讓我開始質疑自己是否能夠信任柯比或巴斯博士。

當天稍晚，我致電給米契，並告訴他，我認為他和巴斯博士正犯下一個大錯。如果他們必須在俠客和柯比之間做出選擇，我建議選擇俠客，因為你不可能帶領柯比。我又補充：「你可以如實告訴老闆。」

幾天後，我的經紀人打電話來，湖人隊要暫緩執行之前跟我商談的合約。當湖人隊在二月十一日宣布這個消息時，記者問柯比，我的離開對他的自由球員計畫會不會有影響？而他冷冷地回答：「我不在乎。」俠客聽得目瞪口呆，他完全無法理解，當我們經歷過這一切之後，柯比怎麼可以把我丟下巴士？我要俠客別再惹麻煩，球隊現在最不需要的，就是這兩位球員之間再次上演脣槍舌戰。

珍妮確信湖人隊蓄意想要中傷我，而她或許說對了。不過，這個消息竟然讓我感到有種奇妙的解放感。現在，我可以專注進行手上的任務：再多贏得一次冠軍，不用擔心未定的未來。**木已成舟，沒有退路了**。

全明星賽結束後，我跟柯比見面，想澄清一些事情。很明顯，我對他採取的放任態度產生了反效果，還對球隊造成了負面的影響，柯比把我對他保持距離的努力解讀成冷漠，所以我決定要採取另一個策略，更積極地與他相處。我計畫要幫助他把注意力集中在籃球上，這樣一來，「比賽」就會成為他的避難所，就像當年麥可．喬丹因為賭博問題遭到媒體追逐時一樣。

當時，球隊正處於一種危險的脆弱狀態，我要求柯比不要再發表任何可能引起分歧的意見，那不但會讓年輕球員不知所措，還可能會分化球隊。既然我的合約問題已經解決了，我們就能專注在這一季比賽，不用擔心其他事情。我問他：「你和我可以辦到的，對吧？」他點點頭。我知道這不會是我們之間摩擦的結局，而是個好的開始。

柯比自由球員身分的問題，就像烏雲一樣籠罩著整個球隊。沒有人知道他會轉向哪一邊，而讓事態更加複雜的是，**他現在跟球隊很疏離，身體和精神上都是**。而且當他上場時，他看起來孑然一身，而且常恢復他過去的習慣，想靠自己贏得比賽，我們完全沒有凝聚成體育專家在該季初預測的「夢幻三隊」。

柯比並不是我們唯一的煩惱，蓋瑞．裴頓也有調整上的問題。蓋瑞習慣大部分的時間持球在手，但是現在，他必須要將球分享給其他渴望拿到球的隊員，他還在努力找到自己的節奏。當他還是超音速隊的控球後衛時，他經常會運球進攻、單吃對方身材比較嬌小的防守後衛。現在，他必須要配合三角戰術，這讓他感覺會壓抑表現自己能力的創意。不僅如此，他在防守時還會走錯一兩步，這讓專欄作家馬克．海斯勒開玩笑說，他的外號應該要從「手套」改成「隔熱手套」。

不過，卡爾．馬龍在三月回到先發陣容不久後，球隊就又開始贏球，我們還拿到了十一連勝。在這段期間內，我開始在比賽後半給費雪更多上場的時間，因為他對這套系統的感覺比裴頓還要好。我也讓柯比擔任場上的指揮官，由他負責指導球隊的行動。

但是柯比與球隊其他球員之間的裂痕越來越大，在球季的最後一週，在射籃方面從來不會手軟的柯比，卻在對戰沙加緬度隊的比賽上半場只投進一球，讓國王隊取得十九分的領先，並輕鬆地贏得比賽。媒體斷定，柯比是故意在比賽時保留實力，好提高他和巴斯博士商談合約時的地位。柯比說他只是照著教練要求的去做：與隊友分享球，但是這個說法沒有人買帳。有位球員以匿名的方式告訴《洛杉磯時報》的專欄作家提姆．布朗說：「我不知道大家該怎麼原諒他。」

這導致隔天練習時出現難看的一幕，柯比勃然大怒地衝進訓練中心，對每位球員一個接著一個進行審問，試圖找出說這段話的元凶——這真是讓人極度痛苦的插曲。

在球季一開始，有位作家稱湖人隊為「歷史上最強大的人才聚集在一支球隊」，現在我們卻表現不佳，以西區第二名的成績進入季後賽，而且感覺我們似乎正在隙縫中瓦解，而球員受傷的情況也日漸增加：馬龍扭傷了他的右腳踝，德文．喬治扭傷了小腿，費雪拉傷了腹股溝的肌肉，而里克則因為右手拇指脫臼而無法上場。

但是受傷並不是最糟糕的事情，考慮到所有讓人分心的外在事物，我最擔心的就是球隊還沒有找到自己的定位。如同費雪所說的：「今年似乎沒有一件事情是真正準備好的。每次當我們似乎稍微適應了，逐漸了解彼此，也能打出好比賽時，就會發生一些狀況，讓我們又倒退好幾步，我認為這是這一季與其他球季最大的差別。事實上，整季當中，我們從來沒有因為自己是團隊而感覺自在。」

直到在西區準決賽中對戰聖安東尼奧馬刺隊時以二勝零敗落後，我們才開始覺醒。在史坦波中心舉行的第三戰，我們終於恢復到自己標準的贏球模式：實行鋼鐵般的防守，並將球傳給在高位的俠客，並以一〇五比八十一分壓倒性地勝過馬刺隊。

下一場比賽的賣點是柯比令人目瞪口呆的表現，他剛剛從科羅拉多州開庭回來，卻得了四十二分、搶下六個籃板、發動五次助攻，帶領湖人隊取得逆轉勝，並以二勝二敗追平系列賽的成績，開心的俠客稱柯比為「史上最棒的球員」——這個「史上」包含麥可．喬丹。這並不是柯比第一次出庭回來後提振球隊的氣勢，但是這卻是最激勵人心的一次。他說，**籃球像是一位心理學家，它能讓你的心思遠離許多事——許多煩人的事情**。

聖丹東尼奧舉行的第五戰，是奇蹟真正降臨的時刻。我們在第三節時領先十六分，但是馬刺隊在最後的幾分鐘反撲，在終場前幾分鐘奪回領先的地位。時間剩下十一秒，柯比投出一記跳投，讓我們以七十二比七十一領先。因為時間只剩下五秒，這本來應該是這場比賽中最後的出手，但馬刺隊的提姆．鄧肯投出一記不平衡的跳投，卻奇蹟似地進了。

馬刺隊開心地上下跳躍，彷彿他們已經贏了這場比賽一樣。我在暫停時告訴球員們說，就算時鐘上的時間只剩下不到半秒，我們還是要贏。裴頓在界外拿到球，而深諳我們最後一秒射籃模式的勞勃．霍瑞卻截斷了傳球路線。結果，蓋瑞必須叫另一次暫停。這次我要他找出有空檔的隊友，不論對方是誰；而他發現費雪在罰球區的左側無人防守……在剩下極短的時間，費雪抓住傳球、並投出一記奇蹟似的轉身跳投——**唰地一聲，比賽結束**。

我們在第六戰收拾掉馬刺隊，並繼續在六場比賽內把灰狼隊打得一敗塗地，贏得西區總決賽。但是馬龍的膝蓋在最後一場比賽中再次受傷，這中斷了我們的氣勢，並為接下來對戰底特律活塞隊的冠軍總決賽中，投下一個很大的變數。

早在馬龍受傷之前，我就對活塞隊感到很緊張了。他們是一支年輕、團結的球隊，剛剛贏得東區總決賽，正處於高峰狀態。他們的對手是擁有全聯盟最佳戰績的印第安納溜馬隊。我們的球員並沒有認真地把活塞隊當一回事，因為活塞並沒有大名鼎鼎的明星球員，但他們有一位全聯盟最優秀的教練之一「賴瑞．布朗」，這給我們出了一個困難的對決問題。昌西．畢拉普斯（Chauncey Billups）是一個強壯、有新意的主控球員，他可以輕易跑得比裴頓或費雪快；泰夏安．普林斯（Tayshaun Prince），一位身高二〇六公分、有雙長手臂的防守球員，能給柯比帶來許多麻煩；而我們也想不出好辦法對付他們的大前鋒雙陣容威脅：拉席德．華勒斯及班．華勒斯（Ben Wallace）。布朗的策略是對俠客發動進攻犯規，當他進入禁區時，讓活塞隊的長人球員倒下。在每次系列賽開始前，我都會花許多時間設想怎麼破解對手攻勢的新戰術，但是對活塞隊，我腦中卻一片空白。

系列賽的第一場比賽在洛杉磯舉行，儘管俠客和柯比合計得到五十九分，活塞隊還是在防守上重挫我們，並奪回了主場優勢。我們在第二場比賽中恢復實力，在延長賽中僥倖贏球。但是當系列賽移師到底特律隊的主場時，我們又開始陷入苦戰、遲遲無法恢復。馬龍的膝蓋持續給他造成困擾，使他這台得分機器的引擎宣告罷工，活塞隊在五場比賽內就發出勝利的怒吼。

這一季最讓我失望的，就是我們無法屏除所有讓人分心的事物，將這群天賦異稟的超級巨星打造成他們本該成為的活力團隊。隊上有一些優秀的個人表現，包含柯比、卡爾和其他球員們的貢獻，但是到最後，我們只剩一群多半已經年邁的資深球員，拖著疲憊的雙腿，努力跟上一支年輕、飢餓、精力充沛的球隊——其實有點像幾年前的湖人隊。

對福克斯來說，我們輸球的理由很簡單，「**一支團結的隊伍，一定會勝過一群各有異心的人，**我們挑了個很差的時機組成這一群人。」

對費雪來說，湖人隊的滅亡，早在我們贏得第三次總冠軍的途中就開始了。他說，「一旦獲勝變成球隊文化中稀鬆平常的一部分，球員們會因為球隊的成績而大受吹捧，於是就不會注意到教練團隊帶給球隊的影響，是要**維持『平衡』**，**大家反而會比較專注在『這是誰的球隊』**，這是俠客的球隊，還是柯比的球隊？球員名單上有哪些人需要提升自己、變得更好？所有一切悄悄地在球員休息室裡蔓延，而這其實改變了最初幾年球隊中存在的能量及凝聚力。」

球隊的瓦解發生得很快，季後賽結束之後不久，巴斯博士證實了米契．庫普切克已經告訴我的消息。他說球隊要朝不同的方向前進，因此不會再更新我的合約。而且毫不意外地，他正計畫要把俠客交易掉，並希望能和柯比重新簽約。我告訴巴斯博士，失去俠客，或許會意味著將至少一座冠軍拱手讓給得到他的球隊，他說他願意付這個代價。

我的預言成真。七月中，湖人隊將俠客交易到邁阿密隊，兩年後，他帶領熱火隊拿下冠軍。俠客被交易才過一天，湖人隊就宣布柯比已經和球隊重新簽約。他在科羅拉多州的審判進行到八月二十七號選任陪審團，並在九月一日結案。在控方撤銷指控之後，法官駁回對柯比的起訴，因為檢方的關鍵證人，也就是控訴柯比的原告女子拒絕在法庭宣誓。

傳奇教練科頓．菲茨西蒙斯（Cotton Fitzsimmons）曾經說過，直到他被開除，你才會知道一個人將會成為什麼樣的教練。我不確定這句話是不是在說我，但是不管怎樣，我已經準備好要暫離籃壇、好好休息，並找尋能夠滋養我心靈和精神的其他方法。我還有關於《最後一季》（*The Last Season*）的一些工作要做，那是我正在寫的書，講述我在湖人隊的時光。在那之後，我將會遠離洛杉磯，進行一趟為期七週、釐清思緒的旅程，前往紐西蘭、澳州及南太平洋周圍的許多景點。

儘管發生了這些激烈的事件，我在湖人隊這五年內所達到的成績，仍然讓我感覺很好，就算我很希望能夠重寫結局。而在我離開之前，我和柯比的關係有了正向的改變，讓我很受鼓勵。**坦然接受憤怒總是很危險，也無可避免地會讓你碰觸到自己的恐懼、軟弱，以及未必客觀的心靈。**但是在那季，我和柯比分別用自己的方式採取應對方法，卻奠定了未來建立更強大、更深入意識的連結基礎。

當我回顧這段時間，就像是以一種美妙的方式完結某個重要章節，帶領湖人隊的過程，就像和一位美麗女子談了一段狂野、激烈的短暫感情。而現在，該是重新開始、嘗試新事物的時候了。

第 19 章

忘掉輸贏，做好自己該做的事

忘掉錯誤。忘掉失敗。忘掉一切——
除了你正要做的事情，然後去做。今天就是你的幸運日。

——威爾・杜蘭特（Will Durant）

接到珍妮的電話時，我在澳洲的休假才剛開始。她說湖人隊的狀況相當急迫，隊上現在陷入一片混亂，而且新教練魯迪．湯加諾維奇（Rudy Tomjanovich）已經辭職了，問我可以回去拯救這支球隊嗎？

其實，我並不驚訝，魯迪是個很棒的教練，他帶領休士頓火箭隊贏過兩次冠軍，但是他在洛杉磯也面臨了穩輸不贏的局面。更重要的是，魯迪剛剛做完癌症的治療，身體上或情緒上實在無法勝任這份工作。

湖人隊的球員名單在非賽季期間大量減少，不只交易掉俠客，也失去了退休的卡爾．馬龍；里克．福克斯轉到塞爾提克隊打球（幾個月後，他就退休了），蓋瑞．裴頓與費雪則成了自由球員。隊上有一些因俠客的交易從邁阿密熱火隊轉來的新球員：前鋒拉瑪．歐登（Lamar Odom）、後衛卡隆．巴特勒（Caron Butler），以及膝蓋受傷的中鋒／前鋒布萊恩．格蘭特（Brian Grant）。柯比想要單靠他自己的力量，帶領這群還未成氣候的球員，但是他辦不到。

我告訴珍妮，現在不可能回到洛杉磯隊。我並不打算放棄還沒完成的旅程，包括和我的兄弟們騎摩托車環紐西蘭。而且我也沒有興趣試著挽救一支早就過了搶救時機的隊伍。「那下一季呢？」珍妮問。

「我會考慮看看。」

我以為自己應該會感到一絲短暫的幸災樂禍，但事實上，湖人隊的毀滅並沒有讓我感到快樂。我曾經努力想把這支球隊轉變成一支冠軍隊伍，而且看到我之前的助理教練法蘭克．漢伯倫在二〇〇五年的季末，想讓球隊團結在一起卻徒勞無功，實在是很痛苦的一件事。打從一九九〇年代初期以來，這是湖人隊第一次沒有打進季後賽。

當我回到家時，我和有教練空缺的其他幾支球隊談過，包括紐約尼克隊、克里夫蘭騎士隊、以及沙加緬度國王隊。但是這些工作都沒有從頭開始重建湖人隊的想法來得吸引我——這是我第一次擔任教練時一直沒機會做到的事。但是在我點頭說好之前，我需要觀察我和柯比是否能夠再度合作。

自從一年前那次氣氛緊張的季末會面之後，我就沒再和柯比說過話，在那之後，我出版了《最後一季》。在書中我透露試圖在動盪不安的二〇〇三至二〇〇四球季帶領他時，我感到的種種挫折。我不知道柯比會如何回應，但是當我打電話給他時，並沒有感覺到任何不快。柯比唯一的要求，只有要我更謹慎地應付媒體，不要和記者分享他的私人消息——這似乎很合理。

我認為雙方都領悟到，為了獲勝，我們需要彼此的支持與善意。在這季之前，柯比曾經誇口說只要他效力於湖人隊的一天，球隊的勝率絕對不會低於五〇%。但事實上，湖人隊正以三十四勝四十八敗的成績位居太平洋組的最後一名，結果證實這是一記敲醒柯比的警鐘。之前，他從未嘗過這樣的失敗滋味，而且這迫使他承認，**如果他想要贏得更多冠軍，他就必須全心全意地與其他球員們聯手**。

我知道如果接受了這份工作，首要任務就是要恢復球隊失去的驕傲。在我心中認為，運動專家和球迷們把矛頭指向柯比、並責怪他毀了湖人隊偉大的冠軍陣容——這是不公平的。我認為我的歸隊，或許能有助於平息一些這樣的噪音。打造一支以柯比取代俠客成為中心的冠軍球隊，這樣的可能性也激起了我的好奇心。但是為了實現這樣的願景，我和柯比必須要建立起更深刻、更和諧的關係，而且他必須要成長成一位和過去完全不同的領導者。我很清楚，這會需要一些時間，但是我並沒有看到任何難以跨越的障礙，柯比看起來跟我一樣渴望想要埋葬過去，並且重新開始。

當我和巴斯博士見面，並敲定一份三年合約的細節時，我要他保證，在人事決策上會讓我擔任更重要的角色，而不是將我蒙在鼓裡，就像二〇〇三至二〇〇四年俠客和柯比之間僵持不下時的情況。巴斯博士同意了這點，但是拒絕了我希望取得球隊一部分所有權的請求。他轉而幫我加薪，並解釋他打算將湖人隊的掌控權交給他的六個孩子。做為這項轉變的一部分，他會讓他兒子吉姆學習相關業務，以便他最終能夠接管湖人隊的籃球事務。同時，珍妮將繼續監管銷售、行銷、以及財務。

當我在二〇〇五年的季後賽歸隊時，吉姆．巴斯已經晉升成為球員人事的副總裁了。他很希望在選秀時選中安德魯．拜南（Andrew Bynum），一位來自紐澤西州、很有天賦的高中生中鋒，並要求我在安德魯到洛杉磯參加試驗時看看他的表現。我對安德魯唯一的疑慮是他跑步的步法，這在未來將會導致嚴重的膝蓋問題。但除去這點，我認為他有潛力可以成為難以對付的長人球員。我點頭同意這筆交易，於是我們以全部第十順位把他選走，年僅十七歲的他是NBA選秀有史以來最年輕的球員。

一直以來我對於招募剛從高中畢業的球員最擔心的一點，就是NBA生活的誘惑。許多年輕球員會受到金錢及名譽的強烈誘惑，以致於他們從來沒機會長大成為成熟的年輕人，或是做到他們身為運動員的承諾。在我看來，要成為一個成功的NBA球員，關鍵並不是學會最酷的精采動作，而是要學習怎麼控制自己的情緒，並把心思專注在比賽上面，如何帶傷上陣？如何在隊上開創出屬於自己的定位，並始終如一地表現？如何在壓力之下處之泰然，並在壓倒性的輸球或是欣喜若狂的贏球後保持鎮定？在芝加哥隊，我們用一句話形容這個過程：從籃球選手，變成「職業的」NBA球員。

對大部分的新秀來說，達到這樣的境界需要三到四年的時間。但是我告訴安德魯，我們打算讓他快速上手，因為我們希望他能夠成為隊上的要角。我向他解釋，如果他保證讓自己全心投入這個任務，我也保證會一路支持他。安德魯也向我保證，不用擔心他的成熟度；他很認真地在提升自己，而且他也信守承諾。等到下個球季時，他便出任湖人隊的新任先發中鋒。

安德魯並不是隊上唯一一個需要這種訓練方式的球員。我們有幾位年輕球員也需要接受基礎的訓練，包括：斯馬什．帕克（Smush Parker）、盧克．華頓、布萊恩．庫克（Brian Cook）、薩沙．武賈西奇（Sasha Vujacic）、馮．韋弗（Von Wafer）、德文．格林（Devin Green）、羅尼．圖里亞夫（Ronny Turiaf）。與其說這是缺陷，我倒覺得這是一個機會，透過一群核心的年輕球員一起學習這套系統，並提供許多能量給我們的候補球員，從頭打造新的球隊。

考慮到球隊的組成結構，我發現自己傾向**不主張服從權力**，而且比起以往變得更像是有耐心的父親角色。這是一支正從嬰兒時期一路爬行前進的球隊（這對我來說是個新的經驗），而我必須用關心來孕育球員們的信心。

我手上這支新球隊需要克服的一大障礙，就是除了柯比，我們**缺少能穩定得分的球員**。一開始我希望拉瑪．歐登能夠填補這個空缺。他曾是全部第四順位被選中的球員、平均每場得十五分以上，是個動作優雅、身高二〇八公分的前鋒，他隨心所欲的打球風格讓我想起史考提．皮朋。他很擅長搶籃板，並將球向前場推進、以快攻瓦解對方的防守。因為他的體型、敏捷、組織進攻的技巧，拉瑪在與許多球隊交手時製造了對決的難題，我認為或許可以將他變成像皮朋一樣強力的「控球前鋒」。但是拉瑪在學習三角戰術的複雜之處時遇到一些麻煩，而且當我們最需要他的時候，他在場上的表現總會崩盤。我發現運用拉瑪最好的方式，就是給他自由，不論在球場上發生任何事，只管自然地做出反應。每當我試圖要將他套到某個固定的角色上時，他就會萎靡不振。

隊上還有其他球員表現不太符合我的期望。在我歸隊後不久，我們在與華盛頓隊的交易中選中夸米．布朗（Kwame Brown），希望能為我們的前線陣容增加一些肌肉。我們都知道巫師隊對夸米很失望，特別他是全部第一順位選中的球員。但是身高二百一十一公分、體重一百二十二公斤的身材，讓他在一對一對決時相當占優勢，而且有足夠的力量及速度可以防守聯盟中頂尖的長人球員。但是一直到後來，我們才知道他對於自己的外線投籃完全沒有信心。曾經有一度，在一場對戰底特律隊的比賽中，柯比走到板凳區笑著說：「你最好把夸米換下場，菲爾。他剛告訴我說不要把球傳給他，因為他怕有人對他犯規，他就得投罰球。」

另一個看來前景可期，但缺少堅毅精神的球員是斯馬什·帕克。雖然在書面資料上，老將亞隆·麥基（Aaron McKie）和歐洲來的新人薩沙·武賈西奇看起來都比斯馬什還厲害，但是他在訓練營時卻打敗這兩位球員，而且在例行賽的前四場比賽中，有三場得分達到二十分，所以我們任命他為先發的控球後衛。斯馬什是個身材纖細、狡猾的球員，他很擅長溜過敵人的防守直攻籃下，也能打出難纏的全場緊迫盯人防守戰術。他的射籃不太穩定，但是他的精力充沛的打球方式有助於激勵球隊進攻，並讓我們在這季有個很棒的開始。

但是斯馬什有段很悲慘的童年，這讓他在**情緒上變得很脆弱**，而且**影響他與別人合作的能力**。當他還小的時候，他的母親就死於愛滋病。如果一切都照他的方式順利進行的話，斯馬什可以是場上最有活力的球員。但是當壓力累積時，他就會很難融入球隊，就像顆隨時會爆炸的定時炸彈。

同時柯比也持續在進步。在球季的前半我告訴他放鬆一點，因為球隊還沒熟練三角戰術的系統——而他的回應是用射籃打破歷史紀錄。柯比在例行賽期間的二十三場比賽拿下超過四十分，平均每場得三十五·四分，創下他職業生涯的新高。而最值得注意的焦點是一月在史坦波中心對戰多倫多暴龍隊的一場比賽，他單場得了八十一分。第三節當暴龍隊領先十八分時，柯比被惹火了，並在下半場大爆發，一舉得了五十五分，帶領球隊以一二二比一〇四分贏球。柯比八十一分的紀錄是NBA史上的第二高總分，僅次於威爾特·張伯倫在一九六二年單場得到的傳奇一百分。讓柯比的表現有所不同的原因是，他從場上各點開花投出的各種變化球，包括七顆三分球——這在張伯倫時代的NBA是不存在的。用這個角度來看待柯比的表現，麥可・喬丹單場曾創下的最高總分是六十九分。

打從柯比還是個新秀時，他是否能夠成為下一個麥可・喬丹，就一直是不斷炒作的話題。既然現在柯比的比賽方式已經成熟，看來這再也不像個無聊的問題了。就連喬丹都說過，柯比是唯一一個可以跟他比擬的球員——而我不得不同意他說的話。這兩個人都擁有絕佳的**競爭動力**，而且幾乎**不受痛苦影響**。喬丹和柯比都曾經在身體狀況嚴重不佳的情況下（從食物中毒到骨頭斷掉），打出好幾場他們生涯中最佳的比賽，換做是其他一般的球員，肯定有好幾個星期無法上場。他們難以置信的韌性，可以讓不可能變為可能，使他們各自在周圍有成群的防守球員環伺下，還是能投出逆轉比賽的射籃。儘管如此，他們的作風卻很不同。喬丹偏向用自己的力量和強度突破攻擊他的球員，而柯比則經常利用大量靈巧、困難的動作達成他的目的。

身為他們的教練，比起他們相似的地方，他們之間的不同處更激起我的好奇心。喬丹比較強壯，肩膀比較寬、骨架比較健壯。他還有雙大手掌，讓他更容易控制球並做出微妙的假動作；柯比比較靈活——因此得到他最喜歡的外號「黑曼巴蛇」。

這兩個人對待自己身體的方式也很不同。曾經分別和這兩位球員密切合作過的的訓練師奇普・謝弗爾說，**柯比把自己的身體當成經過微調的歐洲跑車**，而喬丹則比較不會嚴格控制自己的行為，並熱中於放縱自己對高級雪茄及美酒的品味。不過，直至今日，奇普都還在讚嘆喬丹在場上的動作有多優雅，他說：「我是靠指導球員動作吃飯的，但除了他以外，我從來沒見過任何一個人能像他那樣移動，只有一個詞能形容喬丹的動作，就是漂亮。」

喬丹和柯比的射籃風格也大相逕庭。喬丹的射藍比較準確，在他職業生涯中，外線的射籃命中率平均達到將近五〇%，這是個相當驚人的數字；而在他的全盛時期，命中率更常達到五三%到五四%。柯比的命中率平均達到可敬的四五%，但是他的連續得分時間通常會比喬丹來得長。喬丹也比較傾向讓比賽順其自然發展，不會過度地表現他的技巧，而柯比則往往會強行行動，特別是當比賽不順他的意時。當他的射籃沒進，他就會不顧一切地一再嘗試，直到他的運氣好轉為止。而另一方面，喬丹則會把他的注意力轉移到防守、傳球，或是幫隊友擔任單擋，好幫助球隊贏球。

無疑地，喬丹是個更堅強、更令人畏懼的防守球員。藉由他強烈、像雷射般集中的防守風格，基本上他可以突破任何單擋，並能阻擋任何球員。柯比透過研究喬丹的技巧學到很多，而且當我們需要改變比賽的走向時，我們常會把他當成我們防守上的祕密武器。大體上來說，柯比往往更加仰賴他的靈活及狡猾，但是他在防守上常下很大的賭注，而且有時候得付上代價。

個人的層面上，**喬丹相較起來比較有魅力、合群**。他喜歡和隊友和警衛在一起、玩牌、抽雪茄、到處說笑。而柯比則完全不同。他一直保留青少年的習性，一部分是因為他比其他球員都還要年輕，並且沒能在大學發展自己的社交技巧。當柯比加入湖人隊時，他會避免與其他的隊友稱兄道弟。但是他這種不和人來往的傾向隨著他年紀漸長而有所改變。漸漸地，柯比把更多精力放在了解其他球員上面，特別是當球隊前往客場比賽時。在我們贏得第二次冠軍的系列賽期間，他就成了聚會中不可缺少的靈魂人物。

喬丹與柯比都有著令人印象深刻的**籃球智商**，但我不會用傳統的字面意義稱呼他們之中任何一個是「知識分子」。喬丹曾就讀於北卡羅來納大學並擅長數學，但是在我擔任他的教練時，他對於我選給他閱讀的書卻沒有太大的興趣。就這點來說，柯比也是一樣，雖然現在他經常要我幫他推薦書單，尤其是關於領導學的書。柯比可以進入任何一間他想念的大學，但是他卻跳過了這一步，因為他太迫不及待地想要征服NBA。不過，他一定曾經質疑過自己的選擇對不對，因為在一九九七年的夏天，他背起背包到加州大學洛杉磯分校修了一門高級義大利文課。

從我的角度來看，這兩位球星之間最大的不同之一，就是**喬丹擔任領導者的優異技巧**。雖然有時候喬丹會嚴格對待他的隊友，但是他很擅長利用自己**存在的力量**來掌握整個球隊的情緒氣氛。一旦他認同三角戰術之後，他就本能地知道要如何讓球員們進入狀況，讓系統得以運作。

在柯比能做到像喬丹那樣反應之前，還有很長的一段路要走。他說得一口好比賽，但是他還沒有切身經歷過關於領導的冷酷事實，就像喬丹一樣。但這種情況很快的就會有所改變。

球季進行到中途時，球員們開始習慣配合這套系統打球了，而且他們也開始贏球——即使柯比並沒有打破任何紀錄。看到球隊進步的速度比預期還快，讓我感到很興奮。我們以十一勝三敗的連勝戰績結束例行賽，並以四十五勝三十七敗的成績挺進季後賽，整整比上一季多贏十一場。

球隊氣勢不斷高漲，我們在首輪對戰暫居分區領先地位的鳳凰城太陽隊，意外的拿到了三勝一敗領先。我們的比賽策略就是先讓柯比吸引對方雙人包夾他，然後從低位將球傳給夸米和拉瑪，這是一套看似會奏效的策略。我們在第四場比賽中的逆轉勝很值得注目，規定時間剩下〇．七秒時，藉由斯馬什的關鍵抄球幫助，柯比在底線投進一球追平比數，接著剩下〇．二秒時又投進一記五．二公尺的後仰跳投，使我們在延長賽時贏球。

比賽結束後，柯比說：「這是我經歷過最有趣的事情。**因為這就是我們、這是整個團隊，和整個洛杉磯市一起享受這個時刻。**」

我們並沒有慶祝太久，第五戰開始前的幾小時，我們才得知夸米因為涉嫌性侵，正在洛杉磯接受調查。雖然控訴最終被撤銷了，但是媒體報導卻讓球員們分心，讓我們無法在第五戰終結系列賽，接著氣勢就轉而對太陽隊有利。

第六場比賽中，斯馬什越來越不願意射籃，所以柯比鼓勵他專注在防守方面，對控球後衛史蒂夫．奈許（Steve Nash）施壓，不要擔心得分的問題。不過，儘管柯比在比賽中得到了英雄式的五十分表現，我們仍然在延長賽時失守。比賽結束後，斯馬什情緒崩潰，他投出的十二球只得了五分。而球隊必須回到鳳凰城，在第七場比賽在太陽隊的主場迎戰他們。

這其實算不上是競爭，比賽進行到一半時我吩咐科比，回到我們最初擬訂的策略，把球傳給在高位的拉瑪和夸米。所以他把他的比賽方式調回原來的樣子，下半場只投出三球。不幸的是，拉瑪和夸米在這次的行動中失誤，儘管有許多出手的機會，合計卻只得到二十分。

比賽結果，湖人隊以一百二十一比九十分大敗，這是歷年的第七戰中輸得最慘的一次。我想起了談到贏得重要的比賽，品格有多麼重要，這支球隊需要的是再多用點心。

有弱點的不只是球隊，我也苦於很嚴重的髖關節問題。在下一球季的訓練營開始前，我剛動過髖關節替換手術。這限制了我在練習時上下場監督每位球員表現的能力，而且我得學著坐在一張特別設計的椅子上指導比賽。但是有趣的是，雖然我擔心自己受限的行動或許會削弱我的權威感，但是實際情況卻剛好相反。我學會不用表現得霸道，就能有說服力——這是「少即是多」學派更進階的課程。

這個球季，我們有個很精采的開始，但是在下半季當幾位球員（包括拉瑪、夸米、盧克·華頓）受傷時，事情開始變得困難重重。球隊的先發陣容一度薄弱到我得用身高一百九十六公分的後衛亞隆·麥基來擔任我們的大前鋒，並讓安德魯·拜南接替中鋒的位置。到了二月，球隊表現宛如自由落體般直落，一度在十六場比賽中輸了十三場比賽。到了三月中旬，柯比已經忍無可忍，想靠自己的力量解決這個問題——這大概奏效了兩個星期。在總共七場的系列賽中，他有五場得分超過五十分，而我們總共只贏了兩場比賽。然而，其他球員們開始抱怨在球場上一直拿不到球，於是我要求柯比退開。

通常我會試著在例行賽的尾聲做最後的努力，以求球隊能夠達到高峰、打進季後賽。但是這次的情況根本沒有希望，球隊的向上氣氛已經結束了，我們也使不出其他把戲。我們以四勝八敗的成績結束球季，而我終於放棄了斯馬什，決定用新秀喬丹·法瑪爾（Jordan Farmar）取代他，法瑪爾的速度比較快，在防守飛毛腿後衛時也比較可靠。

但是在第一輪，我們需要跟上鳳凰城太陽隊的並不只有速度。不說別的，太陽隊在那年是一支更加強大的球隊，他們連續三年贏得太平洋組的冠軍頭銜，而且擁有全聯盟最優秀的控球後衛：奈許，他之前曾經連續蟬連兩次最有價值球員獎，太陽隊肯定不缺乏信心。

在第一場比賽前，《洛杉磯時報》刊登出一篇文章，包含一段出自《運動畫刊》專欄作家傑克・麥克倫所著的《絕殺七秒》（*:07 Seconds or Less*）中的節錄，太陽隊總教練麥克・狄安東尼（Mike D'Antoni）批評了我們隊上幾個球員的防守漏洞。他說：「夸米很糟糕、歐登是個很普通的防守球員、武賈西奇無法守住任何人，而布萊恩在快攻時把握的時機並不好。」

我並不同意麥克對我們的評價，但是太陽隊進入系列賽後厚顏無恥的程度讓我感到印象深刻。不過，我認為球員們能夠再次讓他們驚訝，只要他們能夠「保持專注」。

但結果證實，這是個遙不可及的「只要」。整個球季我都讓球員們看電影《街頭嘻哈客》（*Hustle & Flow*）的剪輯影片，因為就我的看法，他們需要展現更多這兩種元素，才能以謀略勝過太陽隊。很顯然，他們並沒有接收到我傳遞的訊息。球隊就像是夢遊一樣地打完在鳳凰城的前兩場比賽，直到在洛杉磯舉行的第三戰才甦醒過來並贏球，只是不久後又恢復到打瞌睡的模式，以一勝四敗輸了系列賽。球隊在決定性的第四戰中表現出的低迷能量讓我感到很挫折，於是我裝作大發脾氣，並在隔天練習時讓他們提早回家。

但是不能全力以赴（更不用提團體一起流暢行動）只是問題的一部分，我們需要一群更有經驗的球員，將這支球隊轉變為能存活下去的競爭者。我期望一些年輕球員能進化成為冠軍隊員，但他們在關鍵時刻卻無法克制住自己的行為。

我並不是唯一一個失去耐心的人，球隊自從把俠客交易到邁阿密隊後，卻一直沒有任何重大的人事異動，柯比對此感到憤怒。第五場比賽結束後，他告訴記者，他已經厭倦了演「獨角戲」，單場得了五十分卻還是輸球。他說：「那不是我要的，我是來贏球的！我想要贏得冠軍，而且現在就要贏。所以（湖人隊）必須要做些決定。」

這並不是空洞的威脅，季後賽結束後，柯比問我關於引進新球員的進展如何？我告訴他，我們剛談過自由球員，正在考慮可能有空檔的球員，但是到目前為止還沒有簽訂任何合約。他說：「我猜，我得採取一些行動了。」

幾個星期後，《洛杉磯時報》登出一篇馬克・海斯勒撰寫的文章，一位「湖人隊的知情人士」聲稱柯比應該要對失去俠客之後的混亂負責，這讓他勃然大怒，並在ESPN的廣播接受史蒂芬・史密斯採訪時公開表示不滿。他批評巴斯博士並沒有坦白自己想帶領球隊走出的方向，並要求希望自己被交易掉。後來，在跟其他記者談話時，柯比證實了他很想要離開的事實，還說他願意放棄合約中的禁止交易條款，以便實現自己的願望。事實上，那年在非賽季期間，為了二〇〇八年奧運隊進行的訓練當中，他並沒有向記者表明十月訓練營開始時，他是否還會穿上紫金色的湖人隊球衣。

有一個即將發生的交易可能性，或許能讓柯比改變主意留下來。就是和明尼蘇達隊換來中鋒凱文・賈奈特。我的希望是賈奈特或許能夠成為柯比的好夥伴，而有他加入先發陣容，可以幫助柯比冷靜，並激勵他重新對球隊做出承諾。更重要的是，讓賈奈特加入我們球隊，有助於建立另一次可靠的總冠軍球季。但是這個交易卻在最後一刻面臨瓦解，因為波士頓隊提出了一個明尼蘇達隊和賈奈特覺得比較有吸引力的條件。幾年後，賈奈特承認，他不喜歡湖人隊開的條件，有很大部分的原因是由於柯比對球隊的不滿。

我們當中沒有人會對交易掉柯比的可能性感到興奮，當你交易掉一個像他這樣有高超水準的球員時，球隊幾乎不可能換到擁有同等價值的球員。你可以期望最好的交易，就是得到兩位可靠的先發球員，還有某個或許很好的選秀順位，但不是個可以媲美柯比的明星球員。不過，那年夏天巴斯博士在巴塞隆納與柯比見面，並同意考慮其他隊提出的交易，只要柯比停止在媒體面前對這件事發牢騷。經過一、兩個月毫無任何進展之後，柯比和他的經紀人要求球隊同意，讓他們自己擬訂一份交易，並和芝加哥公牛隊有過數次談話，但是這些努力並沒有任何結果。

就在二〇〇七至二〇〇八年的球季開始之前，巴斯博士、吉姆．巴斯、米契．庫普切克和我共同開了好幾次會，和柯比及他的經紀人討論可行的交易。從商業的角度來看，他們當中沒有人說出任何有意義的建議，所以巴斯博士要求柯比在我們等待更好的條件出現的同時，先堅持下去。他向柯比解釋為何出此言：「如果我有一顆價值連城的鑽石——假設四克拉好了——我會放棄它、換回四個各一克拉的鑽石嗎？我不會。因為沒有任何一份交易的價值，能比得上你帶給球隊的一切。」

我讓柯比休假幾天不用練習，好讓他好好考慮要怎麼做。我並不是不同情他遭遇的兩難，儘管我還是相信我們可以翻轉湖人隊。毫無疑問的，失去柯比對於球隊和我個人來說，都將是個嚴重的打擊。柯比和我曾經一起經歷過艱難的時刻，而且在過去兩個球季期間，我們已經開始打造出一種更穩固的關係。

這個「會不會」的問題就像一團厚厚的烏雲，一直籠罩著球隊，而這一切的不確定性也讓其他球員們很苦惱。我勸他們不要擔心，因為柯比的決定不是我們能掌控的。我們能做的，就只有讓自己再次獻身於球隊，並預備好迎接即將來到的球季。我們必須要準備好面對任何發生的狀況，不管柯比有沒有留下來。

就像生活中其他一切事物一樣，不管環境怎麼改變，方法還是一樣：**伐木、挑水，做好自己該做的事。**

第 20 章

放手的藝術

「連結」是我們來到這裡的原因，正是它賦予我們的生命目的與意義。

——布芮尼．布朗（Brené Brown）

當一切都還無法確定時，一件有趣的事情發生了：一支全新、更有活力的隊伍開始成形。

在史坦波中心的開幕賽當晚困難重重，我們以九十五比九十三分輸給火箭隊，而當柯比被介紹出場時，現場的觀眾向他發出一片噓聲。但是三天後我們移師到鳳凰城，以一百一十九比九十八分打敗我們的宿敵太陽隊。

當晚我們的頭號得分球員，是拿下十九分的新進球員弗拉迪米爾・拉德馬諾維奇（Vladimir Radmanovic），而且我們其他四位球員的得分數都是二位數。德瑞克・費雪在非賽季期間重新加入湖人隊的陣容，他把這場贏球視為接下來的預兆。正如他後來所說：「那場比賽只是在我們腦中種下一顆小種子，如果我們用正確的方式打球，就能表現得很好。」

到了一月中旬時，我們已經達到二十四勝十一敗的戰績，並打倒了聯盟中大多數最優秀的球隊。我們在初期就能夠獲勝的原因之一是安德魯・拜南時代的來臨，他一直和卡里姆・阿布都・賈霸和科特・蘭比斯（Kurt Rambis）一起研究移動步法及傳球技巧，讓自己進步並成為致命的得分威脅。

柯比很快就發現了這點，並開始在擋切戰術中使用這些技巧，這替安德魯創造了許多輕鬆射籃的機會。在前三個月中，柯比平均每場得十三・一分、搶下十・二個籃板，創下他職業生涯的新高。

我們獲勝的另一個原因，是好幾個年輕的候補球員為球隊注入的活力，包括拉德馬諾維奇、喬丹・法瑪爾、盧克・華頓、薩沙・武賈西奇。雖然這個陣容還有很多需要學習的地方，但他們也已經走了很長的一段路。最棒的是，他們既活潑又熱情，而且改善了球隊的氣氛。當他們一拍即合時，對球隊的進攻增加了全新且快速移動的特點，使我們變得更難抵擋。十一月底，我們在跟奧蘭多隊的交易中網羅到另一個有天分的年輕球員，特雷沃．亞瑞查（Trevor Ariza）。他是個快速、多才多藝、可以直攻籃下、可以邊移動邊投進外線射籃的小前鋒。

我們能在球季初期就有所突破的第三個，也可能是最重要的原因，就是德瑞克．費雪的二度回歸。費雪是我們三連霸時期的老將，而他在金州隊及猶他隊效力三年後的回歸，讓我們得到一位成熟、經驗豐富的領袖，可以帶領進攻並提供球隊急需的秩序感。

就像我曾經提過的，我們採取的得勝方法要奏效，其中一個關鍵就是給予球員們自由，讓他們在球隊結構內找到屬於自己的定位。費雪並不是像史蒂夫．奈許或是克里斯．保羅（Chris Paul）一樣有創造力的主控球員。但是他能利用自己的強項：堅毅的精神、關鍵時刻的外線射籃以及在壓力之下的冷靜頭腦，創造出不只對自己有效、也對球隊有深遠影響的重要角色。

費雪談起他經歷的過程：「這聽起來比實際上還要神祕，教練的目標是要針對如何以團隊的身分一起打籃球，對我們制定一些基本的指導原則。然後他就會期望你在其他方面自行規劃。這種建立團隊的方式很不簡單，能避免團隊過度成長。這和他們認為你該做什麼無關，這是許多教練的作法。他們會退一步，並讓你找到屬於自己的方式。」

費雪一開始在湖人隊是候補後衛，但他在比賽中相當勤奮學習，持續學習更多新的技巧。他一路努力，終於能在二〇〇一年羅恩．哈潑離開後，擔任先發球員的角色。雖然一開始他在突破防守擋切上有些困難，但他學會利用本身令人驚嘆的力量，在長人球員周圍使勁擠出自己的路。費雪還練出一種致命的三分射籃，可以在終場前幾分鐘派上用場，當對手們包圍柯比的時候，費雪會有很大的空檔、足以造成嚴重的傷害。到了我們達成三連霸的那個球季時，費雪已經成為湖人隊繼俠客及柯比之後帶頭得分的選手。

他也是我曾經教導過最無私的球員之一，更是其他球員們的典範。二〇〇三至二〇〇四年的球季開始時，我要求他放棄他先發的位置，好讓蓋瑞．裴頓可以上場，他照做了，而且毫無怨言。但隨著球季進行，我增加了他上場的時間，特別是在比賽快要結束時。只要費雪在球場上，三角戰術就能進行得更加順利。

那一季結束之後，費雪成為自由球員，並和勇士隊簽訂了一份條件豐厚的五年合約，但是他在那裡始終找不到一個自在的定位。兩年後，他被交易到猶他隊，在隊上扮演關鍵的角色，擔任後備後衛並帶領球隊打進西區的決賽。但是當費雪的女兒在那年被診斷出患有眼癌時，他來找我討論回到洛杉磯的事，因為她在這裡才能得到比較好的治療。最後，他和米契．庫普切克達成交易，包括終止他與爵士隊的合約，並以較低的薪水與湖人隊簽訂一份新合約。

當費雪歸隊時，我讓他擔任副隊長。我也告訴他，我想讓替補後衛喬丹．法瑪爾每場有二十分鐘以上的上場時間，因為他很擅長一離開板凳區就能有效利用他的敏捷和速度發動攻勢。這點費雪可以接受，於是他們合計每場平均可以得到二十．八分。有一次我問費雪，他需要如何改善他的比賽表現？他說希望有更多射籃的機會，但是他知道自己必須暫時安於現狀，因為總得有人來進行三角進攻，而那不會是柯比或拉瑪。

費雪是柯比完美的領導夥伴，他們還是新秀時一起來到隊上，並毫無保留地信任彼此。相較於科比，德瑞克比較有耐心，在解決問題的方法上也比較平衡。在柯比把他贏球的動力注入到球隊的同時，費雪則有一種說話激勵球員，並讓他們保持訓練有素和專注的天賦。盧克．華頓說：「每次德瑞克發表演說的時候，我總覺得應該放些背景音樂，就像一些史詩運動電影那樣。他說話的時候，我都會寫下內容的逐字稿，因為沒有人能說得比他還好。」

有時候，費雪也會充當我和柯比之間的調停者。某次，當我在球隊會議上責怪柯比投太多球、擾亂了我們的進攻時，柯比暴跳如雷，還說他不會參加當天的投籃訓練。但是費雪巧妙地出來調停，私下與柯比談話，並讓他冷靜下來。

當他回到湖人隊時，費雪很快就領悟到，他和柯比必須採取一種和上回三連霸時不同的領導風格。這支球隊中已經沒有其他曾為冠軍貢獻一己之力的老將了，沒有羅恩．哈潑、約翰．薩利或霍瑞斯．格蘭特。所以費雪領悟到，如果他們想要和現在隊上這些年輕、沒有經驗的球員溝通，他和柯比就得要**讓自己站在他們的立場思考**。「我們不能從一萬呎的高度帶領這支球隊，我們必須退回到海平面，並嘗試和隊上的球員們一起成長，我們會在這個過程中開始感受到真正的連結與兄弟情誼。」

一月是球隊的轉捩點。當月中旬，安德魯．拜南在一場對戰曼非斯灰熊隊的比賽中左膝蓋骨脫臼，這個嚴重的打擊讓他在剩下的球季中都無法被委以重任。但是隔天在一場廣播訪問中，柯比稱讚安德魯，結束了柯比可能會被交易掉的臆測。在非賽季期間，柯比曾經嘲笑過安德魯的經驗不足，但是現在他看起來就像是一位最忠實的球迷，還宣稱湖人隊「有安德魯．拜南在先發陣容中，就是一支有冠軍水準的隊伍。」

兩個禮拜後，我從庫普切克那得知他已經和灰熊隊達成交易，讓曾是全明星隊中鋒的保羅．蓋索加入洛杉磯隊。作為交換，灰熊隊得到夸米．布朗、亞隆．麥基、加瓦利斯．克里坦頓（Javaris Crittenton），並保留對馬克．蓋索的權利，馬克是保羅的弟弟，目前效力於灰熊隊，是全明星隊的中鋒。

保羅的這次交易，讓我想起一九六八年尼克隊在與底特律隊的交易中網羅到戴夫．德布斯切爾的時候，那次交易被一位作家稱為「等同於路易西安納購地（Louisiana Purchase）的籃球交易」。就像德布斯切爾一樣，保羅是一位成熟而有智慧的球員，對比賽具備深厚的了解，而且如果有必要，會願意擔任比較不重要的角色，好增加球隊贏球的機會。他加入的時機正好，而他的個性也正合球隊需要。保羅一加入，我們就從一支勉強維持每場比賽得一〇〇分的球隊，轉變成為一台步調很快的得分機器，平均每場能得超過一一〇分，而且人人都從中享受到打球的樂趣。

保羅是西班牙國家隊的明星球員，他在成長的過程中，深受比較合作的歐洲籃球風格洗禮，這讓他輕鬆並快速地適應三角戰術。保羅的比賽方式非常適合執行三角戰術：他不只是個可靠的內線球員（二一三公分、一一三公斤）、擅長範圍很廣的中距離跳投、勾射，移動速度也很快，在傳球及搶籃板方面也相當出色，並能發動快攻。他主要的弱點就是下盤不穩，常會被一些更強壯、更有侵略性的長人球員們推離禁區。

在保羅加入之前，我們正經歷幾場連敗，於是有些年輕球員開始出現削弱團隊士氣的反應。但是保羅一出現，所有的問題就都隨著瓦解。而其中一個原因，是隊上最桀驁不馴的兩位球員——夸米和加瓦利斯，因這次交易而離開。但更重要的是，**保羅親切的舉止改變了球隊的情緒氣氛**，當聯盟中最出色的球員之一和你並肩打球，並為了贏球付出一切努力時，你實在很難再繼續抱怨。

保羅的出現也讓好幾位球員能以更開放的方式打球，這完全出乎他們的意料。比如說，拉瑪．歐登已經努力了好幾年，想確立自己能成為強大的二號球員，不過卻沒有成功。但是保羅在球場上的存在，減輕了拉瑪的壓力，並讓他得到解脫，得以恢復到他覺得更自在放鬆、更隨心所欲的打球風格。

而柯比在場上的表現也變得更好，他很開心隊上多了個長人球員，而且就像他說的：擁有「一雙手」，於是這兩位球員很快就發展成聯盟中最厲害的雙人組合之一。保羅的存在也讓柯比有機會更專注在團隊進攻上，讓其他球員負責射籃。以整體來說，這讓他成為一個更優秀的團隊球員，更甚者，還成為一個更優秀的領導者。柯比對於我們在那季網羅到的關鍵球員們感到欣喜若狂，特別是費雪、特雷沃．亞瑞查和保羅。他說：「得到一個新的控球後衛，得到一雙新的翅膀，得到一個西班牙人，一切都變得很棒——我有一堆提早送來的聖誕禮物。」

柯比曾在球季開始前感染球隊的痛苦不滿，如今都已成為古老的歷史，最棒的是，創造冠軍球隊的兄弟情誼所需的品格及精神，已經在湖人隊上恢復了。

突然之間，一切都開始為我們開路。有保羅加入我們的先發陣容，我們拿到了二十六勝八負的連勝成績，並以五十七勝二十五敗達到西區的最佳戰績，結束了這一季。後來，柯比被選為聯盟最有價值球員，有部分原因是他已經成長為一位全方位球員了。唯一比我們成績更好的球隊是塞爾提克隊，他們在非賽季期間網羅到賈奈特及射籃很精準的後衛雷・艾倫（Ray Allen），並輕鬆達到他們隊史上第三名的戰績：六十六勝十六敗。

通常靠著天分，可以在季後賽中勝出，但是有時候勝利卻會由偶發事件決定，湖人隊的勝利摻有以上兩種原因。我們在前兩輪擊退金塊隊及爵士隊，打出我近年來看過最精力充沛、團隊最協調的幾場比賽。後來，在我們等著看將在西區決賽中迎戰哪支球隊的同時，一件奇怪的事情發生了，使得情況對我們有利。

防守冠軍馬刺隊在紐奧良贏得艱辛的第七戰，卻在比賽結束後被困在機場。該隊被迫得先在一班飛機上過夜，等待下一班飛機到來。結果，他們的班機到了太平洋時間早上六點三十分才抵達。馬刺隊在接下來兩場比賽氣力全失，他們的教練格雷格・波波維奇（Gregg Popovich）拒絕把結果怪到這次夢魘似的旅程上，但是我很肯定，它真的有影響。

第一場比賽時，他們到第三節已經領先二十分，卻在第四節時體力下滑，後來我們以八十九比八十五分從他們手中拿下勝利。三天後，我們大勝三十分，讓馬刺隊兵敗如山倒，當時他們看起來精疲力竭。馬刺隊後來恢復實力，並贏得在聖安東尼奧舉行的第三戰。但是柯比在接下來兩場比賽掌握大局，後來我們在五場比賽內結束了系列賽。

這個結果確立了我們將和波士頓隊對決，這是雙方期待以久的一決勝負。湖人隊與塞爾提克隊之間的競爭關係，一直都是體育新聞最具傳奇性的話題之一。事實上，巴斯博士相當在意塞爾提克隊，他的遺願清單上甚至有一條是「希望比塞爾提克隊贏得更多冠軍」。當時，我們的成績落後波士頓隊兩場比賽，十六比十四，並在決賽勢均力敵的對戰中寫下二勝八敗的可怕紀錄。從一九八七年湖人隊以四勝二敗獲勝以來，兩隊於決賽再次狹路相逢。

我不確定湖人隊是否已經準備好要再次打倒塞爾提克隊，他們有強大的前線陣容，由賈奈特、保羅．皮爾斯（Paul Pierce）、肯德瑞克．帕金斯（Kendrick Perkins）領軍，而我擔心他們可能會在籃下以力取勝，特別是在安德魯．拜南不能上場的時候。我也很擔心球隊成功得太快，以致在早幾輪的比賽中並沒有受到夠艱難的考驗，足以挺身對抗像波士頓隊這樣強大、在體型上占優勢的隊伍。

塞爾提克隊以九十八比八十八分拿下在波士頓舉行的第一戰，一部分是受到在第四節重新上場的皮爾斯激勵。他在第三節時因為看來很嚴重的膝蓋傷勢，退場休息。接著三天後，塞爾提克隊以二勝〇敗的成績確保在系列賽中暫時領先。

塞爾提克隊對柯比採用的戰術讓我印象非常深刻，他們並沒有用雙人包夾，而是不論負責防守柯比的是誰，都會有幾位球員過來切斷柯比的路線，加強防守，這往往能阻止他進入禁區，並讓他在比賽中的大半時間被放逐在禁區外圍。賈奈特是聯盟年度最佳防守球員，他防守拉瑪的表現絕佳，壓制拉瑪的左手並挑釁他做出跳投。這讓拉瑪越來越不安，當賈奈特感覺可以放鬆對拉瑪的防守時，他就會在保羅移動到禁區內時，幫隊友肯德瑞克・帕金斯對付他。

我們短暫恢復實力，贏得在主場舉行的第三戰，卻在下一場比賽的下半場再度崩盤，被領先二十四分，在系列賽中以三敗一勝落後。在第五戰中勉強阻止難堪的失敗後，我們回到波士打第六戰，而這場比賽中，我們承受幾乎是一面倒的失敗（一三一比九十二分）。這場比賽的慘敗，困擾我們整個夏天。

比賽的結局早在第一節時就已經確定，當時賈奈特切入禁區，把保羅撞倒在地，並在保羅躺在地上試著避免受傷時、越過他灌籃。當然，沒有任何裁判吹犯規。

比賽結束後，我和柯比把自己關在一間波士頓棕熊隊所使用的球員休息室裡，他們也在同一個比賽場地打球。柯比當時處於相當低潮的狀態，並等了好一會兒才進去淋浴間。我們還坐在休息室時，當時效力於沙加緬度國王隊的朗・亞泰斯特（Ron Artest）過來打了招呼，並說自己希望有朝一日能成為湖人隊的一分子。當時，我們根本不知道，兩年後的決賽再次遇上塞爾提克隊時，亞泰斯特將會在我們隊上扮演重要的角色。

在我們離開球場後，惡夢還沒結束。當時街上站滿一大群喧鬧的塞爾提克隊球迷，他們咒罵著湖人隊，並在我們停頓在車潮中時試圖弄翻球隊巴士。一位球迷站在前保險桿上，怒視著我並比出中指。波士頓警方沒有做出任何驅散人群的舉動讓我感到很憤怒，但是最終我還是很感謝這場騷動，因為這激起巴士上每位球員的決心，他們向自己承諾，要再次回到波士頓，並用同樣的方式回報塞爾提克隊。

想讓球員專心一致，沒有任何事比得上「受到羞辱的慘敗」。

我們回到家之後，之前在尼克隊的隊友威利斯．瑞德致電安慰我在波士頓的慘敗。我告訴他，隊上的球員需要成長，並為在決賽中發生的狀況負責。

瑞德說：「我想，你得讓球員們在第七戰自生自滅，這樣他們才能從那種可怕的感覺中學到某些東西。」

我回答：「沒錯，因為除非你親身經歷過，否則其實不太能了解那到底是什麼感覺。」

從那一刻起，我再也不需要說服任何一位球員。當他們在十月回到洛杉磯參加下一個球季的訓練營時，每個人的眼神都出現了我從未看過的火焰。老將費雪說：「沒有任何經驗會比打進NBA決賽卻輸球更折磨你的心，我們直到非賽季期間都還在懷疑一切，因為我們離冠軍這麼近，但是卻又這麼遠。**我認為那次輸球迫使球員們自問，『我們真的想要贏球嗎？』**」

答案無疑是肯定的，打從訓練營的第一天起，這就是一支著魔似地充滿自信的球隊。費雪又補充：「已經沒有任何事情能夠阻擋我們了，不論面對什麼狀況、不論有多少波折，我們都知道自己在心靈上和身體上夠堅強，能想出方法面對、解決——而我們也確實做到了。」

在訓練營期間，大家談到在季後賽中學到什麼對我們在未來有幫助的事情？球員們說，他們發現隊伍可以有多優秀，但是也領悟到，我們在打球時，並沒有展現出要「贏得全部比賽」所需的身體強度。當我們被波士頓隊打垮時，保羅被貼上「軟弱」的標籤，我們都知道那不是真的。

不過，如果我們想要贏得冠軍，我們就得要改變那樣的觀感。

球員們冷靜的決心讓我感到印象深刻。就掌握三角戰術的系統來說，前一年他們的表現已經突飛猛進；現在，受到共同嘗到的失敗激勵，更加深了他們對彼此的承諾，球員們以團隊的身分變得更團結，也更所向披靡。

這就是我經常提到的「**與靈共舞**」，「靈」並不具宗教上的含意。我是指當一群球員承諾要為彼此挺身而出、達成某樣比他們自己還要偉大的成就，不論會有什麼風險，這時他們將會感受到一種「靈」的情誼。這種承諾往往會包含在必要時掩護隊友的弱點或犯規，或是保護另一位球員免於受到對手干擾。當一支球隊能有這種合作意識，你就能在球員們的移動、在球場內外互動的方式中，感受到他們的團結。他們會帶著狂放的欣喜打每場比賽，就算有偶發的爭吵，球員們也會記得尊嚴與尊重。

這個球季的湖人隊就是這種類型的隊伍，隨著球季進行，他們的「靈」也變得更加強大。這並不是我帶過最有天分的球隊，體型上也不是最占優勢的，但是球員之間有一種深刻的精神連結，讓他們能夠不時在球場上創造奇蹟。我特別喜歡這個版本的湖人隊的一點，就是球員中有許多人能一起成長，並學會用正確的方式打球。到了這個時候，隊員們對彼此有足夠的認識，可以配合彼此的行動，讓對手感到頭痛不已。

盧克・華頓反映出球隊的精神。他的父親是曾入選籃球名人堂的球員比爾・華頓，盧克從小就浸淫在籃球學當中。從亞利桑那大學畢業後，他在二〇〇三年被湖人隊選中，但卻一直很難找到屬於自己的定位，因為他根本不適合小前鋒的標準體形。盧克並不擅長厲害的跳投，也不擅於替自己找到投籃機會。但是他很喜歡運球，並用正確的方式打球，也很擅長流程地在球場的兩端移動，這是三角戰術中的關鍵動作。大部分的教練並不會對這樣的技巧給予高評價，但是我卻鼓勵盧克往這個方向發展。最後，他成長為隊上最優秀的催化球員之一。

就像許多年輕球員一樣，盧克很情緒化，而且如果他打得不好，或是球隊因為他的失誤而輸球時，他常會封閉自己，不想和任何人說話。我試著向他傳達，避免情緒起伏過大，最好的辦法就是採取中庸之道，**贏球時不要太興奮**，**輸球時不要太低落**。隨著時間過去，盧克漸漸變得成熟而沉靜了。

有些球員們需要溫言軟語，而其他球員，像是盧克，就需要一些比較刺激的舉動才能喚醒他們。有時候，我會故意去激怒他，看看他會有什麼反應。練習時，我會特別針對他出難題，看他是否能夠應付壓力。

盧克回憶這段過程：「這真的很讓人沮喪，因為我並不總是知道菲爾在做什麼，或是他為什麼要這樣做。而他也不打算解釋，他希望你能自己想通。」幾年之後，盧克才意識到自己已經吸收了我們一直以來想教他的東西，於是他開始用一種更協調的方式打球。

柯比也在這段期間內變得更協調，自從費雪回來之後，他就發展出一種**更具包容性的領導風格**，並在這一年的球季中充分展現這種風範。

過去柯比領導的方式，大多是以身作則。他會比其他人還要努力，鮮少缺席任何一場比賽，也會期望隊友能用跟他一樣的水準打球。但是他並不是那種可以有效溝通，讓每個人意見一致的領導者。如果他和隊友說話，通常會出現的對話是：「把那該死的球傳給我！我才不在乎現在是不是被雙人包夾！」

這種方法通常會產生反效果。就像盧克描述的：「柯比在場上對我大吼、要我把球傳給他。但是菲爾已經在板凳區告訴我，不管發生什麼狀況，都要把球傳給『對的球員』。所以不是只看場上發生的情況，我也試著要理解柯比的大吼，以及教練告訴我不要傳球給他的訊息——這讓我的工作變得更加困難。」

但是，柯比開始有所改變。他接受了球隊和他的隊友，當我們前往客場比賽時，柯比會打電話邀請隊友們一起外出吃晚餐。彷彿已經把其他球員當成是自己的夥伴，而不只是他個人專用的跑龍套配角。

盧克也注意到這樣的改變，突然間，柯比對他伸出援手的方式，比以前正面得多。盧克提到：「如果我因為錯失連續三次投籃機會感到沮喪，柯比會說：『拜託，兄弟，不要擔心這些小事。我在每場該死的比賽中都有機會連續錯失三球，你只要繼續射籃就好，下一球就會投進了。』當你的隊長這樣告訴你，而不是用殺人般的眼神怒瞪你時，就能讓下一次投籃變得容易許多。」

球季一開始，我們就拿到十七勝二敗的連勝戰績，氣勢直到二月初才逐漸趨緩，我們在打敗波士頓隊及克里夫蘭隊之後，決定要放慢腳步。我希望用任何可能的方法，避免球員們在季後賽之前就把精力燃燒殆盡。儘管如此，我們最長的連敗也就只有對戰馬刺隊及魔術隊的兩場比賽。球季結束時，我們的成績是西區最佳：六十五勝十七敗，這讓我們對任何隊伍都有主場優勢。但如果我們得迎戰克里夫蘭騎士隊的話，就無法保證這個優勢了。

為了激勵球員，我戴上二〇〇二的總冠軍戒指參加季後賽——那枚戒指親眼目睹過許多事件發生。我戴著它經歷兩次失敗的總冠軍決賽，以及在南方舉行的另外三次季後賽戰役。就像我告訴《洛杉磯時報》記者麥克·布瑞斯納罕：「一定得擺脫那枚戒指的魔咒。」

我最大的疑慮是球隊的缺乏急迫感，在例行賽期間，一切都來得太輕而易舉，而且我們在首輪以四勝一敗的成績輕易擊敗猶他爵士隊。我很擔心球隊要如何應付一支和我們勢均力敵，而且以體型優勢打球的隊伍，例如第二輪對戰的休士頓火箭隊。

火箭隊在書面資料上看起來並沒有那麼讓人印象深刻，當時他們少了隊上其中兩位最優秀的球員：崔西·麥葛雷迪（Tracy McGrady）和迪肯貝·穆湯波（Dikembe Mutombo），而我們有信心，能靠拜南和蓋索組成的雙人包夾組合制住他們的另一個主要威脅：中鋒姚明。但是姚明在第三戰傷了腳，將缺席接下來的系列賽。火箭隊的教練里克·阿德爾曼（Rick Adelman）決定讓一群體型嬌小的陣容上場，由身高一百九十八公分的查克·海斯（Chuck Hayes）領軍擔任中鋒，朗·亞泰斯特及路易斯·斯科拉（Luis Scola）擔任前鋒，艾倫·布魯克斯（Aaron Brooks）與尚恩·巴提耶（Shane Battier）擔任後衛。

這個策略奏效了，瓦解了第四戰湖人隊無精打采的防守，休士頓隊以二勝二敗追平系列賽的戰績，拉瑪稱之為「本年度我們最糟糕的比賽」。

儘管球隊的精神看起來低迷不振，我們仍然在史坦波中心舉行的第五戰中反撲，以一一八比七十八分擊敗火箭隊，這是湖人隊自一九八六年以來，在季後賽中贏得最大的勝利。但是後來我們再次失去了魔力咒語，第六場比賽中，隊員四分五裂。柯比後來戲稱球隊很兩極，而他說得並不誇張，就彷彿湖人隊有兩種互相衝突的人格，而我們永遠不會知道今天晚上出現的是好博士傑克或壞人海德。

在洛杉磯舉行的第七戰，情況終於改變了。我們決定在一開始就展開積極的防守，而這把比賽提升到另一個層次。保羅開始反擊並出現關鍵的阻擋；柯比打出了喬丹式的防守：切斷對手的傳球路線並抄截他們的球；費雪和法瑪爾聯手對抗布魯克斯，而安德魯則是禁區內不可動搖的勢力：拿下十四分、搶下六個籃板，並蓋了兩次火鍋。最後，我們把火箭隊的射籃命中率壓制到僅三七%，並以五十五比三十三個籃板大勝火箭隊，最後以八十九比七十分獲勝。

比賽結束後，柯比提出了對比賽的遠見：「去年的這個時候，大家都認定我們是無可匹敵的，結果我們卻在決賽時徹底慘敗。**我寧願成為一支能堅持到決賽結束的團隊，而不是只有威風一時。**」

在達到那樣的境界之前，我們還有一些功課要做，慶幸的是，我們已經從人格分裂的恍惚狀態醒過來——不過，湖人隊真的醒了嗎？

我們在西區決賽的對手是丹佛金塊隊，他們帶來一種不同的威脅。金塊隊上有許多厲害的射手，包括卡梅羅·安東尼（Carmelo Anthony），柯比幫他取了個外號叫做「大熊」，以及兩位過去曾經重傷我們的球員：控球後衛昌西·畢拉普斯及大前鋒肯楊·馬丁。

金塊隊在第一場比賽中拚命追趕我們，而我們藉著柯比英雄式，在最後一分鐘立功的推進僥倖得勝。柯比在第四節投進十八球、得了四十分。接著在第二戰，我們眼睜睜地讓原本十四分的領先逐漸消失，並以一〇六比一〇三分輸球。安德魯在那場比賽中未能全力以赴，以及他薄弱的防守，都讓我感到失望，因此在第三場比賽時，我改為把歐登放到先發陣容中，讓前線有多一些的動力。

這個調整很有幫助，但是讓我印象更深刻的是球隊在終場前幾分鐘的應變能力。在第四節接近尾聲的一次暫停時間，費雪將隊員集合起來，發表了他最激勵人心的演說之一：「就是現在，你會知道自己是誰，就是現在，你可以創造命中注定的一刻。」

費雪的話產生了影響，時間剩下一分九秒時，終場得到四十一分的柯比越過史密斯（J.R. Smith）投進一記三分球，讓我們以九十六比九十五分超前。接著，在最後三十六秒時，特雷沃·亞瑞查搶下肯楊·馬丁發的界外球，確定我們拿下勝利。不過，離系列賽結束還早得很，金塊隊在第四戰粉碎我們的攻勢，並在下一場比賽奮力前進。

轉捩點出現在第五戰的第四節，當時我們決定展開一套戰術，利用金塊隊積極進取的特性來對付他們。不是讓柯比和保羅避免遭到雙人包夾，反而要他們引誘對方的防守球員靠近，以便替在內線的歐登及拜南創造出空檔。接著，一等金塊隊試圖填補出現的空檔，柯比和保羅就發動進攻。我們以一〇三比九十四分贏了這場比賽，兩天後，湖人隊在丹佛輕鬆取得系列賽的勝利。

我們一直很希望能在總冠軍決賽時對上塞爾提克隊，但是奧蘭多魔術隊在東區準決賽中纏鬥七場比賽後打敗他們，接著魔術隊又擊敗克里夫蘭騎士隊，準備迎戰我們。

魔術隊上，有年僅二十三歲、曾贏得年度最佳防守球員的中鋒德懷特·霍華德（Dwight Howard），以及一群由拉尚恩德·路易斯（Rashard Lewis）領軍的強大三分射手。魔術隊能成功擊敗沒有賈奈特的塞爾提克隊以及詹姆士在場的騎士隊，讓我感到很驚訝，但我認為該隊還沒準備好進入顛峰狀態。

柯比也還沒有準備好。史坦波中心舉行的第一場比賽，對他而言看似太過輕鬆，柯比單人拿下四十分，是他在決賽中得過最多的分數，同時我們的防守也有效壓制住霍華德，他只得到十二分，最終湖人隊以一〇〇比七十五分獲勝。第二戰時籃球之神與我們同在，考特尼·李（Courtney Lee）在終場前幾秒錯失一記有機會贏球的空中接力上籃，讓我們得到第二次機會，在延長賽確定勝利。

當第三戰移師到奧蘭多時，魔術隊復活了，他們的射籃命中率達到六二·五%，寫下NBA決賽的紀錄，最終他們以一〇八比一〇四分贏得勝利。這個結果，奠定了費雪即將在季後賽中出現的最佳表現。

費雪熟於如何投進致勝一擊，但他在第四場比賽中的投籃表現並不佳。事實上，當我們拿到球權，規定時間剩下四·六秒，還落後三分時，他已經錯失了之前投出的五次三分球。但是那並沒有妨礙他擺好架式再投一球，當時防守他的球員傑米爾．尼爾森（Jameer Nelson）做了愚蠢的決定，他後退協助隊友防守柯比，而不是對費雪有兩次罰球的犯規，並藉此讓比賽穩操勝算。

這個決定的失誤，讓費雪投進一記三分球，並讓比賽進入延長賽。接著，當比數追成平手，時間還剩下三十一．三秒時，費雪投出另一記戲劇性的三分球，讓湖人隊以九十四比九十一分超前比數，繼續留在系列賽中。

單純的品格，單純的費雪。

如果這是一部電影，在這裡就該畫上句點，但是我們還有一個很大的障礙需要跨越。

在第五戰還沒開始前，媒體就在球員休息室中要球員們想像贏得戒指的感覺。而當我走進訓練師的休息室時，我注意到柯比和拉瑪正在用總冠軍決賽的瑣事嘲弄彼此。於是我關上了門，試著轉換成一種不同的心情。

我不像往常在比賽前會發表一些談話，反而拉了張椅子坐下：「我們來把心情調整到對的狀態。」所有人安靜地坐了五分鐘，並讓彼此的呼吸同步。接著，助理教練布萊恩．肖準備講解他針對魔術隊的圖示戰術。但是，當他把板子轉過來時，上面卻是一片空白。

他說：「我沒有寫下任何東西，因為你們每個人都已經知道，自己要做什麼才能打倒這支球隊。上場吧！想著為了彼此，想著和你的隊友一起奮戰，我們將在今晚，結束掉這次季後賽！」

這是確立「最後一場比賽」最棒的打氣方式。

柯比在一開始就帶頭進攻，當我們在第二節取得領先時已經拿下三十分，而且毫不退縮。當終場鈴聲響起時，柯比跳到空中並和場中的隊友一起慶祝，然後他走到場外，給了我一個擁抱。

我不記得到底對彼此說了什麼，不過最讓我感動的是他的眼神。這是我們勝利的時刻，這個整整等了七年才出現的、全然和解的時刻。柯比眼神中的自豪與喜悅，讓我覺得在這趟旅程中所受的一切痛苦都值得了。

對柯比來說，這是個救贖的時刻。他再也不用聽到所有體育專家和球迷們告訴他，沒有了俠客，他就再也無法贏得另一座冠軍。柯比形容這些人對他缺乏信心的感覺，就像是中國的水刑，緩慢地讓你產生可怕的錯覺。

對我來說，這是個平反的時刻。那天晚上，我超越了紅衣主教奧拜克贏得冠軍的紀錄，這真的很令人高興。但是對我來說，我們如何辦到的方式更重要：**同心協力，以一個完全團結一致的團隊身分**。

而在所有事情中，最讓人感到欣慰的就是看著柯比的成長，他從一個原本自私、要求嚴格的球員，轉變成為一個隊友願意跟隨的領導者。要達到這個目標，柯比必須要學會付出，才能得到回饋。領導的重點並不是將你的意志強加在別人身上，而是在於學會**「放手的藝術」**。

第 21 章

你是推動者，讓他以自己的步調成長

就算跌倒了七次，也要站起來八次，繼續努力就對了。

——中國諺語

這是我們等待已久的時刻——歷經九個月、打完一百零四場比賽後，二〇〇九至二〇一〇年的球季終於來到。在總冠軍決賽的第七戰中，與波士頓塞爾提克隊再次對決。當天下午，我們抵達史坦波中心球場時，毫無疑問地，球員們正在策劃要為兩年前在TD花園的慘敗復仇。

在二〇〇八年總決賽的最後一場比賽中，塞爾提克隊在球場上帶給我們的羞辱真是糟糕透頂。他們用經典的波士頓風格羞辱我們，在比賽結束之前就把開特力運動飲料淋在他們的教練道格．里弗斯（Doc Rivers）身上，因此當工作人員清潔地板，整個體育館充斥著狂熱的家鄉球迷，對著我們尖叫謾罵時，我們卻只能痛苦地坐在板凳上。接著，當我們以為一切都已經結束了，卻還得忍受宛如地獄般的賽後回程，穿越重重企圖推倒我們球隊巴士的發狂暴民……。這場惡夢一直縈繞在我們心中整整兩年之久。

如果是任何一支其他球隊，我們或許還能夠一笑置之。但是對手是塞爾提克隊，這支球隊自從一九五九年，以直落四橫掃當時的明尼亞波利斯湖人隊（現為洛杉磯湖人隊）拿下當年的總冠軍後，就一直是湖人隊的疙瘩。賽爾提克隊稱霸整個一九六〇年代，導致湖人隊的退休球員傑瑞．威斯特再也不穿戴任何綠色的服飾，因為那會讓他想起那十年內湖人隊所承受的挫折。

最讓人難堪的敗戰是在一九六九年，比爾．羅素身兼球員和教練的最後一年，由他領軍的賽爾提克隊日漸成熟，從系列賽三比二的劣勢反攻直追，最終在湖人隊的主場奪得勝利。湖人隊當時非常自信地走進第七戰的場地，球隊老闆傑克．肯特．庫克甚至在論壇體育館的天花板上懸掛上千顆紫色和金色的氣球，準備在賽後慶祝會上施放……唉！結果都用不上了。

在比賽時間剩下不到一分鐘時，威斯特從防守球員手中拍下球，而球正好進了唐．尼爾森（Don Nelson）的手中，他從罰球線射籃，球擊中了籃框邊框後方，高高地反彈到空中，然後出乎意料地掉進籃網，就此讓賽爾提克隊取得領先，以一〇八比一〇六分獲勝。

在整個系列賽中，表現非常出色的威斯特，是第一個、也是唯一一個獲得總決賽最有價值球員獎的敗戰球員，他感到恐慌不安。在幾年後，他告訴作家羅倫．拉森比：「你可能得付出相當多的代價，也許要一直打球，直到你一無所有，但卻無法取得勝利，我覺得這並不公平。人們其實無法真正了解，伴隨著失敗而來的創傷有多嚴重。大家無法意識到你可能會有多慘，尤其是我的情況。我非常恐懼，甚至到了想退出籃壇的地步。」

儘管如此，威斯特並沒有退出。三年後，他終於贏得總冠軍戒指，不是對戰賽爾提克隊，而是擊敗我帶領的尼克隊。然而，賽爾提克隊的詛咒，就像那些未被施放的氣球一樣，依然籠罩在湖人隊上空。直到八〇年代中期，終於迎來湖人隊的「表演時刻」，在總決賽的三場比賽中兩度擊敗波士頓隊。這兩支球隊的競爭是湖人傳說中很重要的一部分，魔術強森甚至曾經透露，只要波士頓隊的對手不是洛杉磯隊，他就會為他們加油，就像體育專欄作家麥可．維爾本（Michael Wilbon）所寫的：「只有賽爾提克隊明白，因為球隊在大小賽事的表現，而位居籃球界領先地位的感受。」

二〇一〇年的第七戰，歷史並沒有站在我們這邊。過去幾十年內，湖人隊在總決賽系列賽中曾經四度對決賽爾提克隊，而且都打到七場比賽，但是每次都落敗。但這次是在我們的主場比賽，而且兩天前在決定成敗的第六戰中，我們以八十九比六十七分擊敗賽爾提克隊。跟二〇〇八年相比，我們也增加了不少武器，尤其是中鋒安德魯．拜南，當天他因為膝蓋受傷只能在一旁觀戰。而且我們也網羅到前鋒朗．亞泰斯特加入陣容，他是聯盟裡最優秀的防守球員之一。我最擔心的是拉席德．華勒斯，他替補了受傷的中鋒肯德里克．帕金斯的空缺。華勒斯的防守並不如帕金斯那樣強，但他是很強大的進攻威脅，在過去曾經對我們造成嚴重的傷害，而我絕不會把任何事當作理所當然。

以湖人隊的標準來說，二〇〇九至二〇一〇年是相當平淡的球季。最大的挫敗發生在球季開始之前，在二〇〇九年的總決賽賽程中，扮演重要角色的特雷沃．亞瑞查離開球隊，成為自由球員。特雷沃是個動作迅速、行動大膽的防守球員，他經常利用抄球或迫使對手失誤發動快攻攻勢。他同時也是一位能在關鍵時刻投球的外線射手，不論從角落或者球場的任何地方都能射籃。但是在非賽季期間，特雷沃的經紀人和湖人隊之間的交涉陷入僵局，而且湖人隊的總經理米契．庫普切克開始全力挖角當時與火箭隊合約即將到期的亞泰斯特。然而，在交易完成之前，朗就在推特上宣布他即將加入湖人隊的消息。受到這一變故的阻撓，特雷沃因此以自由球員的身份和休士頓隊簽約，並且在之後被交易到紐奧良隊。

我欣賞朗．亞泰斯特的體型（二〇一公分，一一八公斤）、實力和他的鎖定式防守打法。最近在一項針對NBA總經理的調查中，他被選為NBA「最強硬」的球員，他非常強而有力且夠狡猾，足以抵擋強壯又能快速移動的前鋒，例如波士頓的保羅．皮爾斯。但是朗在進攻時不太穩定，而且速度不像特雷沃那麼快，這表示我們必須把迅速的攻勢轉變成較慢的半場進攻。

我也很擔心朗難以捉摸的個性，他最出名的事蹟是二〇〇四年在奧本山市對戰活塞隊的一場比賽中，他以溜馬隊球員的身分參與當時的暴力鬥毆。那場鬥毆的爆發，是因為朗在班・華勒斯運球到籃下時對他犯規，而華勒斯以重推他的胸膛回敬。在雙方衝突的當中，一位底特律隊的球迷扔了一個杯子到朗身上，因此他衝進觀眾席，開始痛歐那位球迷。朗最終導致被禁賽七十三場，是NBA史上與嗑藥或賭博無關的最長禁賽。華勒斯和其他球員也有遭到處罰，不過不像對朗的處罰那麼嚴厲。

在二〇〇八年的季後賽，我們在對戰休士頓隊的系列賽期間，當時效力於火箭隊的朗，在第二場比賽與柯比爭奪籃板球時發生碰撞，因此被驅逐出場。他還錯過了前兩趟往史坦波中心參加第七戰的球隊巴士，只好攔住第三輛巴士——專門接送休士頓隊的管理階層，當時他身上只穿著汗衫。

朗在紐約市簡陋的皇后區國宅計畫中長大，他在自己的左右腿分別刺有Q和B兩個字母的刺青，提醒自己不要忘本。他還記得在十二街的球場打球時曾經聽過槍聲，還曾經親眼目睹在當地娛樂中心的一場比賽爆發激烈衝突，其中一名球員拆下計分桌的桌腳，並且用桌腳捅傷一名男子，最後不治。朗曾向《休士頓記事報》的記者表示：「我出身貧民區的這件事不會改變，我也永遠不會改變自己的文化。」

籃球是朗的救贖，他年僅十二歲時，球技就好到可以打美國業餘體育會籃球聯賽。他加入布魯克林皇后快車隊，與拉瑪．歐登和另一名未來的NBA明星球員艾爾頓．布蘭德（Elton Brand）成為隊友，這支球隊在一個夏天內得到六十七勝一負。這三位球員繼續在高中和大學拼出好表現，並在一九九九年的第一輪選秀會上被選中。公牛隊分別以第一順位和第十六順位選中布蘭德和朗，而快艇隊則以第四順位選中拉瑪。從一九九九年開始，朗陸續效力於其他四支球隊（公牛隊、溜馬隊、國王隊和火箭隊），但是現在他即將和他的童年好友拉瑪一起打球。對朗來說，那感覺就像回到家一樣。

儘管他有這樣的背景和粗暴打法的歷史，朗在籃球場外擁有一個和善的靈魂，他會參加許多非公開的兒童慈善活動。有一次，他在中國遇到一位年輕球迷，那位球迷連教科書都買不起，更不用說是一雙朗的簽名球鞋。因此，朗脫下自己價值四萬五千美元的手錶，並現場拍賣，用來支付那個男孩的教育費。

朗的行事風格古怪，在短暫效力於國王隊期間，他提議要捐出他全部的薪水，希望能留住他的好友後衛邦奇．威爾斯，讓他不要跳槽到別的球隊——雖然最後沒有成功。在二〇一一年時，他把自己的名字改成慈善．世界和平（Metta World Peace），就如他說的，「啟發世界各地的青年，並讓他們聚在一起」。「metta」這個字在巴利語（Pali）的意思是「慈愛」，指的是佛教教義的主要信條：**培養眾生平等的愛**。朗剛加入湖人隊時曾告訴《聖地牙哥聯合論壇報》的記者馬克．齊格勒：「我不知道禪是什麼意思，但是我希望能成為懂禪的人。我希望它能讓我提升，我一直都想要變得更好。」很明顯地，跟以前相比，朗已經有了長足的進步。

我最擔心朗的一點，就是他能不能迅速地學會三角戰術。就像丹尼斯．羅德曼一樣，朗很難保持專注。丹尼斯解決的方法是日夜到健身房鍛鍊，燃燒掉躁動不安的能量。但是朗在堅持鍛鍊療法時遇到了困難，所以他選擇練習跳投。唯一的問題就是，他每天都會用不同的風格投籃，而這也影響了他在比賽時的表現方式。有時候，他就像有如神助，一切會如預期順利發展。其他時候，誰也無法斷定將會發生什麼事。

在某次練習時，我建議朗可以選定一種射籃風格，並固定練習方式，但是他會錯意了。「為什麼你一直挑我毛病？」他問我。我則回答他：「我不知道你為什麼會覺得我在挑毛病，我只是想要幫你進步。」

我們對話時的情緒都很平靜，但是助理教練布萊恩．肖把我拉到一旁：「你正走在危險的邊緣上，菲爾。」我愣住了，我以為自己正在向朗表達支持。然而布萊恩擔心，朗可能會誤解我靠很近、低沉聲調的肢體語言，是一種侵略行為。

在那次事件後，我領悟到跟朗溝通最佳的方式，是用正向的方式表達一切——不只是我說的話，還包括我的姿勢和臉部表情。最終，他明白了球隊戰術系統的運作，並且在柯比和其他人的幫助下，讓自己融入球隊的DNA裡。

朗並不是這個球季中唯一一個有問題的球員。另一個讓人擔心的是柯比，他在這次球季過程中體能下降。在十二月對戰灰狼隊的比賽中，他弄傷了投籃慣用手的食指，但決定不接受手術，並且堅持忍著傷痛到比賽結束，後來他很後悔自己不及時就醫的決定。不出所料，這個傷勢對他的投籃命中率產生了負面影響，他的成績在許多方面也都跟著下滑。

二月時，柯比腳踝扭傷的傷勢加重了，因此他同意休息三場比賽，好讓傷勢復原。柯比對他鐵人般的恢復力很自豪，而且很討厭錯過比賽。事實上，他在前兩季總計二百零八場比賽都有上場。但是他需要恢復，而這段期間會讓球隊有機會練習在沒有他的情況下打球。與主要對手的三場比賽，球隊都獲勝了。

正當柯比準備上場再次找回他的節奏時，已經困擾他好幾年的右膝開始腫脹，迫使他錯過四月的兩場比賽。這次的傷勢可能在整個季後賽期間對他造成困擾，而且也導致球季快結束時他糟糕的投籃狀態。

柯比膝蓋受傷帶來的唯一好處，就是讓我們之間的關係產生了正面的轉變。當他的膝蓋開始像前一年那樣出毛病時，我讓他自由選擇減輕練習的強度，或者如果有必要的話，甚至可以略過一兩次練習，以便幫他維持腿部力量。我對他健康的關心讓柯比很感動，這也讓我們之間的聯繫變得更強韌。我們時常會在練習時交流想法，也會在球隊飛機上一起研究觀看比賽影片。隨著時間過去，我們發展出一種我曾與麥可．喬丹共有過的緊密夥伴關係。但是我與柯比之間的連結比較不正式，和喬丹在一起時，我常常會事先安排會議以便討論戰略，而柯比和我則是隨時隨地都在討論。

柯比喜歡說他對領導能力的了解，有九〇%是來自實際觀察我的行動。他說：「這不只是在籃球方面的領導能力，**更是如何生活的哲學，活在當下並且享受到來的每一刻**。讓隊友們以自己的步調成長，不要試圖強迫他們做些不喜歡的事，而是自然發展並引導他們前進。這些都是我從菲爾身上學到的。」我很高興他能這麼想。

隨著我們打進季後賽，柯比將面臨許多機會可以測試他的領導技巧。在整個例行賽期間，除了柯比之外，還有不少球員也受傷了，這讓球隊相當困擾。保羅．蓋索和安德魯．拜南都因嚴重的傷勢而錯過了十七場比賽，而盧克．華頓也因為嚴重的背部疼痛缺席了當季大部分球賽。但是我們幾乎整年都保持良好的團隊氣氛，這讓我們能夠以五十七勝二十五負的紀錄繼續保持西區冠軍的地位，儘管在球季尾聲時有四勝七負的糟糕戰績。

我們在首輪的對手是奧克拉荷馬市雷霆隊，一支比我們預期中的更難對付的球隊。為了干擾他們逐漸嶄露頭角的前鋒凱文．杜蘭特（Kevin Durant），我故意放話給記者，我認為裁判藉著給凱文很多罰球機會嬌縱他，就好像他是個超級球星似的。凱文在那一季內投出最多的罰球，大部分是因為他在投籃時習慣在對方防守球員的手臂下勾起他投籃的那隻手，這個行為一直以來都為NBA所禁止。杜蘭特的行動因為我的這番話而變得保守——這正是我想要的，但是NBA卻罰了我三萬五千美元，這根本不在我的計畫內。結果證明，杜蘭特在系列賽的表現並不出色，但是我認為比起我的小花招，朗對他的防守才是比較可能的原因。

雷霆隊的策略，是讓朗在角落無人防守，這樣當他判斷失誤而發動快攻時，他們就可以搶到籃板球。朗的確中計了，在前四場比賽裡，他出手二十三次三分球，卻有二十次沒投中。相對於我們慢步調的傳統防守來說，雷霆隊攻勢節奏快速，讓他們贏得在主場舉行的兩場比賽，並且追平系列賽的比數到二比二。

柯比在前四場比賽時打得很辛苦，但是在第五戰之前，從疼痛的膝蓋抽出大量積水之後，他就重獲重生。最棒的戰術之一，就是讓他盯住雷霆隊自由移動的控球後衛羅素·威斯布魯克（Russell Westbrook），他在球場上到處跑，對付我們的其他後衛。柯比不只讓威斯布魯克的總得分維持在十三中四的十五分，還扮演推動者的角色，促使隊友進攻；他把球傳到內線給保羅和拜南，讓他們在那場比賽的總得分分別達到二十五分和二十一分。那場比賽最後的比數是：湖人隊一一一分，雷霆隊八十七分。

在第六場比賽中掌控球隊行動的球員是朗，他讓杜蘭特的投籃命中率維持在二一．七％，是在季後賽史上最差的。然而，我們在這場比賽中還是處於搖搖欲墜的局面，直到最後一秒保羅頂進一記柯比失誤的投籃，並以九十五比九十四分確保贏得勝利。

接下來的兩輪比賽就沒那麼讓人傷腦筋了，膝蓋狀況好轉的柯比是我們最大的優勢，他在每場比賽平均得了將近三十分。在以四場比賽內結束與爵士隊的對決後，我們在西區總決賽中面臨鳳凰城太陽隊——當年自全明星賽後全聯盟最熱門的球隊。他們並不像面前的湖人隊一樣強大，但是他們擁有史蒂夫·奈許和阿瑪雷·史陶德邁爾（Amaré Stoudemire）的強力組合，加上一群強力的替補球員和精力充沛的密集防守。

轉折點是在洛杉磯舉行的第五戰，我們與鳳凰城太陽隊的系列賽維持在二比二平手，而且整個過程中的得分相當接近。在比賽的後半段，當湖人隊領先三分時，朗搶到了進攻籃板球。他並沒有保守地等待時間結束，而是投出一記考慮不周的三分球，而且失誤了，讓太陽隊有機會反擊，用三分球追平比分。幸運的是，朗在剩下幾秒時補救了自己的失誤，攔下柯比的任意跳投，把球穩穩放進籃網，在終場鈴聲響起時得分獲勝。

兩天後，我們回到鳳凰城，並結束這次的系列賽。朗再次活躍在場上，在三分區內的七次投籃中投中四球，總共得到二十五分，看來他似乎終於找到了自己的步調——這一刻來得剛剛好。

當總冠軍決賽對戰波士頓的比賽進行到一半時，我很擔心賽爾提克隊的激烈防守。他們的策略是在禁區安排身材高大的球員，對我們的後衛施加壓力，讓他們放棄球，並且迫使拉瑪和朗採取跳投。這是個完善的計畫，在過去的確對我們發揮很大的作用，但是湖人隊比起二〇〇八年時更有韌性了，而且我們也想出了更多的得分方案。

我們在第一場比賽時強硬地出手，由保羅強力進攻，他急著向全世界證明自己並不是像二〇〇八年時記者所說、是個「軟弱」又容易讓步的球員。但是賽爾提克隊在第二場比賽時以驚人的表現反擊，他們派出得分後衛雷．艾倫，總共得到三十二分，包括創下決賽紀錄的八個三分球。費雪因為讓艾倫在球場上橫行遭受媒體的大肆批評，但是柯比也在牽制拉簡．朗多（Rajon Rondo）時遇到困難，拉簡是位拿到大三元成績的控球後衛。突然之間，系列賽的比數被追平到一比一，而且我們將前往波士頓打接下來的三場比賽。

費雪在第三戰中好好回敬了對手一番，他先防守艾倫並阻止他得分，迫使他的投籃命中率低到投十三球中零，還差一球就創下決賽紀錄。接著費雪稱霸第四節，持續得到十一分激增比分，為湖人隊贏回優勢。比賽結束後，他強忍著淚水進入球員休息室，為自己他剛剛在比賽中的表現感到情緒激動。然而，賽爾提克隊並沒有鬆懈，他們接連取得兩場勝利，在系列賽中以三比二領先，並且確立將在洛杉磯舉行的經典對決。

泰斯．溫特曾說過，我們獲勝的總冠軍比賽，通常是一場從頭到尾完全壓過對手的比賽。第六場比賽就是這樣。我們在第一節就取得掌控權，並以八十九比六十七分決定性地擊敗賽爾提克隊，再次追平系列賽的比數。

然而，波士頓隊的士氣幾乎沒有受到打擊。他們在第七場比賽剛開始就展開積極攻勢，在比賽進行到一半時領先了六分。在第三節進行到一半時，賽爾提克隊更得到領先十三分的優勢，於是我決定拋開我一貫的作風、喊了兩次暫停。這一次，我無法袖手旁觀等待球員們想出解決方法，我必須立刻轉移他們的注意力。

問題是，柯比太想要獲勝，因此他放棄了三角戰術，並回復到他過去單打獨鬥的方式，但是他因為太過勉強自己而投籃失誤。我告訴他，要信任三角戰術：「**你不需要全靠自己的力量打球，讓比賽自然發展就好**。」

這是個經典的例子，把注意力放在集中精神，會比放在記分板上重要許多。隨後，我聽到費雪與柯比制定計畫，在費雪替補上場時，讓他回到內線進攻。

柯比一轉換進攻方式之後，事情就開始再次順利發展，而且我們開始緩慢地吃掉賽爾提克隊領先的比數。關鍵的時刻是在比賽時間還剩下六分十一秒時，費雪投出的三分球將比數追平到六十四比六十四，並且帶動一波九比〇的攻勢，讓我們以六分領先。賽爾提克隊在時間剩下一分二十三秒時，靠著拉席德．華勒斯的三分球讓比數差距拉近三分，但是朗立刻以另一記三分球回敬，讓我們最終以八十三比七十九分獲勝。

這場比賽的美妙之處，在於毫不矯飾的激烈。就好像看著兩位經驗豐富的重量級拳手不斷竭盡全力痛毆對手，並在最後一次踏進決鬥圈時全力以赴，直到終場的鈴聲響起。

比賽結束時，大家的感觸很深，柯比說這次的勝利是「到目前為止最美好的一次」，他跳上計分桌並且陶醉在人群的歡呼聲中。他張開雙手，紫色和金色的五彩紙屑如雪片般飄落在他身上。一向很沉著冷靜的費雪，在球員休息室內與眼眶泛淚的保羅．蓋索互相擁抱時，再次喜極而泣。曾參加過五次總冠軍慶祝會的魔術強森告訴《洛杉磯時報》記者麥克．布瑞斯納罕，他從來沒有在湖人隊的休息室目睹過這樣的情感流露。他說：「我想，他們終於明白了兩隊世仇的歷史，以及要打倒賽爾提克隊有多麼難。」

對我來說，這是我在教練生涯中最令人欣慰的勝利。這一季充滿了不斷的嘗試，因為不協調和麻煩的傷勢造成球隊損傷，但是最終球員們展現出勇氣和團隊合作的最佳典範。看到保羅洗刷困擾他兩年之久的「懦夫」汙名，以及費雪在被雷．艾倫招惹後的反擊，我感到相當感動。看到朗變得成熟，並在對付皮爾斯時扮演關鍵的角色，接著在我們需要的時刻投進每次射籃，實在很令人開心。朗後來說：「我沒有想到，贏得獎盃的感覺會這麼好，現在我感覺自己就像是個大人物了。」

除了贏得另一枚戒指的激動情緒，能以在自家主場的凱旋勝利，把賽爾提克隊的詛咒拋在腦後，讓人感到深切的滿足。事實上，球迷在這次的勝利也扮演了很重大的角色。湖人隊的球迷經常因為他們對比賽懶洋洋的態度受到嘲笑，但是在那天，他們比以前都還要投入得多。就好像他們也出於本能地明白這一刻象徵的重要性，不只是對球隊而言，還包括整個洛杉磯的居民。在夢想城市裡，這是唯一真實的真人演出。

第 22 章

學會釋放

我們都是失敗者——

至少再優秀的人也會如此。

——J · M · 巴里（J. M. Barrie）

也許我早就該在那時畫下句點：有歡呼的群眾和如雨般飄落的五彩紙屑，但是人生從來不會像寫好的劇本一樣進行。我不是很確定，上一個球季會不會重返。首先，我的右膝有點問題，很想趕快進行替換手術；第二，雖然球隊大部分的核心球員都會回來參加下一季，但是我們很可能會失去一些即將成為自由球員的隊友，尤其是後衛喬丹．法瑪爾和薩沙．武賈西奇，他們兩個都是很難取代的球員；第三，我私下很想要逃離讓人累垮的NBA行程，以及不斷受到公眾注目的壓力。

在西區總決賽期間，我與巴斯博士在鳳凰城共進午餐，討論即將到來的球季。他說與球員協會的合約商談不是很順利，而且他預料等球季結束後，球團老闆就會停賽。這意味著湖人隊需要立即採取一些措施，縮減開銷。他還透露，其他球團老闆向他抱怨，湖人隊和我簽的合約條款，迫使他們得付給他們自己的教練更多薪水。重點在於：如果我決定要回來，只能得到較低的薪水。

我告訴他七月時會有答覆。當然，在我這麼說的時候，我明白若是贏了總決賽的話，我很難對柯比和費雪說不。果然，在我們對戰賽爾提克隊的比賽獲勝後不久，他們兩個就開始透過文字訊息懇求我留下來，並且「再拿一次三連霸」。

於是，我和巴斯博士談妥了一份為期一年的合約，並且開始和米契．庫普切克合作，整合新的球員名單。我把這一戰戲稱為「背水一戰」……唉，結果證實，這一季還真是如同被蛇咬到的痛苦球季。

我們面臨的狀況，是上一季的參賽球員中將近四〇%的人得被替換掉。除了喬丹和薩沙將在十二月中被交易到籃網隊，我們還將失去後備中鋒姆本加（Didier Ilunga-Mbenga）、前鋒亞當·莫里森（Adam Morrison）和喬許·鮑威爾（Josh Powell）。我們用一群組合了資深和年輕球員的組合，替代即將離開的球員們，這裡面前景最可期的是前鋒馬特·巴恩斯（Matt Barnes）和後衛史蒂夫·布雷克（Steve Blake）。但是巴恩斯的膝蓋受傷，且大約有三分之一的球季無法上場，而布雷克在球季快要結束時長了水痘，因此減少了他在季後賽上場的時間。此外，我們網羅三十七歲的中鋒西奧·拉特利夫（Theo Ratliff）替補安德魯·拜南，但是他也受傷了，所以沒有太多上場時間。儘管如此，我並不怎麼擔心我們的前線，球隊缺乏年輕和活力，才是更大的問題。喬丹、薩沙和喬許總是在挑戰資深球員，促使他們提高自己的體力水準。失去他們意味著我們的練習將不再像之前一樣劇烈——這並不是一件好事。

另一個問題當然就是柯比的右膝，他在非賽季期間動了另一次的關節鏡手術，他的膝蓋喪失了太多軟骨，醫生說他的膝蓋「幾乎是骨頭貼著骨頭」。柯比在比賽結束和繁重的練習之後，還得面臨膝蓋復元的麻煩過程。因此我們在比賽前一天會減少他的練習時間，希望額外的休息能讓他的膝蓋恢復得快一點。這也削弱了練習的強度，但更重要的是，這讓柯比被孤立在球隊之外，造成球季後期出現領導上的真空狀態。

儘管面臨這麼多的問題，球隊還是取得十三勝二負的不錯開始，而且看起來相當強大，直到聖誕節那天在史坦波中心舉行的比賽中，由勒布朗·詹姆士領軍的全新邁阿密熱火隊，以九十六比八十分把我們打得落花流水。接著在全明星賽前夕，我們前往客場比賽，以三場令人不安的失敗作結，分別輸給魔術隊、夏洛特隊和克里夫蘭騎士隊。

騎士隊當時在NBA中戰績最差，我們在對戰比賽期間，柯比在對付後衛安東尼・帕克（Anthony Parker）時陷入犯規的麻煩，而朗・亞泰斯特試圖扭轉劣勢卻不斷失誤，反而讓我們在上半場結束時落後五分。柯比和費雪都很不高興，他們說沒有人知道朗到底想在場上做什麼，尤其是在防守方面，這使得他們難以發動有凝聚力的進攻。

在全明星賽的空檔期間，我召開了一場球隊會議，討論到如何讓球隊回到軌道上。新來的助理教練查克・波森（Chuck Person）建議我們嘗試一套新的防守系統，他聲稱那套系統可以幫助我們抵擋一直以來煩惱的檔切戰術，而且在過程中可以讓球員們緊密合作，更像一個團隊。那套戰術系統的運作方式很違反直覺，球員得要忘記許多他們從高中開始就慣用的防守動作。其他助理教練裡，有些人認為在球季進行中突然引進這樣一套完全不同的方法非常冒險，但是我認為值得賭一把。

這個辦法最主要的缺點，是柯比因為疼痛的膝蓋，沒有足夠的時間能和球隊一起練習這套新系統。我認為這不會是太大的障礙，柯比學得很快，而且很擅長適應充滿挑戰的情況。但是當我們開始在比賽中推動這套系統時，他卻時常在配合隊友上感到挫敗，並對他們下達跟在練習時所學互相矛盾的指令，這種其心各異的狀況將在未來給我們帶來困擾。

儘管如此，這套新系統在一開始相當有效，而且我們在明星賽後展開了十七勝一負的連勝紀錄。但是在四月初，我們卻連續輸了五場比賽，包括一場和丹佛金塊隊的比賽，金塊隊可說是聯盟中最優秀的檔切球隊。為了保住西區第二名的地位，我們必須贏得球季的最後一場比賽——在延長賽中對戰沙加緬度隊。我們之前也曾經歷過在球季尾聲時成績下滑，但仍然取得最後的勝利，只是這次似乎有所不同，我們之前不會在球季的這個時候打得這麼辛苦。

我們在季後賽首輪的對手是紐奧良黃蜂隊，對我們來說並沒有太大的幫助，他們的明星控球後衛克里斯．保羅幾乎毫不費力地突破我們的新防守系統，並在場上的各個位置對我們造成極大的破壞。黃蜂隊還有前湖人隊球員特雷沃．亞瑞查，他決心讓我們明白放走他是個錯誤的決定。這點他證明得很好，他好好的守住了柯比，並且擋下幾個關鍵的三分球。在我們注意到之前，黃蜂隊就以一〇九比一〇〇分偷拿下在洛杉磯舉行的第一場比賽，而我們必須辛苦奮戰才能以二勝一負勉強維持系列賽的領先地位。

黃蜂隊並不是我們唯一的障礙，在第四戰開始前的星期六練習結束後，米契單獨和我的團隊成員見面，通知他們將在七月一日到期的合約，下一季起不再續約。這包含了所有的助理教練、訓練師、按摩治療師、體重與狀態指導員以及設備經理——除了運動訓練師蓋瑞．維帝（Gary Vitti）之外的所有人，因為他簽的是兩年合約。米契的打算是要給這些工作人員時間找到新工作，考慮到預料之中的NBA停賽。但是宣布的時間點是在緊湊的第一輪系列賽進行期間，不只對工作人員，就連球員都受到了破壞性的影響。

彷彿這樣還不夠似的，當天稍晚時，球隊的新秀德瑞克．卡拉科特（Derrick Caracter）因涉嫌強抓並推倒某家連鎖餐廳國際煎餅屋的一名女性收銀員而被逮捕，並因毆打、公眾場合醉酒鬧事和拒捕等罪名遭到起訴。星期日他就交保獲釋，沒有遭到正式起訴，但是他也無法出席第四戰，於是黃蜂隊贏得那場比賽，並以二勝二負追平系列賽的比數。

在系列賽開始前，我們組成一個小組研究比賽的影片，觀察克里斯·保羅如何悄悄地穿過防守，並迫使我們其中一個長人球員脫離隊形去阻擋他，而這正是他想要的。

我關掉投影機，並說：「嗯……大家有什麼想法？我們的防守看起來實在讓人很困惑，我們不知道自己到底想做什麼，而這點正中他的下懷。」

費雪第一個發言：「我認為出了一些差錯。我知道大家已經經歷過許多事，而且我們之中有些人已經離開了。也許是我們的態度出了問題或是缺乏專注的焦點，但就是有些事情不太對勁。」

聽完他說的這番話之後，我坐下來面對球員們，告訴他們在過去兩個月，我一直在內心苦苦掙扎的個人問題，而他們應該能很明顯地從表現和行動力上發現我的不同。三月時，我被診斷出前列腺癌，之後的幾個星期，我一直努力想出能繼續帶領球隊最好的辦法。最後，我決定等到季後賽結束之後再動手術，醫生向我保證，能控制癌細胞的增長，至少暫時可以用藥物控制。

我向大家解釋：「這對我來說，會是一段很辛苦的時期，而且不知道這會不會影響我維持平常百分之百的水準，但是有時候我會比平時更沉默寡言。」

我邊說邊流淚，而球員們看起來也真心地受到感動。只不過回想起來，我並不確定這是不是個正確的決定。**雖然說實話永遠不會錯，但還是可能會引起嚴重的後果，而且時機也很重要。**

我很好奇自己的坦白是否有助於讓球隊團結起來，或者只是讓球員們對我感到抱歉。他們之前從來沒有見過我處於這樣脆弱的狀態。我應該扮演的是「禪師」，總是他們能依靠的人，好讓他們在壓力下保持冷靜，現在他們應該怎麼想呢？

事後回想起來，我早該預料到接下來會發生的事，但是在這之前從來不曾讓我帶領的任何一支球隊以這樣奇怪且詭異的方式四分五裂。畢竟，我們在接下來兩場比賽內輕鬆擊敗黃蜂隊，而球隊最終回到了冠軍隊伍的模式。事實上，球隊在第六戰的表現讓我印象很深刻，我告訴記者，這支隊伍擁有「能表現優秀的潛力，像之前我帶過的湖人隊伍一樣」。

很顯然，我話說得太早了。

這並不是說我們的下一個對手威脅很大，達拉斯小牛隊是支有天分的資深球隊，他們以和湖人隊相同的戰績（五十七勝二十五負）結束那年的球季。但是在過去我們向來能制住小牛隊，並在三月時輕而易舉地擊敗他們，以二勝一負的成績贏得例行賽，以及取得在季後賽對戰他們的主場優勢。

然而，達拉斯隊對我們造成了一些嚴重的對決問題。首先，我們隊上沒有任何人可以跟上小牛隊控球後衛何塞・胡安・巴雷亞（Josй Juan Barea）的步調，他動作快速、身材嬌小，就像克里斯・保羅一樣，擅長出奇突破我們的新防守系統。我們原本希望比費雪更快速、更敏捷的史蒂夫・布雷克能擔任我們在後場的防守關卡，但是在他長水痘之後，就沒有球員能替補他的速度。第二，小牛隊能夠用德肖恩・史蒂文森（DeShawn Stevenson）來消耗柯比的精力，他是個強硬又健壯的後衛，而且他和泰森・錢德勒（Tyson Chandler）和布蘭登・海伍德（Brendan Haywood）組成的長人搭檔，幾乎能瓦解安德魯・拜南的力量。此外，巴恩斯和布雷克還沒發揮百分之百的實力，我們的替補球員就已經很難追上達拉斯隊的二軍，尤其是他們的第六人傑森・泰瑞（Jason Terry），他在三分線的表現非常驚人。

最讓人失望的其中一點是保羅的表現，他過去在對戰小牛隊時一直打得很好。但是裁判容許達拉斯隊的前鋒德克・諾威斯基（Dirk Nowitski）出手推保羅，還阻止他奠定能穩固單吃對方防守球員的位置，這讓我們在進攻上受到重創。我不斷催促保羅反擊，但是他當時正在設法解決某個嚴重的家庭問題因而分心。和往常一樣，媒體不斷編造故事來解釋保羅低於水準的表現，包括他跟女朋友分手以及跟柯比鬧翻的八卦，這兩件事都不是真的。儘管如此，這些謠言還是讓保羅感到困擾，也讓他的專注力大打折扣。

第一場比賽對我來說是個謎。我們很早就確立優勢地位，而且在第三節取得看似穩固的十六分領先。接著，沒有任何明顯的原因，我們的攻守能量轉移到小牛隊那邊。在第四節快要結束前，我們還有機會獲勝，卻一反常態地錯失好幾次可以拉開比數的機會。剩下五秒時，小牛隊追到只差一分，柯比跌跌撞撞地試圖避開傑森・基德，卻漏接保羅的傳球。接下來，在基德遭到犯規並投進其中一個罰球之後，柯比在鈴聲響起時投出籃外三分球，因此讓小牛隊以九十六比九十四分獲勝。

在第二場比賽時，情況有了更不祥的轉折。大家上場時的眼神中都充滿鬥志的火焰，但是這種感覺很快就消退了。不是因為小牛隊的表現有多驚人——其實當天他們的表現不怎麼樣，而是因為他們在積極進取的態度上表現更好，而且能好好利用我們行動緩慢的防守球風。最驚人的是巴雷亞的表現，他幾乎無人可擋，毫不費力地穿過我們的防守球員拿下十二分，這等同於我們所有替補球員得到的總分，以及四次助攻。諾威斯基也用策略輕鬆勝過保羅，並拿下二十四分，帶領小牛隊以九十三比八十一分獲勝。在比賽終場前幾秒，因為巴雷亞試圖在後場施加壓力，朗忍不住挫敗感，伸手勾住巴雷亞的脖子把他摺倒在地，而遭到下一場禁賽——這當然不會是朗最感驕傲的時刻之一。

失去朗．亞泰斯特很痛苦，但還不算太慘重的損失。第三戰時我們讓拉瑪替補他上場，並且一致努力把球傳到內線，好善用我們的長人前線。這個方法在比賽的大部分時候奏效了，並幫助我們在剩下五分鐘時建立七分的領先。但是接下來，滿是出色三分射手的達拉斯隊，卻開始利用我們在外線防守的弱點展開反擊，特別是在我們使用高大的球員陣容時。由諾威斯基帶頭得了三十二分，投出五球三分球中進了四球，讓小牛隊以九十八比九十二分輕鬆獲勝。

這場比賽落敗之後，我兒子查理打電話告訴我，他跟其他兄弟姊妹，雀兒喜、布魯克、班，正打算飛到達拉斯看下一場比賽。「你們瘋了嗎？」我問他。

「不是，我們只是不想錯過你的最後一場比賽。」他回答我。

「你說我的最後一場比賽是什麼意思？我們星期天會贏的！」

打從我在美國大陸籃球協會擔任教練開始，我的孩子總是會出席我的重要比賽。在那段日子裡，我們會從胡士托的家開車到許多比賽場地，於是茱恩就會把那些旅程變成家族的冒險。在我加入公牛隊之後，當時正就讀中學和高中的孩子們也會受到球隊的招待，在總決賽期間到客場看比賽。我轉到洛杉磯隊擔任教練時，這項儀式還是持續進行，到了那個時候，他們已經夠大到能享受和系列賽有關的派對。到二〇一一年為止，他們已經參加過很多次總決賽了——更確切地說是十三次，他們很喜歡說，NBA每年六月都會丟給他們一個大派對。

我最喜歡的一刻，是當他們出現在奧蘭多，參加二〇〇九年的總決賽，並送給我一頂湖人隊的黃色籃球帽，上面繡著羅馬數字「X」，慶祝我贏得第十次總冠軍。這次會有一頂繡著XII的帽子嗎？

禿鷹已經在盤旋等著啄食我們的屍體。當看到我的朋友，也是NBA攝影師安迪．伯恩斯坦抵達達拉斯時，我半開玩笑地稱呼他是「行屍走肉」。不過，儘管現在看起來很不可思議，但是我真的相信我們會贏得第四戰，並讓系列賽移師回到洛杉磯。老實說，我並沒有多想自己的職業生涯該怎麼結束，或是接下來要做什麼，我只是努力把握當下並打完下一場比賽。

這也是我傳達給球員們的訊息：贏得比賽，讓系列賽回到我們的主場，然後對小牛隊施加壓力直到獲勝。也許我錯過了某些事，但是我並沒有感覺到球員們已經放棄了，或是認為系列賽已經結束了。我也不認為他們已經厭煩了以團隊的身分一起打球。

當然，在你的身分是教練時，你不可能會和當球員時有同樣的疑懼。當你是球員時，你會一心想著不要搞砸、不要犯下會斷送比賽的失誤。但是當你是教練時，你會心想，我要怎麼讓這些傢伙鼓足勁地投入比賽？我能提供他們什麼樣的見解，好讓他們能更自發地比賽？而我又能在指導上做出什麼樣的變化好讓他們有優勢？

我在第四戰的考量，是讓保羅去反擊諾威斯基，然後在禁區找出更好的位置。我們獲勝的關鍵是強大的內場比賽，而這會從保羅開始。在第三場比賽時，我實在看膩了他被推來擠去，所以在他走下場時，我用力捶了他的胸口一記，只是要激怒他。媒體覺得這個動作很有趣，但保羅明白我想做什麼。不幸的是，這樣並不夠。

我不確定有任何神奇的指導應急措施補救，能在第四戰造成多大的差別。小牛隊從頭到尾都表現得很好，在外線射籃的命中率是出色的六〇．三％，在三分線的則是六二．五％，他們就這樣手舞足蹈地大笑，一路歡樂地取得一二二比八十六分的輕鬆勝利。小牛隊對我們造成的大部分傷害是來自他們的替補球員，尤其是泰瑞，他投進追平季後賽紀錄的九個三分球、拿下三十二分；普雷德拉格．史托亞柯維奇投出的六個三分球全中；以及巴雷亞，他一邊滿場飛奔，一邊拿下二十二分，就像卡通裡嗶嗶鳥用計打敗大野狼一樣。

上半場很明顯是一面倒，非常荒謬。到了上半場結束時，我們以六十三比三十九分落後，但是我拒絕投降。我告訴球員們，他們需要的只是稍微暫停某些防守、投幾個球，然後讓比賽情勢逆轉。於是，他們開始積極地採取行動。接著，在第三節中途，費雪抄到球，並投出一記長傳給朗，當時他正獨自一人加速場上的進攻。這本來會是改變比賽局面的機會。但是當朗跳向籃框時，他看起來似乎無法決定要對那顆球做什麼，於是球就從他手中滑走，歪斜地打到籃框底部。

不久之後，泰瑞投進一個三分球，結束第三節，結果證實那是擊敗我們的最終威脅。

接下來，讓人看得很痛苦。第四節，拉瑪用小動作惡意攻擊諾威斯基並被逐出場外。過沒多久，拜南對巴雷亞使出一記危險的右手肘擊，讓他撞在地板上，拜南立刻被逐出場外，後來還被禁賽五場。當他走下場時，他扯下球衣，向球迷露出胸膛——真是令人尷尬又低級的舉動。

一切都結束了。

已故的湖人隊播報員奇克・赫恩（Chick Hearn），當他認為一場比賽的結果已經底定的時候，常會宣布說：「這場比賽已經在冰箱裡了，門關上了、燈熄滅了、蛋冷卻了、奶油逐漸變硬了，而且果凍也在抖動了！」

那些話，現在聽起來很有道理。不只針對這場比賽，還包括這次的總冠軍賽程，以及我擔任湖人隊總教練的任期。

一**切都已成定局**。

我從來就不擅長應對失敗的後果，就像許多競爭對手一樣，在我人生中的主要動力之一，已經不只是獲勝，而是要避免失敗。然而，基於某些原因，這次的慘敗對我造成的影響程度，並不像我在自己的籃球生涯中承受過的其他失敗那樣大。有一部分原因是，這並不是總決賽。應對前幾輪系列賽的失敗，會比面對快要贏得總冠軍戒指時的失敗要容易得多。但是更重要的原因是，對戰達拉斯的比賽結局呈現的方式實在太過荒謬，實在很難把它看得太嚴重。

我並不滿意球員們在比賽接近尾聲時表現出來的樣子，不過當我們最後一次在休息室裡集合，還要針對NBA禮儀發表演講，感覺也不太對。

「我認為今晚大家的表現，並不符合我們的個性。我不知道為什麼在這個時候會發生這樣的事，媒體可能會在這件事上面小題大作，但是你們不應該把這場比賽當作衡量自己能力或競爭力的指標。你們的實力並不只如此。」接著我在休息室裡走動，一一感謝每位球員在過去幾年裡一起做出的努力。

照慣例，球員們通常比教練更容易面對失敗。他們可以進去沖個澡，然後出來時說：「我又累又餓，一起去吃點東西吧！」但是教練們打完一場實際上很累人的比賽後，卻不會採取相同的釋放方式。我們的神經系統往往在球場已經清空很久之後，還會繼續燃燒。

就我的情況來說，神經緊張的狀態會在半夜進入最高潮。我會睡幾個小時，然後——砰！——我的大腦就會清醒過來，開始運轉，「我應該要這麼做，我應該要那麼做？天啊，第四節叫的戰術真是太糟糕了。也許我應該要叫他們用另外一個戰術？」諸如此類的想法會不斷出現。有時候，我得要坐下來冥想很久，噪音才會平息下來，然後我才能回去繼續睡覺。

當教練會讓你搭上一輛難以停止的情緒雲霄飛車，即便你已經在練習不再強求現實符合希望的渴望，該放手的東西似乎總是多那麼一點。禪師闕寂照（Jakusho Kwong）建議要成為「面對失去的積極參與者」，他解釋，我們被制約成只尋求獲得、開心、試圖滿足我們所有的欲望。但是即使在某種程度上，我們能明白**失去是成長的催化劑**，大多數人還是會認為失去是得到的相反，必須不計一切代價避免。如果要說我這幾年在禪修和擔任籃球教練當中學到了什麼，那就是

凡所抗拒的必定堅持。有時候很快就能放手，其他時候則可能要耗上好幾個失眠的夜晚，或甚至好幾個星期。

與球員們說完話之後，我沿著美國航空中心的走廊走到另一間休息室裡，我的孩子們正在那邊等我，他們看起來傷心欲絕，其中幾個孩子的眼淚在眼眶中打轉；另外幾個則還處於不敢相信的狀態。

雀兒喜說：「我真不敢相信會發生這種事！這是我們遇過最難耐著性子看完的比賽……為什麼得是這場比賽呢？」

這個問題，之後我也自問過好幾次。每當有什麼意想不到的災害發生時，人們總會傾向於找一個人，把所有的錯都怪在他身上。各大媒體的專欄作家火力全開，指責每個該為這次失敗負責的人，從柯比到保羅、費雪、朗、拉瑪，當然還有我，無一倖免。安德魯告訴記者，他認為這支隊伍有「信任方面的問題」，而這可能有幾分道理。但是我認為還有許多因素，阻止這支湖人隊團結在一起，進一步成為我們之前已經化身多次、團結一致的冠軍隊伍。

疲勞是個很大的因素，要贏得一次總冠軍需要很多勇氣和毅力，身體上、心理上，還有精神上都是。到了準備奪取連續第三次冠軍的時候，球隊已經打了這麼多場比賽，要找出可能獲勝的內在資源會越來越難。此外，隊上的許多關鍵人物，包含我在內，都因為個人問題而分散了注意力，使我們很難和同樣所向披靡的精神競爭。正如拉瑪在比賽結束後簡單說的：「我們只是缺少了某樣東西。」

佛教聖賢說，天堂和地獄之間只有「十分之一吋的差別」。我認為，這也可以用來形容籃球。贏得總冠軍是需要小心處理的平衡行為，而藉由施加你的意志，你能達成的就只有這麼多。**身為一個領導者，你的工作就是盡己所能做好每件事，透過放下自我中心**，並激勵你的球隊用正確的方法比賽，創造贏得勝利的絕佳條件。但在某些時候，你需要放手，並把自己交給籃球之神。

勝利之魂，就是要接受當下所有的現實。

謝辭

這本書的撰寫開始於二〇一一至二〇一二年的冬天，在菲爾位於加州普拉雅戴爾瑞家中的客廳裡，那是一個沉睡的海灘小鎮。那間狹長、占整層樓面、遠眺太平洋的房間裡面擺滿了紀念品：一張著名攝影師愛德華・柯蒂斯（Edward Curtis）拍的照片，照片裡是庫特奈（Kutenai）勇士們乘著獨木舟在弗拉特黑德湖上的聚集突襲；一幅公牛隊二度拿到三連霸時所有球員的圖騰風格畫；一枚湖人隊二〇一〇年冠軍戒指的巨大複製品。在全長的窗外，可以看到奧運明日之星們在海灘上練習排球，同時一群洛杉磯居民穿著色彩明亮的運動服裝，一個接一個地經過，溜著直排輪、騎腳踏車、溜滑板車，以及其他不會對環境造成汙染的交通工具。

偶爾，菲爾會暫停闡釋對三角戰術的疑惑，癡癡地凝視大海。「你看。」他會這樣說，指著一艘準備出海的漁船或一小群在岸邊的海浪中嬉戲的海豚。我們會安靜地坐著看一會兒，直到菲爾決定該是時候回去解開擋切戰術的奧祕，或是傑克森流比賽的其他神祕面向。

藏在房間後方的是一個小小的冥想空間、周邊圍繞著日本式的紙屏風，大多數的早上，菲爾會在那裡坐禪。在一面牆上掛著一幅美麗的迴轉書法，那是合一的禪學象徵，寫的是十九世紀禪宗大師洞山良价（Tozan Ryokai）的名言：

切忌從他覓，迢迢與我疏。
我今獨自往，處處得逢渠。
渠今正是我，我今不是渠，
應須恁麼會，方得契如如。

這正是我們一直想在這本書中傳達的精髓：改變的途徑，就是在狹小自我的有限框架外，把你自己看做某樣超越這些的東西——某樣「包含一切」的東西。

籃球並不是一種個人運動，儘管媒體巨頭們有時候會這樣形容它。就這點來說，它也不是一種五人運動。它是一套錯綜複雜的舞步，包含在任何特定的當下發生的一切——把球投進籃框、觀眾的低語、對手眼中閃爍的怒氣、你自己心中的喋喋不休。

寫作也是一樣，創作一本這類的書，遠遠超出兩個人在各自電腦上努力不懈的孤獨工作。幸運的是，這個計畫從開始到結束，我們都備受祝福，擁有一群絕佳的團隊、當中的成員不分男女，都全力貢獻他們的見解、創意能量、努力，讓這本書得以誕生。

首先，我們要感謝經紀人，威廉·莫理斯娛樂公司（William Morris Entertainment）的珍妮佛·魯道夫·華許（Jennifer Rudolph Walsh），幫助催生這本書並在一路上孕育它成長。也要大大感謝傑出的經紀人陶德·馬斯柏格，他堅持不懈、公正不阿及打理一切的本事。

我們的出版商和編輯幫了很大的忙，感謝史考特·莫耶斯（Scott Moyers）從一開始就對《領導禪》懷抱願景，並讓它實現。還要肯定史考特的助理馬利・安德森（Mally Anderson）優異的表現，以及企鵝出版（The Penguin Press）編輯團隊的其他成員，在壓力之下展現如麥可・喬丹一般的優雅。

我們還要特別感謝所有球員、教練、記者，以及其他花時間和我們分享他們對於菲爾及本書中記述的想法。特別是參議員比爾・布萊德利和麥克・賴爾登對尼克隊的見解；麥可・喬丹、史考提・皮朋、約翰・派克森、史蒂夫・科爾、強尼・巴赫對公牛隊的見解；還有柯比・布萊恩、德瑞克・費雪、里克・福克斯、保羅・蓋索、盧克・華頓、法蘭克・漢伯倫、布萊恩・肖、以及科特・蘭比斯對湖人隊的見解。還要感謝比爾・費奇、奇普・謝弗爾、威利・布雷斯、喬治・蒙福特、布魯克・傑克森、喬・傑克森寶貴的貢獻。

我們要特別感激作家山姆・史密斯和馬克・海斯勒，願意貢獻他們的指導和對NBA深厚的知識。《芝加哥太陽報》專欄作家黎克・特蘭德也幫了很大的忙，以及《洛杉磯時報》的麥克・布瑞斯納罕和《橘郡紀事報》（*Orange County Register*）的凱文・丁（Kevin Ding）。

我們還要向湖人隊的公關奇才約翰・布萊克（John Black）及他的團隊致敬，他用獨門祕訣勇往直前、跨越障礙。我們也很感謝提姆・哈倫（Tim Hallam）和他在公牛隊的團隊人員。

特別感謝曾和菲爾在之前的著作合作過的人，作者查理・羅森（Charley Rosen，《初生之犢》〔*Maverick*〕及《不只是一場比賽》〔*More Than a Game*〕）和麥可・阿庫什（Michael Arkush，《最後一季》），以及攝影師喬治・卡林斯基（George Kalinsky，《勝者為王》）和安德魯・伯恩斯坦（Andrew D. Bernstein，《戒指旅程》〔*Journey to the Ring*〕）。以下著作中其他作者的看法，也讓我們受益許多：比爾・布萊德利的《奔跑人生》（*Life on the Run*）、菲爾・貝格（Phil Berger）的《33街的奇蹟》（*Miracle on 33rd Street*）、丹尼斯・達戈斯帝諾（Dennis D'Agostino）的《花園榮耀》（*Garden Glory*）、里德・霍爾茲曼及哈維・弗羅默（Harvey Frommer）合著的《里德談里德》（*Red on Red*）、羅倫・拉森比的《心靈遊戲》（*Mindgames*）和《表演》（*The Show*）、大衛・哈伯斯坦（David Halberstam）的《玩真的》（*Playing for Keeps*）、山姆・史密斯的《喬丹法則》、黎克・特蘭德的《公牛的那年》（*In the Year of the Bull*）、伊麗莎白・凱依的《湖人王朝傳奇》，以及馬克・海斯勒的《狂人之球》（*Madmen's Ball*）。

此外，我們還要感謝在菲爾的職業生涯過程中，幾位報導他和傑克森團隊的記者，特別感謝《運動畫刊》法蘭克・狄佛（Frank Deford）、傑克・麥克倫以及菲爾・泰勒（Phil Taylor）；《洛杉磯時報》提姆・川上（Tim Kawakami）、提姆・布朗、比爾・普雷希克、T・J・西莫斯及布羅德瑞克・透納（Broderick Turner）；《芝加哥論壇報》梅麗莎・以撒森（Melissa Isaacson）、泰瑞・阿默（Terry Armour）；史基普・麥斯蘭斯基（Skip Myslenski）、伯尼・林西科姆及鮑勃・威爾第（Bob Verdi）；《芝加哥太陽報》拉齊・班克斯（Lacy J. Banks）、約翰・傑克森（John Jackson）及傑・馬里奧帝（Jay Mariotti）；《聖地牙哥聯合論壇報》提姆・蘇利文（Tim Sullivan）和馬克・齊格勒；《紐約時報》霍華德・貝克（Howard Beck）

和麥克・韋斯（Mike Wise）；《紐約新聞日報》（*New York Newsday*）麥克・魯皮卡（Mike Lupica）；《ESPN》J・A・阿丹德（J. A. Adande）、雷蒙娜・謝爾本（Ramona Shelburne）及馬克・史坦（Marc Stein）；以及《華盛頓郵報》（*Washington Post*）喬丹・維爾本。

學者蘇・歐布萊恩（Sue O'Brian）和琳恩・蓋瑞提（Lyn Garrity），在確認書中的引文和典故上付出極大的努力。對凱瑟琳・克拉克（Kathleen Clark）深深鞠躬，她做出了很棒的圖片集錦，並感謝布萊恩・馬斯伯格（Brian Musburger）和麗茲・卡拉馬里（Liz Calamari）宣傳這本書不倦的努力。還要感謝雀兒喜・傑克森、克雷・麥克拉克蘭（Clay McLachlan）、約翰・迪里漢提（John M. Delehanty）、潔西卡・卡特洛（Jessica Catlow）、蕾貝卡・貝格（Rebekah Berger）、艾曼達・羅密歐（Amanda Romeo）、蓋瑞・梅爾曼（Gary Mailman）、艾咪・卡羅洛（Amy Carollo）、凱瑟琳・西本（Kathleen Nishimoto）、蓋爾・瓦勒（Gayle Waller）及克里西・扎特曼（Chrissie Zartman）超乎預期的協助。

最重要的是，本書最大的擁護者，芭芭拉・葛拉罕（Barbara Graham）及珍妮・巴斯的愛與支持，讓我們感到慚愧。打從一開始，芭芭拉就傾注她全部的心力和精神投入這個計畫，並用她出色的編輯及具有創造力的眼光為本書增色。而如果沒有珍妮，這本書絕不可能會誕生。她是讓菲爾二度回到湖人隊執教的原因，我們要感謝珍妮，以及已故的傑里・巴斯博士，讓菲爾有機會贏得他最後兩枚戒指。

翻轉學　輕鬆學系列 116

領導禪

NBA 最強總教頭親自傳授「無私」與「智慧」的魔力領導學【暢銷新版】

Eleven Rings: The Soul of Success

作　　　者　菲爾・傑克森（Phil Jackson）
譯　　　者　黃怡雪
封 面 設 計　張天薪
內 文 排 版　許貴華
行 銷 企 劃　呂玠忞
出版二部總編輯　林俊安

出　版　者　采實文化事業股份有限公司
業 務 發 行　張世明・林踏欣・林坤蓉・王貞玉
國 際 版 權　鄒欣穎・施維真・王盈潔
印 務 採 購　曾玉霞・謝素琴
會 計 行 政　李韶婉・許俽瑀・張婕莛
法 律 顧 問　第一國際法律事務所　余淑杏律師
電 子 信 箱　acme@acmebook.com.tw
采 實 官 網　www.acmebook.com.tw
采 實 臉 書　www.facebook.com/acmebook01

I S B N　978-626-349-339-1
定　　　價　450 元
二 版 一 刷　2023 年 7 月
劃 撥 帳 號　50148859
劃 撥 戶 名　采實文化事業股份有限公司
104 台北市中山區南京東路二段 95 號 9 樓
電話：(02)2511-9798　　傳真：(02)2571-3298

國家圖書館出版品預行編目資料

領導禪：NBA 最強總教頭親自傳授「無私」與「智慧」的魔力領導學【暢銷新版】/ 菲爾・傑克森（Phil Jackson）著 ; 黃怡雪譯 . – 二版 . – 台北市 : 采實文化 , 2023.07
384 面 ; 14.8x21 公分 . -- (翻轉學系列 ; 116)
譯自 : Eleven Rings: The Soul of Success
ISBN 978-626-349-339-1 (平裝)
1.CST: 傑克森 (Jackson, Phil) 2.CST: 職業籃球 3.CST: 教練 4.CST: 領導

528.952　　112008744